新訂
仏陀の再現

釈尊は因縁を説いたが、儂は因縁を証し示そう。

儂は救世主ではない。儂は救世主をつくる立場として世に現れた身である。

新訂版 まえがき

本書は、昭和四十八年に初版が刊行されました。当時の日本社会は、石油ショックに揺れる世情不安定な時代でもありました。人々には不安が高じ、無意識にも安心を求めるような時期でした。そのような想いは、僧侶や寺院に向けられることになりましたが、現実は「僧侶絶望論」が囁かれるなど、僧侶と寺院の在り方に、批判や悪口が公然と語られるようになった時代でもありました。

そのことは、後々まで仏教に対する懐疑や不信を募らせることになりました。むろん、すべての僧侶が批判の対象であったわけではありません。仏道修行者として、真理を追求する僧侶は各地に存在し、仏教本来の行き方について身をもって示さんとされていました。そのような志をもった僧侶が一堂に会し、真理追求の修行過程で大聖師「仏陀」に巡り合った体験を綴って刊行されたのが『仏陀の再現』でした。

以来、四十五年の年月が流れ、一般の方々の「仏教」、また「宗教」に対する関心は高くなりました。ことに、世界四大宗教（イスラム教、キリスト教、ヒンドゥ教、仏教）は、なぜ人々に安心をもたらすことができないか。また、紛争を発生させていることについて、世界の人々に疑念を懐かせています。「仏教」や「宗教」について真実が明かされた本書を手にされた諸兄は、それが今世における機縁であると受け止め、真理の扉開きをされて安心を得た人生になることを願い、また、出版を求める希望が多いことから新訂版をここに刊行した次第です。

はじめに

昭和二十年八月十五日。この日は運命の流れにあまりにも素直に流され続けてきた私自身を振り返り、反省を余儀なくされた、私に対する警鐘の日でもありました。

この日を境として、私は生まれ変ったといえます。私はこの日をタイはバンコックで迎えました。タイに十年以上いたためか、この敗戦は日本の敗戦であると同時に、日本の宗教が敗れたのだと強く感じたのです。そこで、今までの日本の宗教の在り方では駄目だ。各宗派が自宗の勢力を伸ばさんがために、他宗の足を引っ張り合うようなことをせず、大同団結して日本の再建に当たらねばならないと深く胸の中で誓いました。

以来、私は仏弟子として、私なりに出来る限りの修行を試みた積りです。小乗仏教（日本で慣用的に用いられ、大乗仏教より一段低くみた意味合いで使っていますが、正しくはテーラヴァーダ仏教、上座部仏教あるいは南方仏教です）の修行から、大乗仏教へと、阿字観やヨーガ、動く禅といわれている少林寺拳法なるものまで試みましたが、この人こそ我が師なりとして仰ぐ方には、残念ながら会う機会はありませんでした。

その人に会って真実を知るということは、至難事であります。物事を観念的に想像し、理論的に知ることは出来ても、実相を知ることは難しいものです。したがって、観念であれ、理論であれ、仮相の上に立ってのことであるから、たいして価値あるものではありません。このような動きの中から悟りを得ようとしても、それは無駄であるという他ないと言えます。というものの私もこれを続けて来たのです。

まことにもって、無駄な時間を費したものです。出家として、僧侶として、恥ずかしい限りであると言えます。ところが、いままでの動きは決して無駄ではありませんでした。それは、大聖師にお遇いするがための過程であったからです。もしも私が、出家でなく、僧侶でなかったならば、大聖師に巡り遇う機会もなかったかも知れないし、たとえ巡り遇う機会があったとしても、今私が頂いているような法悦を感じたかは疑問です。特に私が、真言密教徒であることが、いろいろな面で幸いしたと言えます。というのは、大聖師の教えを理解する上に近道を歩んで来たような感がするからです。

私が大聖師の許で修行していることは事実です。しかし、大聖師が主宰される大元《だいげん》密教の信者ではありません。いささか矛盾しているようにも感じられますが、真言宗の僧侶としての立場上許されないものがあると言えます。しかし、大聖師の弟子であることだけは確かであります。師もまた、これを認めて下さっているものと思っております。したがって私は、大聖師を自分の大師と仰ぎ、大師の思想を実践していくことを私は躊躇しません。のみならず、より積極的に実践していこうとしているのです。

私はいろいろな経験をして来ました。そうしてなおかつたいしたこともなしとげずに今日に至っています。いわばありふれた一介の僧侶にすぎない存在です。しかし、これからは違います。それは、道を知ったからです。この道を歩むことによって大をなそうとするものです。勿論、私一個人の栄耀栄華を夢見ようとするものではありません。ただ出家として、僧侶として、当然歩むべき道を歩もうとしているだけなのです。この道、出家の道、僧侶の道、これすべて仏陀の道であることを知ったからには歩まないわけにはいきません。これは当然のことです。と言うものの、この道を歩むことは容易なことではありません。それは暗中模索であってはならないからです。ところが、私には、大師という目標があります。

よってその輝く光を頼りに前進すればよしとしております。

大聖師の出現は、何時の時代にも願うべきことであり、喜ぶべきことでありますが、末法乱世の現下においては、特に、その必要性の大なるを感ずるものであります。

私が、大玄聖人《だいげん》を大師として仰ぎ大聖師として敬うのは私一個の主観だけによるものではなく、大聖師の数多くの門弟信者の偽らざる体験と、数限りない神秘不可思議な現象によって、更に、私の意識しない中から湧き上がる法悦と実感によるものであることをここに、自信と責任を持って申し上げずにはおられません。ちなみに、私は、この素晴らしい体験を私独りすることを惜しみます。多くの仏教徒にこれを知ってもらおうとする立場から、仏道蘇生運動を始めることにしました。そうして、大聖師の出現を認識する上に必要であると思ったのであえて拙筆を執ることにしたのです。

以下収録した内容は、私が生まれて満十歳で僧侶となり、六十五歳の今日までの修行を振り返り、私の眼で見、私の耳で聞き、そうして私の得受したことを記したもので、世の多くの出家僧侶各位の参考になるのではないかといささか自負しております。

ある者は、大聖師を空海の再来と言い、ある者は、仏陀の再現と言い、ある者は、弥陀の出現と言い、また、本仏の降臨と言っております。これらはすべて観念からではなく、神秘体験の中から実地に示され、実相の動きによる大聖師の神格を明示されたことからの表現であることを付け加えてよろしく諸賢の御叱正を待ちたいと思います。

付　記

各部の扉の前葉に記した箴言《しんげん》は、大聖師の語録から引用させて頂いたものです。

衣食足って礼節を知るのは世間であって、
宗教家は一枚の衣で足り、食べなくても足りる
境地にいなければならない。
宗教家は修行することである。即ち身を磨き
心を磨くことである。そして実践してこそ
宗教家といえるのである。

新訂　仏陀の再現　目次

第二部　仏教界の現状

第三部　仏道の蘇生

如来を見たくば我を観よ。
わが言行は本仏の示顕し賜うものなればなり。

第一部

仏陀を求めて

一、私の生い立ち

運命のいたずら

私が仏縁に触れましたのは、私の積極的な意志によるものというより、運命のいたずらとでも申しましょうか、偶然のことからでした。しかし、六十五歳の今日、自分を振り返ってみますと、大聖師にお会いすることが出来たということこの日のために、この縁があったことを気付かせられ、感謝の気持で一杯です。

その感謝の気持の一端でもここに書き記し、自分のこれからの歩んで行く道を発表させて頂くことによって、私をこれまで育てて下さった今は亡き師、朋友への手向けとし、後輩達への指針ともなればと思います。

私は明治四十年九月十九日、愛媛県今治市常盤町に父上代《かみしろ》菊次郎、母ヨシの男三人、女二人の兄弟の三男としてこの世に生を受けました。政晴という名前をもらい、育てられましたが、なにしろ四番目の子供でもあり、家業が米屋ということもあって、比較的親の干渉を受けることもなしにのびのびと育ちました。それに、三男として生まれたということが、今にして思えば、私にとって幸せだったともいえます。長男でしたら家業を継がねばならないことになり、到底、出家の道は考えられなかったでしょうし、真言僧侶であった父の弟、観世円照も三男であったことが思い出されます。

約束された生

私が大聖師の教えを頂くようになって、一青年から次のような話を聞かせてもらいました。彼はA氏といい、昭和四十六年の三月に東京大学工学部機械工学科北川研究室で博士課程を終え、現在成践大学助教授をしている二十九歳の青年です。

私は修士課程にあって、卒業して社会に出るか、博士課程に進むかで自分の考えがまとまらず、知人の母親であり、易学の心得のある婦人を訪ねたところ、渋谷に偉い方がおられるからそちらに行って相談しなさいといわれ、それが機縁となって大聖師の教えに縁が出来たのです。そうして、修行は人間性を高めるために行うものであると教えられ、これこそ真の宗教の姿ではないかと思い始めていたところに、大聖師がふいに私に、

「今日は髭をそっているが、その子をおろしちゃならんと君のお母さんの夢枕に立ったのだが、今お母さんはお幾つだね」

と言われたのです。私はそのことばをお聞きして本当に驚きました。というのは、私が小さい頃、母親から次のような話を聞いていたからです。

「実は、おまえを身籠った時、戦時中ではあるし、生もうか生むまいかとずいぶん迷い、悩んだものだよ。そうして、どうにも心を決めかねていたある晩、不思議な夢を見たのです。その時の夢はいまでも、ありありと眼の前に思い出すことが出来ます。

綺麗な川が流れていて、川底の小石の一つ一つがはっきりと見える程水が澄み切っていたのです。

遠くの向こう岸は、緑したたる青葉が繁り、ゆるやかな孤を描いて橋がかかっていました。その景色は本当にさわやかで、おごそかでした。私がその橋をわたっていくと、神様だと思うけれど、右手に杖を、左手に赤子を抱いた、白衣を着て真白い髭をはやした御老人が向こうからおいでになり、左手の赤子を私にお渡しになったのです。私はあまりの有難さに感激し、感謝の気持で一杯になって、その赤子をおし頂いたのです。

この夢を見てから、心を新たにして、おまえを生んだのです。生まれた時は、冗談に光源氏の再来かといった位光り輝いていました。大きくなるにつれて、何の変哲もない普通の子供になってきたけれど、きっとこの世で何かやることがあるに違いないのだから、しっかりしなければなりませんよ」

と機会あるたびに聞かされました。子供心にただ漠然と聞き流し、現在まで、その夢が如何なる意味を持つことなのか私自身真剣に考えたことはなかったのですが、それが突然、大聖師からこのようなことばをかけられたのですから、その時の私の驚きは言葉で言い表わすことが出来ません。

不思議な誕生の話

馬場幸子さんの長男出生に当たっても同じようなことを聞いています。

妊娠して三ヵ月目に入った昭和四十三年七月も終わりの暑い日の修行中の出来事です。大聖師の前に正座し、閉目合掌する行《ぎょう》が始まって一時間も経った頃でしょうか、私は悪阻《つわり》が激しく、そのために身体が疲れていたのか行中に眠ってしまい、それが覚めてすぐのことです。目の前が急に明るくなったと思いましたら、私は舗装していない道の上に立っておりました。

私の周りには誰も人がおらず私一人でしたが、頭の上三米位のところでしょうか、西洋の受胎告知の絵によく見られる可愛らしい羽根の生えた真裸の赤ん坊が、それこそ沢山遊び戯れておりました。そのうちに、遠くの方が一段と明るくなり、白衣を召され、白髪で長い髭をたくわえた老人が杖をついてこちらの方に歩いて来られました。周りには貧しい家があり、その中の一軒の家に寄られた老人は、左手に貧しいみなりの男の子の手を引いて私に近づいてみえたのです。私は自然に道の上にひざまずきその老人をお迎えしたのですが、そば近く歩まれて、私の前にある階段を下りられた様子が感じられると、自然に私の頭が上がりました。

そこで、その老人を見ますと、右手に白い着物を着た子供を抱いておられます。その老人は大聖師より少しお年を召しておられるようでしたが、私にはまさしく大聖師だと感じられました。その時、老人はにっこり笑って黙って右手に抱いた子を私に渡して下さったのです。その子供からは、まぶしいばかりの白光が射しておりました。その子供を私にお手ずから下さると、その老人は私の手を取って、先程の道を貧しいみなりの子と一緒に歩いていくのです。あたりの家々は貧しい感じでしたが、貧乏はしていても心は豊かといった印象を受けました。その貧しさを見て私はその老人にお話し、それにお答えして頂いたりしながら、その家々を廻りました。その老人は貧しい人達の頭や肩を撫でられたりしながら、その家々を通り抜けて消えて行かれました。その時に、御法座から「一同終わり」という大聖師のお声が掛かり行が終わりました。

馬場幸子さんの赤ちゃんは、昭和四十四年二月十五日に誕生しましたが、この子の誕生に当たっては、その父親ばかりか祖母も二月十五日男子誕生を夢の中で知らされて予知しており、二月十五日という日が釈尊が涅槃に入られた尊い日であることを思い合わせますと、ここにも不思議な運命の糸のあやつりがあるのではないかと感じております。

高僧、傑僧、あるいは大人物といわれる人達の誕生については、その誕生にまつわる不思議がよく伝えられておりますが、これは霊夢とも言われるように、神仏の教えの現われにほかなりません。三角正明氏の場合は、まさにこの霊夢であり、自分のこの世における約束事を知らされたものといえます。また、馬場幸子さんの修行中の受胎告知は、大聖師の御前での修行が、神仏の世界に通ずるものであることを裏付けるものとして、価値ある体験と言えましょう。

一子出家すれば九族天に生ず

さて、このような神秘的な話はこれまでとして、私の生い立ちの記に話をもどしましょう。私の母はなかなか信仰心の厚い人でした。その当時、今治のような田舎では他に楽しみもないし、金銭的にもわりあい恵まれた家庭であったためか、母は芝居が大好きでよく連れていってくれたものです。しかし、それにも増して熱心だったのはお寺詣りでした。私達子供をおぶってはよくあちこちとお寺詣りをしていたようです。

その当時、近くに高野山の別院があって谷本という偉いお坊さんがおられました。この寺には古い幼稚園があり、小さい時からよく遊びに行ったものです。この谷本という方は、体が小さいけれども声量もあり、法話も上手だし、読経も素晴しく、儀式は模範的でした。ところが、背が非常に低いものですから、最初の頃、信徒の前で話が終わっても皆帰ろうとしないのです。皆は和尚の体が小さいので小僧さんだと思ったらしいのです。そこで、これが本番だといったという語り草が残った程でした。法話は面白いし、叔父と同じ宗旨でもあったので、母もよく私を連れて行ってくれたのでしょう。

今治という町は、内海の島々を多く抱えている港町で、それ等の島々を繋ぐ巡航船が発着する港でもあり、タオルの産地で商売も盛んでした。先に記した高野山真言宗今治別院の他、四国八十八カ所第五十五番札所南光坊、日本総鎮守大山祇神社があり、また、近くの大島には新四国八十八カ所霊場が設けてあり、春三月二十一日を期して、今治近在に住んでいる善男善女がみなお遍路をするのです。また、大島の人達はそのお遍路さん方に、心からのお接待をし、宿泊の奉仕をするという、まことに信心深い土地柄でした。今でも、二泊三日の春のお詣りは伝統となって残っております。

父の弟は真言宗御室派の僧侶で、伊予の大洲にある永徳寺の住職でしたが、この叔父は父と顔もよく似ており、子供の頃から何となく親しみが持て、時々家にお坊さんの格好で来られ泊っていかれるのを見て、子供心に叔父さんは偉いのだなあという一種の憧れを持ったものです。母方の方も、弟が浄土宗のお坊さんであり、その当時の四国には「一子出家すれば、九族天に生ず」という考えが根強く生きていて、一般家庭の二男、三男などのお坊さん志願が多かったようです。

クジ引きで真言宗へ

私の家では、私が八歳の時に私と同年の従弟を預かることになりました。この従弟は、宇野晴雄（後に独峯）といい母の実家の姓を名乗ってはいますが、両親が亡くなったことから家で引き取って育てたのです。本来でしたら母方の親類が引き取るべきでしょうが、私の家で引き取ることになったのも何かの事情があったのでしょう。

従弟は私と同じ年令でもあり、何時も一緒に仲よく遊んだものです。ところが、十歳にもなって分別もついて来たことだし、この従弟をどうするかと大人達が種々相談し、叔父なども相談にのった結果、両親の菩提を弔うためにもこの子をお坊さんにしようではないかということになったそうです。私と一緒に育って兄弟みたいにしていたのに、預った子だから寺にやったと言われたのでは近所の手前もあり、本人も可愛想だということで、お前も寺に行かんかということになってしまいました。

言ってみれば、私はこの従弟の犠牲になったようなものです。しかし、親の話を聞き、従弟のことを考えるともっともだという気にもなりました。叔父さんの寺なら行ってもよいと思ったところ、四国一の偉いお坊さんの弟子にしてやろうということなので、それなら行こうかなという気持になったのです。

そうして、話がとんとん拍子に進み、小学校六年生の途中からお寺に入ることになったのです。両親に見送られ、叔父に連れられて従弟と共にひとまず叔父の寺に参りました。小僧として行く寺は私と従弟は別々の所で、しかも、宗派も一方は禅宗で他方が真言宗でした。そこで、不公平になってはいけないということで、円満寺の本堂の御本尊の前でクジを引き、従弟は内子の興昌寺という禅宗の寺へ、私は出石寺の下寺である円満寺へ行くことになりました。

このクジ引きにはどうも裏があるのではないかということを、後になって感じました。というのは、円満寺の住職である岡田諦雅師は、酒を飲まない血統の弟子を探しておられ、私に白羽の矢が立ったのではないかということからです。私の叔父は絶対酒を飲まないし、私の家の方も全く飲まないのにひきかえ、母の系統は酒飲みがいますので、そちらの系統である従弟は資格がなかったのかも知れません。

救いの網

子供の頃の思い出の中で、今なお強い印象となって残っている事件があります。それは、五歳の夏の話です。父の妹は岡村という瀬戸内海の島に住む大工の棟梁の家に嫁に行っていましたが、この叔母には子供がいないせいか、今治に出て来た時など私を一緒に連れて帰り可愛がってくれていたのです。大きくなるにつれて、私もよく一人で遊びに行くようになりました。この事件は、その途中の船での出来事です。

私の乗っていた渡海船が突然黒船と呼ばれている大きな船と衝突して沈み出したのです。この船は、米を沢山積んでおりましたが、この衝突で船腹が破れて沈没し出したのです。急いで甲板に出ると、そこにも海水が上がって来ています。この船には乗組員を含めて三十名足らずの人しか乗っていませんでしたが、中には半狂乱になる人も出てくる始末です。

私は絵巻物を見るような気持でじっと動かずにおりました。すると、中年の女の人が来て、私の体に綱をかけてくれたのです。この綱のお陰で、私は突き当たって来た大きな船に釣り上げられ、一命を取り留めました。しかし、海水に浸り、波に流されそうになって始めて湧いて来た恐怖心は今も鮮かによみがえって来ます。あの混乱の中で、私の体に綱を巻いてくれた見ず知らずのあの女性がいなかったら、私の運命はどうなっていたか判りません。

それと叔母の主人であるこの大工の棟梁については、別の思い出があります。それは非常に熱心な真宗の信者だったからです。私が泊りに行った時も、朝晩大きなローソクを仏壇にともし、一心不乱に「南無阿弥陀仏」を唱えていました。この真剣さには子供心にも感ずるものがありました。私の菩提心を起こさせてくれたのは、母よりも、僧籍にある叔父よりも、案外この人だったのかも知れません。

二、徒弟時代の思い出

円満寺での得度

私が新しい人生を送るようになった大洲というところは、山紫水明のまことに情緒に富んだ町で、有名な人物としては中江藤樹が出ております。中江藤樹の生家の屋敷跡は大洲中学となっており、その徳を称えた校歌が歌いつがれています。また、大洲には、富士山によく似た山があり伊予富士と呼ばれ、その麓には綺麗な川が流れ、その河岸に如法寺という寺があり、ここは江戸時代の傑僧といわれた盤珪禅師が住山された所です。そこに住む人々の心もまことにまろやかで、今治と比べても一層人情豊かな土地柄です。景色の方も伊予の京都とまで言われる程の素晴しい所です。

私はクジで円満寺行きが決まったその日から寺に泊まることになりました。寺は大洲の町から三十分位離れた場所で、小高い所に建っております。町中の寺とは違って、裏には孟宗竹の林がうっそうと繁っており、子供心に小さい寺ながら落着いた雰囲気を感じ安心したものです。そこで、始めて師僧となられる岡田諦雅という方にお会いしたのですが、背が高く、スラッとして、また実に男前ですし子供ながらほれぼれしたものです。

弟子にさせて頂いてから、先輩や友達によくお前はあんなうるさい師匠のところでやって行けるなと言われたものですが、師僧は非常に凡帳面で、間違ったことをした時に厳しくされますが、私にとっては実に優しい方でした。それに後から判ったことでしたが、非常に信望があり、壇家のお婆さんなどは師僧の説法を一度聞けば、何時死んでもよいと言われる位有難かったそうです。

真言宗の弟子取りには厳しいきまりがあって、師僧は弟子となるべき者の動きをよく見極め、夜は床を並べ共に休んで寝息をうかがうというぐらいに、その者が仏弟子として本当に適当な者であるか否かを判定したものです。

私の場合、人前で話をしたりするのは苦手であったうえに、結構のんびりと育っていたので、余り難しい試験があったら通らなかったと思います。ところが、師僧は私の顔をしばらくジーッと見つめた後、よろしい弟子にしましょうと言って下さり、取り立てて難しい話を聞かれるでもなく弟子にさせて頂きました。これも、酒を飲まない家系に育ったのがあるいは効いたのかも知れません。

それから数日経って、師僧の兄弟子であり別格本山出石寺の住職の神山諦真大僧正が円満寺に見え、戒師を勤めて下さり得度式が行われ、僧侶としてこの一生を捧げることを誓ったわけです。その時、諦真僧正が私の頭を剃り、其の一字をとって常信という僧名を下さったのです。普通、出石寺で得度を受ける者は私の師の諦雅、出石寺住職の諦真僧正にも見られるように、諦の一字を僧名として頂くのが普通ですが、何故真の字を頂いたのか、下寺の弟子であったためか、将来円満寺を出ることを予測されたのか、いまだに私には判りません。

出石寺は金山出石寺といわれ、四国でも有名な霊場であり、藤堂高虎はじめ、大洲、宇和島藩領主の帰依が厚く、祈禱所として栄え今日に至っています。大洲の町から十六キロ程の所にあって、伊予灘にも十キロ足らずといった位置にあり、しかも高さが八百米以上の山脈の嶺線上にあるためこの寺からの眺めは実に素晴しく、円満寺から手伝いに登った折など、瀬戸内の小島はもとより、広島、山口から九州まで一望に見わたすことが出来るこの眺望に、しばし我を忘れたことたびたびでした。

頭を丸め、衣を頂いて、いよいよ自分は仏弟子として一生懸命やらなくてはならんと自分に言い聞かせたものでした。円満寺は小さな壇家寺でもあるためか、当時弟子は私一人で相弟子もおらず、師僧は独身であったため炊事洗濯一切をする婆さんとの三人暮しが始まったのです。この婆さんは大中さんといって家柄のよい人ですが、師僧の徳をしたって自分から寺に飛び込んだ人です。

そのようなわけですからなかなかの働き者で、台所から掃除、師僧のお世話に私の身の廻りの面倒などよくみてくれました。私の方は、寺では水が出ないので、下の方から水を汲んで運んで来たり、風呂を沸かしたり、薪をつくったりが日課でした。その他に、学校にも通わせてもらい、修行もさせて頂いたのです。

師僧はよく、自分は、弟子運が悪いといっておられましたが、学識も豊かな方であっただけに、私がこの寺に入るまでにも弟子を取ったことだと思います。奥さんはいないし、肉食はしない。昔風の一徹な和尚ですから、弟子共は厳しいと音をあげて皆逃げ出してしまったのかも知れません。それに、酒を飲まない家系から弟子を探したということについては、直接その理由を聞かせてはくれませんでしたが、酒にまつわる弟子の苦い思い出があったのでしょう。

几帳面ということでは、師僧は高野山関係でも全国に知れわたる位の方でしたが、むしろ、自分が六十有余年の人生を歩んでみて、今ようやく、当時五十歳位であった師僧の気持が汲めて、師僧の人となりがひしひしと思い起こされます。

几帳面という点はどのようだったかといいますと、旅行に出た時には、帰りの車中や船中で礼状をすべて書いてしまい、家に帰った時にはすぐ投函されるとか、私が高野山中学に行っていた四年間、毎月同じ日に月々の生活費、月謝等を送って頂きその正確さぶりが山中の話題になったこともあります。

日常の生活では、たとえば台所のお釜の蓋が少し曲っていても真直ぐにしなければ気がすまないし、下駄箱の下駄の入れる場所が何時もと違っていたぞといった具合で、机の上などは何時もキチンとしておられました。それに、自分の持物を入れているところは、引出しの何番目を開ければ何が何処に入っているか暗がりでもよく判る位にしておかなくてはならぬなどとよくいい聞かされたものです。

蘇えるお経

そのような性格の方でしたから、師僧は、私を指導して下さる際も、衣を着け、姿勢一つくずさず何時間でも私が納得するまで教えて下さったものです。最初に習ったのは理趣経でしたが、一区切づつ教わりました。しかし、その経文の解説はして下さらなかったので、意味もよく判らないまま丸暗記しました。もっとも、理趣経を解説せよといわれても、今の私には解説出来ませんと申し上げるより外ありません。しかし、大聖師の教えを頂くようになって、お経を作られた聖者の境地、その時の心の状態とでもいいましょうか、と全く同一の境地を得なくては、完全な理解は出来ないことを判らせて頂き、私も大聖師の許で修行を続けさせて頂けば、その境地を得ることが可能なのだということを今では自信を持って言い切れます。

この経文を理解するという点では次のような実例があります。この体験をされた方は日蓮宗の僧侶で、仏教教学に造詣が深く、学僧といわれる方ですが、また難行苦行もされ、学問的にまた修行を通じて法華経を究めようとして何十年もの間、心血を注いで求め続けたのです。しかし、もう一つこれだという ものが掴めず、壁に突き当たった状態でした。ところが、昭和三十七年九月十七日のことです。大聖師の前に座して修行をさせて頂いているうちに、秘密宝蔵の扉が開かれ、法華経の経文に書かれた内容が、眼前一杯にカラーで絵巻物のように見せられたのです。

その驚きは口では到底表わすことの出来ないものだとしみじみと語って下さいました。そうして、物語が次々と進んで全部終わった時に、自然に両の眼から喜びと感謝の涙が自分の意志とは全く関係なしに流れ落ち、着物が濡れ、道場の畳にも涙の跡がはっきりと残る位であったとのことです。大聖師が常日頃言っておられる、

「法華経は密教の前提経であり、神秘世界の一端を示したものに過ぎない。その奥は密教によらなければ得られない」

とのおことばに、頭の中ではそういうものかと思いながらも、心の何処かに果たして本当なのだろうかとひっかかっていたものが、まったく拭い去ることが出来たのです。また、

「現在法華経を信奉している者は、儂の教えに連なる約束を持って生まれて来ているのだ」

というおことばの意味するところがはっきりと判ったのでした。

中学生の小僧さん

さて、私の修行の話にもどしましょう。修行というとすぐその厳しさが云々されます。他の僧侶方の話を聞きますと、お経の覚えが悪いとかで頭を火箸で打たれデコボコになってしまったとかよく聞かされます。私の場合小僧になったのは小学校六年生でしたし、理趣経なども覚えが早いということでほめられ、お前は仏様にお仕えする様に生まれて来た者じゃなどと上手をいわれこそすれ、あまりしかられたことはありませんでした。

その当時の私の日課は、朝起きるとまず寺から少し離れた水場まで水を汲みに行き、手伝い婆さんの掃除を手伝い、朝の勤行をすませ、それから師僧の手伝いで鶏と蜜蜂の世話をし、朝食を頂きあわてて小学校へ行く、学校から帰ってからはお経の稽古をするといったものでした。しかし、朝が早いのと遊び盛りでもあり、学校にいる間野球などであばれ廻るせいもあって、たまに開かれる師僧を囲んでの夜の総代会など、酒を汲んで廻る役を仰せ付かると、何時の間にかコックリコックリとやってしまいます。夕食後が私の自習時間なのですが、その当時は大正の中頃で、片田舎でもあったし電灯がなくて、ランプの灯で勉強したものです。こいつが実に寝気を誘うやつで、よく机にうつぶせになったまま寝込んでしまい、師僧がそっと衣類を掛けて下さり、ランプの灯を消して下さることがたびたびでした。

私は育ち盛りのヤンチャ坊主でしたからしょっちゅう叱られてはおりましたが、火箸で打たれるようなことは一度もありませんでした。ところがある日、朝起きて師僧のところへ挨拶にいったところ、何も言わずにいきなりガンと殴られたのです。初めてのことで私も呆然とし、何事が起こったのかと思ったところ、外に引き出されて鶏舎の所まで連れて行かれたのです。その当時、寺では白色レグホンを百羽以上飼っていました。ところが、私がその前の晩に鶏舎の戸を閉め忘れたために一大事が持ち上がったのです。鶏が一晩のうちに皆喰い殺されたのでした。

あとで聞くと野良犬の仕業らしく、近所の人達が猟銃で仕留めたり追い散らしたりしたようです。師僧は私の頭を一度ゴツンとやっただけで後は何も言わず、鶏もこの時限りで飼うことを止め、蜜蜂一本にしてしまいました。

蜜蜂も始めは三箱か四箱でしたが、だんだんと増えて十にも二十にもなり世話が結構大変でした。それでもこれ等の世話は師僧が一人でほとんどされて、婆さんと私とはこの面ではほとんど役に立たなかったようです。

このように師僧の思いやりと温かい眼差にすっぽりと包まれていただけに、朝から晩までぎっしりと詰まった日程をつらいと思ったことは一度もなく、食事も精進料理でしたが、裏の竹林で採れる竹の子が料理されたり、たまには湯葉などを使った料理が出たりして、私にとってはなかなかの御馳走でした。それに、お供えのお菓子のお下がりが頂けるのは、育ち盛りの子供には大変な魅力でした。

つらいことを強いて挙げれば、学校に行った時に同級生にあいつはお寺の小僧だぞといって冷やかされる位のことです。しかし、これも高等小学校に一年通ったところで、師僧に無理を言って県立の大洲中学に入れて頂くことによって解決されました。というのは、その当時中学に行くことは百姓の子供達にとっては夢のような時代だったからです。中学生の価値も高かったので、お勤めで衣を着て外に出る時などは、百姓の人達にあの小僧さんは衣を着ているけれど中学生だぞ、檀那寺の小僧は偉いんだぞといった目で見られるような気がして得意満面だったものです。

家を離れてのさびしさも、大洲の町には叔父の寺もあることだし、家からは母が季節の替り目などに時折寺を訪れ、着物を縫ってくれたりしたので、とりたてて感じる暇もなかったのでしょう。しかし、家に帰りたいと思うことはありました。そうして、中学一年生の時に始めて許されて家に帰ることになったのです。その時、師僧からはとにかく他所へ出たのだから親にも礼儀正しくしなくてはならん。また、期日には遅れることなく必ず帰ってくるようにと、こんこんと諭されたものです。

汽車がまだない時分だったので、まず長浜まで出て、そこで生まれて始めて一人で旅館に泊まり、翌朝船で今治に参りました。一人で旅館に泊るということがよっぽど嬉しかったのでしょう。旅館代が一円であったことを今でも覚えています。家に帰ってからは昔の友達と旧交を温めるなどして、お許しの出ているギリギリ一杯の日まで家で楽しく過ごしました。

初めての四度加行

師僧を口説き落として折角中学に入ったのですが、愛媛県周桑郡の西山興隆寺という醍醐派のお寺に頼まれて、師僧が移られることになったのです。中学に入ったばかりでしたので、私一人しばらく残されて学校に通っていましたが、学校は一年の区切りのついたところで打切りとして興隆寺に呼んで頂いたのです。興隆寺は今でこそ予讃線壬生川駅四粁ということで交通の便はよくなっていますが、当時は鉄道もなく不便な所でした。

中学は西条にあって寺から十六粁も離れていたのと、新しい寺に移ったばかりのことではあり、学業を続けることはしばらく中止せざるを得ませんでした。しかし、この寺に以前からいた兄弟子は少し下の隠居寺まで歩いて降り、そこから自転車で学校に通っておりました。興隆寺は参道が千米近くあり、三重の塔、伽藍の整った名刹で、境内三万五千坪、本堂は鎌倉時代に作られ、重要文化財の指定を受けた特別保護建造物で、いまは国宝となっています。

興隆寺は地方の大山であり弟子達も大勢おり、執事も生え抜きがいるといった所で、その他にも修行僧が常時得度加行を受けておりました。この指導は師僧自らなされ、私はずっとお側に付ききりでお灯明を替えたり、香華を仕替えるなどお手伝いをさせて頂きました。学業の方は中止したのだから、修行だけは充分身に付けようと私自身も他の弟子と共に四度加行を頂きました。

四度加行というのは、朝二時に起き水ごりを取り、閼伽（あか＝仏前に供える水）を汲み、本尊にお供えし、前夜のうち準備した壇に登り、次第（修法の行い方）に従って修法するのです。午前五時には何時ものように朝の勤行を一時間勤め、次いで、堂の内外を掃き清め、朝食を頂くのです。

午前八時からまた水ごりを取り、日中の行に入ります。日中の行は本尊の大日如来の外に弘法大師、鎮守明神にも供養するので三度同じような形式で拝むことになるのです。午前十一時に食事をし、十二時から明神様始め諸堂を参拝し、終わって水ごりを取り再び行に入ります。これが初夜といわれているものです。ですから、正午以降は食事を摂らず、夜九時には施餓鬼をして一日が終わります。そして、初夜の行が終わってから施餓鬼が始まる間に、次の次第をお教え頂くなど勉強をするのです。これを加行三週間、正行一週間行います。

最初のうちは緊張していますので午前二時に起きられますが、疲れが重なって多少気が弛むのでしょうか朝起きるのがつらくなり、師僧にどなられる羽目になることもたびたびでした。この修行を十八道加行、金剛界加行、胎蔵界加行、護摩加行の順に四回行うので四度加行という名が出たのです。私が修行した時にはこの四度加行を各加行毎に分けて行っておりましたが、最近では何でもインスタント化してしまい、加行の期間を短くし、各加行をセットで修させるところが多くなったようです。

私の場合、とにかく夢中になって次第を覚え、行に励みました。私自身若かったこともあり、この修行が果たして大日如来に通ずるものか、あるいは、形造って魂入れずの修行ではないかなどということは考えてもみませんでしたし、これを行うことが真言僧侶の勤めであり、誇りであるとさえ考えていたのです。

出石寺は有名な祈禱所ですが、興隆寺でもよく祈禱を信者方から頼まれました。祈禱は祭壇を設けお供えをあげてから行いますが、祈禱のお供えには搗きたての餅をあげることになっておりました。そこで、祈禱を依頼する信者は餅米を持参し、その米で餅を作るのです。せいろうでふけあがって臼に入れた時の湯気の立ち具合を見て、信者は今日の祈禱は叶えられそうだとか、どうも駄目らしいと囁き合っていたようです。とにかく出来上がった餅を祭壇に供え、師僧が祈禱に入ります。この際もほとんど私がお手伝いさせて頂き、観音経をあげ、鐘を鳴らす役をしました。この祈禱により信者はそれぞれ結果を頂いて帰りました。

出石寺は祈禱所としての寺は檀家を持たず、寺に参拝する信者のお布施によって成り立って来たのですが、千年以上も前から盛え、今日に至っているということは世の中の人々が如何に現世利益を求め、また、それが祈禱によって叶えられたかということの証左といえます。このようなことから、ともすると真言宗は加持祈禱をする宗旨のように誤られてしまい、暗い感じを持つ人もいるようですが、密教は加持祈禱が主でもなければ目的でもないことは言うまでもありません。

赤い傘は神の愛

釈尊は、祈禱などにあまり重きを置かれず、あくまでも人間的に正しく判断し、行動することを説かれております。大聖師の教えでも、必要とあれば自分自身が神仏に祈って結果を出せる人間になれと説かれておりますので、祈禱は原則的には行いませんが、本人の願いが神仏に通ずるのに時間が掛かり、事態が切迫しているような場合には、特に許されることがあります。真言宗の祈禱では次第に従い壇を構えて修法するのですが、大聖師の弟子であるBさんは、神との実にユーモラスな対話を交えながら、一つの結果を出したのです。

それは昭和四十一年三月九日のことです。ある信者さんから孫の高校入試合格の祈禱を頼まれました。そこで、いろいろ本人のことを聞いてみましたところ、実力はあるのだが気が小さく、いつもあがってしまってその実力が充分発揮出来ないとのことでした。勉強もせずに、実力もないのにとにかく神にすがって実力にそぐわない学校に入れて欲しいということでもなさそうなので、それではあがらずに実力が充分発揮出来るようにお願いしてあげましょうと引き受けました。

その信者さんが帰ってから、御神前にぬかずき、本人の氏名、生年月日、そして祈禱の内容を御報告し、どのような方法で祈禱すればよいかを、大聖師の御名を何度も唱えながらお伺いしました。祈りに入ってしばらくたちますと、私の気持が一つのものに集中し、とてもすっきりして来ましたので、お示し頂く態勢が整ったことを知りました。すると、このような祈禱に力をお授け下さる神でしょうか、一人の神が現われて、祈禱期間は一週間、時間は午前零時から行うこと。供える物は、ゴマ油、小さい鍵、新しい半紙と新しいすずり、赤い傘、と一つ一つ力強い声でお示し下さいました。

明くる十日は最初の祈禱の日です。三十分前に体を清め白衣に着替えて、午前零時になるのを静かな気持で正座して待ちました。時間になりますと、二本の灯明以外明りのない御神前にぬかずき、心を込めて祈りました。祈禱の最中に本人の姿が現われましたが、なんとその姿は泣きべそをかいて学校の門と思われるところにしょんぼり立っているのです。それを見た時、この子供の現在の状態は当落すれすれのところだと知って、一週間とお示し頂いた期間に結果が出なかったら、十日でも二週間でも結果の出るまで祈禱しなければと思いました。

祈禱四日目のことです。いつも本人の姿を通して祈禱の結果をお示し頂くことが実に神秘的であり、また有難いことです。今日の祈禱中に現われた姿は、もう泣きべそはかいていませんでした。そして面白いことに、第一日目が門の所に立っていたのに、一日、一日、祈禱を続けているうちに、一歩一歩前進して今日はとても力んだ顔をして、学校の門と玄関との中間辺りに立っていたのです。これを見て祈禱の結果が現われていることを知り、とても力強く思いました。

いよいよ高校入試合格祈禱満願の日です。祈禱中に、本人がとても明るい笑顔で学校の玄関に立っていましたので、入試合格間違いなしとの確信を持ちました。祈禱を依頼して来た信者さんに、「合格間違いなしだから、入試までの一週間、本人をなるべくゆったりした気持にさせてあげるよう家族の者が心がけること。試験の当日は本人に、絶対大丈夫だから落着いて受験するよう力づけてあげること」

の二点を伝えました。私は、この結論に対してなんの疑いもなく、確信に満ちた答えを一週間の祈禱によってお授け頂いたことに対して、心から感謝申し上げました。

しかし、私は、お供えした五つの品物のうち、赤い傘だけが合点がいかなかったので、その理由を神にお伺い申し上げましたところ、今回の祈禱に力をお授け下さいました指導の神は、笑い顔で、

「赤い色は神の愛、慈悲を示す。雨は上から下へ落ちる。落ちる雨（当落すれすれの子供）を神の慈悲を表わす赤い傘でふせいだのだ。笑い話のようだがね」

とお答え下さったのです。私はナゾナゾのような神のお答えに、なるほどと初めて合点がいきました。

三月二十八日になって、信者さんから、「孫が無事合格出来ました」との連絡がありました。すでに結果が判っていたこととはいえ、実際に合格通知を受けてみて嬉しさは格別でした。つまらぬ反撥をしてはいけないと、本人には祈禱をお願いしたことを話していなかったので、当人は今までの試験と違って、今回は少しもあがらず一問一問とても落着いて書けたので、とても不思議に思ったということでした。

私は、改めて大聖師の御慈悲をひしひしと感じて、御神前に感謝の礼拝を捧げるばかりでした。

真言宗の場合の祈禱は、まず次第に従い形から入って修法する本尊に通じ結果をみるのですが、Bさんは、大聖師に真剣に祈ることによって、祈禱に力を貸す神をお授け願い、その神に祈禱期間から供え物までを示されて祈禱を成就したという点に大きな違いがあり、後者の行き方に生きた教えを感じるのは私の一人合点でしょうか。

もっとも、大聖師の教えでは、信者一人一人が修行をすることを条件としております。その修行を受

ける前段階に祈願行というものが準備されております。この祈願行とは、この文字が示すように自分の叶えて欲しいことを祈り願うことですが、これは、神仏の実在を如実に知るためのものであり、祈願行を頂く姿勢としては、「願うより、省みる人間になれ」と示されております。日々の言行を反省しながら過ごすことによって、神仏の慈悲を頂く姿勢が整い、感謝にあふれた生活を送ることが出来ることを示されたことばといえましょう。

Ｂさんの祈禱に際し、神が現れていろいろと教え示してくれた、とありましたが、大聖師の教えでは、神と仏をどのように説かれているかをここで紹介しておきましょう。

「力と智」、この均衡がとれて始めて立派な人間といえるように、自然界、神の世界も仏の世界も、一方に偏しては片輪であるのです。ですから、宗教に神と仏の区分があるわけがありません。神即仏、仏即神であるのです。この神力と仏智を備えてこそ大覚者としての「格」づけが出来るのです。神格、仏格ともにこれであります。そこで、単独に神観を樹てることは偏見と言わねばなりません。仏（さとり）を離れての神無く、神力を無視しての仏も無いことを知ることであります。

したがって、神といい仏といっても同じことではありますが、大聖師の教えでは、神という表現をもって表わしております。こうした神仏観は、今までの仏教の考えからみますと、破格な面もみられて未熟な私では理解が及びませんでしたが、やがて正座観法行を通して、その糸口が徐々に私の目前に開けてまいりました。

高野山と龍光院

大洲の円満寺におりました時に、師僧にお願いして中学に行かせて頂きましたが、師僧が西山興隆寺に移られてからは、学業を続けることは断念せざるを得ませんでした。そこで、興隆寺ではもっぱら修行に打ち込みましたが、やはり、学校へ行きたいという気持は拭い去ることが出来ず、またもや師僧にお願いして学校にやらせて頂くことになったのです。師僧もそれでは一層のこと高野山の中学に行けば修行もさせて頂けることだしよかろうと、高野山中学への編入を認めて下さいました。

高野山では師僧の兄弟子で、出石寺の住職の長兄に当る加藤諦見という方が住職をしておられる龍光院という寺に、下宿のような形で入りました。この諦見僧正は後に高野山で管長をやられた程の立派な方でした。私が高野の山に上がった当時は電車も何もなく、下から十二粁程の道をテクテクと三時間以上かけて歩いて上がったものです。しかし、荷物の方は、ケーブルか、あるいは、運送屋に頼めば、布団でも本でも運んでくれました。おかげで私も全集物など随分本を持ち込んだものです。その後、極楽橋まで自動車が入るようになり、電車が出来て、続いてケーブルカーも通るようになりました。

大洲中学で二年生を過ごし、興隆寺に行って三年程中休みをしたのですが、高野山中学では二年に編入を許可してもらい、五年を卒業するまでの丸四年間高野山にいたわけです。その間、私は恵まれた自然の景観に囲まれ、霊場聖地の中で学校に行けるということ、春の桜、夏の緑、秋の谷々の紅葉、冬の雪景色と、山内の趣深さを味わうにつけ師僧に感謝の便りを出したものです。

高野山中学といっても他の中学と特別な違いはなく、違いといえば宗教の時間が週に何時間かある位でした。しかし、二年の一学期が終わってビックリしたのは、席次がビリだったことです。学業の成績は二、三番だったのに、発表を見たらビリだったのです。どういうことかと思って先生に尋ねましたら、お前はまだ他所から来たばっかりでお前の人物がよく判らんので操行を乙に付けたんでビリになったんじゃということでした。他所から転校して来た者は、どんなに操行がよくってもしばらくは乙しかくれないのが高野山中学の伝統であり、操行を一番にみるところなどは宗教学校の特長といえるかもしれません。

このように操行のうるさい高野山中学で、ある時事件が起きて皆でストライキをすると言い出したのです。私は他の人より高等小学校に一年行ったり二年程中休みをしているので歳だけは取っていましたが、どちらかというと内気なたちでした。しかし、この時ばかりは、たとえどんな理由があるにせよ学生が学生の本分である学業を放棄することには絶対賛成出来ないと強く言い張るものですから皆にさんざん殴られてひどい目に会いましたが、殴った連中は皆退校させられてしまいました。それまでの私でしたら、長い物には巻かれろの組でしたが、やっと学生としての本分に目覚め出したといいましょうか、とにかく一生懸命勉強しなくてはと考え始めていたことは事実です。

服装の方は白線こそないが普通の学生帽に学生服で、学業以外にも野球や剣道、柔道が盛んでした。剣道と柔道は鎌倉師範学校とよく定期戦をやったものです。私は背は余り高くないが身体がガッシリしていたので柔道に向いていました。ところが、穐月聖憲校長が柔道などやっても将来僧侶としてやって行くのに何の役にも立たぬからもっと他の有意義なことをせいということで、籍だけ弁論部に替えられてしまいました。部には属してはいませんでしたが、四国という野球好きの土地柄のせいもあって下手の横好きというやつでよく野球もやりました。

龍光院での生活は夜が明けやらぬうちに始まります。弥勒の間という弘法大師御入定の間で住職の諦見僧正が御修法をされ、龍光院に止宿している私達は障子を隔てた隣の部屋で一緒にお経をあげるのです。これが一区切りつくのが午前五時です。それが終わりますと残った部屋の掃除や庭掃きということになります。しかし、私のように下宿代十一円也を払っている者にはこの義務はありません。自分の部屋を片付ける位でよいのです。

掃除が一応終わった頃に、食事を知らせる拍子木が鳴ります。食事といっても味噌汁に沢庵それに粥です。奈良や和歌山地方には古くから茶粥といって、御飯にお茶を入れて食べる習慣があります。これは倹約ということばかりではなく、粥には十徳ありとお経に書いてあることからも来ているのでしょう。大きな鍋からすくってくれるわけですが、最初のうちはまだましなものの、最後の方はもうお湯みたいなものです。かといって、寄宿生ですので拍子木が鳴ったからといって走って行くわけにもいかず、食事の時間には出来るだけ食堂の近くにさも他の用事があるような顔をしているなど皆工夫したものです。結局、四年間重湯みたいなものを食べて過ごしたわけです。それでも、皆育ち盛りですから、これではもたないので先輩に連れられ夜寺を抜け出してはうどんを食べによく行きました。中には牛肉を食べに行く先輩もいたようです。学校の寄宿舎の方では土曜日毎にすき焼きをやり、一度呼ばれた時などは何百人もの者が一堂に会してすき焼きを食べるということで実に壮観であり、ねぎや豆腐と肉の煮える臭いがしばらく鼻に残った記憶があります。

私が高野山におりましたのは大正の末から昭和の初めにかけてです。当時の高野山は全国に大師信仰を打ち出し、大師教会を設立して、御詠歌に伝道布教に四国巡拝にと全山あげて布教に力を入れた時期でした。高野山への参拝も非常に多く、円満寺の檀家の娘さん方も来れば大洲女学校や宇和島女学校の生徒も来るという具合で、少しでも知った人あるいは知った土地の人が来てくれるのは嬉しいものでした。特に若い女性は、私自身内気のため直接こちらから声を掛けることなど思いもよりませんが、来てくれるだけで何となく心弾むものです。

高野山のお寺に当時泊っている学生は、私のように下宿のような形で下宿代を払う者と、下宿代を払わずにその代りその寺の小僧のような形で食事をさせてもらい学校に行く者と二通りあったのです。そうして、このような参詣者の世話は下宿代を払わない人達がやるのですが、人手が足りなかったりすると我々も狩り出されるのです。お膳運びなどは小僧達の当然の務めなのですが、団体の参詣者がある時の朝晩のお勤めはお布施として一円くれたものです。これは我々にとって実に有難い臨時収入でした。もっとも、この金はあまり有効に使われず大半がうどんにバケたものです。

高野の日課は早朝に勤行、日中は学校、夕方は手伝い、夜は施餓鬼で終わるということの繰り返しでした。夕食後が自分の時間ですが、学校の勉強がほとんどで真言宗の教学や修行に関しては勉強の時間もありませんでした。そこで、学校が休みの時を利用し、自分の寺に帰らずに龍光院で四度加行を頂いたものです。龍光院の住職が師僧の兄弟子であったことは私にとって幸いでした。日頃修行は出来なかったものの、施餓鬼だけはお山にいた四年間、一日も欠かさずに勤めさせて頂きました。施餓鬼とは、朝食事の時に食事作法に従ってお供えを取り、施餓鬼の分も取り分け、就寝前にこれを餓鬼・亡者共に施す法会のことです。

生飯《さば》を読むという言葉は、皆の食事分以外に仏様にお供えする分と、餓鬼に施す分を余計に取るといったことから出て来たものなのです。この生飯としてお供えしたものを毎晩九時、就寝を前にして縁から施餓鬼場として定められた所に供えお経をあげてお勤めするのです。冬の寒い時など風がビュウビュウ当たるし、非常につらかったものです。

先輩が導師でやるのですが先輩がサボってしまい、大抵の時は私が行じさせてもらいました。最後に光明真言、を二十一回唱えるのですが、一年を通じてやはり冷え込みのかなり厳しい高野の山では、冬が一番応えます。それでも、お山にいる間、一日も欠かさず勤めあげられたのは、師僧の几帳面さがこのような形で私に引き継がれたのかも知れません。この修行が、隣の寺に住んでおられた穐月校長のお耳にも止まり、それがきっかけとなって可愛がって頂きましたが、真面目一点張りだった当時のことがなつかしく思い出されます。

龍光院については、いろいろな思い出がありますが、縁とは恐ろしいなと思ったのは、大聖師の次のようなお話からです。ある日、大聖師にお会いしていろいろお話をお伺いするうちに、

「儂が成道した時、同席していた真言僧侶が、東山諦恵という方だが知っているかね」

と質ねられ、縁というものの不思議さに、アッと言わんばかりに驚きました。というのは、東山諦恵という方は出石寺の出であり、私の師僧岡田諦雅師の甥弟子に当たる方なのです。しかも、その諦恵さんは龍光院の後を継ぐ積りだったようです。ですから、私が山にいる時分にこの方のことはよく聞いていたのです。東山ちゅう奴は仕様のない奴じゃと諦見僧正が言われておりました。なにしろ、すごい大酒飲みだったようです。大聖師のお話でも、常に一升瓶を抱えているような人だったということでした。

しかし、この方はこと修行に関しては、仏舎利を降らせる程の行力の非常に強い方だったようです。

師弟のきずな

高野の山の生活は実に楽しいものでした。しかし、試験が終わって休みになり山を下りる時は、また違った意味で実に楽しく嬉しいものです。ケーブルを下り、大阪の難波に着くとまた喜びが湧いてくるのです。そこから梅田に出て、そこで東へ行く友と別れる。そうして、汽車に乗り、船に乗り継いで今治へ出て、そこからまた汽車で壬生川駅に降り興隆寺に帰るのです。夏などは浴衣に袴を着け、麦ワラ帽子をかぶり、胸をはって帰ったものです。

しかし、一度高野山からの帰りに大失敗をしてしまいました。というのは、私を可愛がってくれていた叔母が病気だというので、尾道と今治との間にある岡村島に寄って二日程予定より遅れて帰ったのです。この叔母は父の妹で子供がなかったので小さい時から自分の子供のように可愛がってくれていたのです。ところが、寺に帰ると師僧からえらいお叱りをこうむったのです。

実は叔母が危篤だというものですからと言いましても、いったん何時帰ると約束したら何が何でも帰らにゃならん。叔母さんなど死んでもいいじゃないかと言われたのです。その時には、何と冷たいことを言う師僧だろうと思いました。自分一人になって考えてみますと、師弟というのはそんなものではない、やはり、親が死のうと叔母が死のうと帰るといったら、ちゃんと師の許へ帰らねばならない。嫁に行ったと同じことなのです。

弟子になったら師僧の命令に絶対従わねばならない。その替り、絶対悪いようにはしないのだからということに気付きました。その点、最近大学紛争などが起きて師弟の関係が問題になっていますが、師僧が親以上の存在であった私は実に恵まれていたのだと今でも思います。

興隆寺で修行をしていた頃、高野山中学に入る前の出来事です。私が師僧に対して絶対であると同時に、師僧も私を絶対的に信頼してくれていると思われる小さな事件がありました。ある日のことです。師僧が私を呼んで、今便所をちょっと汚してしまったから綺麗にしておいてくれ、と言われたのです。その時は兄弟子が二人、弟弟子も二人程いたのですが、自分が直接弟子に取った私をそっと呼んで下さってこのようなことを言い付けて下さったのです。このようなことはたった一回のことでしたが、師弟の繋がりということでなつかしく思い出されることの一つです。

今にして思えば、私はよい師に恵まれていたと思います。岡田諦雅師といい、戦後師僧替えをしてからの佐伯興人師といい、今日の私を造り上げて下さった大恩人と思っております。それに、私が生まれ変るための師であり、残された生涯の師として仰ぐお方、大聖師の御存在を忘れるわけにはいきません。

このように師のことばには絶対という気持を持っていた私も、師の命に逆わねばならぬことが起こってしまったのです。それは、大学進学の問題でのことです。と言いますのは、師僧は僧侶は学問などあまりする必要がない、なまじの学問は修行を妨げこそすれ、修行にプラスするものではない、修行に打ち込むことこそ僧侶の本分であるという考えを持っておられたからです。

私の勉強したいという気持はどうしても抑えることが出来ず、東京にやらせて下さいと必死になって頼んだのですが、いかんと言われる。それでは、高野山大学に入れて欲しいと願ったがそれも駄目で、師僧から勝手に東京に行っても学資の面倒は一切みないぞとまで言われて諌められたのです。内心では既に東京行きを許して下さっているようでした。それを知ったのは昭和二十四年に亡くなられた時に、日記代りに付けておられた歌集を見てのことです。きっと、甘い考えで東京に出たのでは大成すまいとの師僧の心配りだったのでしょう。

私は、逡巡する気持もありましたが、興隆寺の兄弟子が東京大学の大学院にいるし、姉も東京でかなり大きな家具の商売をやっている家に嫁いでおりましたので、えい、ままよということで東京へ行くことにしました。それに、先輩達も皆「おう来い来い面倒みてやるぞ」と言ってくれたので心強かったことも事実です。しかし、これ等の先輩達は高野山大学に入れと師僧に言われたにもかかわらず、高野山では活気がないなどと、東京に出た者ばかりで、苦学している人がほとんどでした。それゆえ、金銭面ではまったく頼りにならず、家や兄姉からの無心でかろうじて学資を賄いました。

私が東京の大学に憧れたのは、高野山の先生方がみな東京の大学から出向いて来ておられるということと、諸般の事情から勉強は東京でなければならんと思い込んでいたからと言えます。私が入りました大学は、もと哲学館といい、後に東洋大学と名前が変りましたが、ユニークな教授陣に恵まれていました。真言宗関係の方もこの学校を出ている方が多いようです。それに、私自身も師僧の反対を押してまで東京に出たものですから、勉強してやろうという意気に燃えており、毎月二十一日に開かれます密教学会には欠かさず出席したものでした。東洋大学の予科に入りましたのは昭和四年、私が満二十二歳の時です。予科二年を了え学部に進み、更に学部では一般仏教を専攻した大学生括は、真言宗だけでなく仏教全般に対する目を開くという意味で意義が深かったと思います。

私の東京行きは師僧には反対されましたが、諦見僧正は上代《かみしろ》はまだよい方だと言って、中野義照先生と亀月先生と三人で送別会をして下さいました。この会食は精進料理で、送別会であると同時に、高野山のしきたりで高野山中学卒業生のうち、優秀な生徒に対してのはなむけの会食であることを後になって知りました。その年は私の外にもう一人森快円師がいたのです。師僧も東京行きには反対されましたが、私自身破門されたわけでもありませんので、心に何のわだかまりもなく夏休みなどには以前のように興隆寺の師僧の許に帰りました。心にわだかまりがなかったのは師僧を親以上に思っていたのと、師僧が心の中で既に許して下さっていると信じていたからだと思います。それに、学資は出してやらんぞと言われた手前もあり、学資としては下さらなかったが、小遣いは足りなくないかなどと機会ある度により以上気を配って下さったのです。この当時は、月十五円あると切り詰めれば何とかやって行けた御時勢なので、本郷の兄弟子の下宿、神田にいる姉の処、大学教授の家と宿代を浮かせるために転々として、どうにか頑張り通しました。

大学予科の時分には、帰りに神戸の金光寺に先輩を尋ねて途中下車し、盆で忙しいから手伝えということでちょっと手伝って一日五円のお布施を頂くのです。当時、大学の一年間の学費が五円でしたからこの金額はたいしたものでした。東京でお盆の手伝い、神戸で一月遅れの盆、郷里に帰れば旧暦のお盆で、忙しいようでも今思えばのどかなものでした。

仏教というものを多少学んでみると、仏教発祥の地に対する憧れが心の中に湧き上がり、インド、セイロン（現スリランカ、以下同じ）へ行って実地にその姿を見たいと何時しか思うようになりました。高野山は私の第二の故郷ですから大学に入ってからも郷里に帰る途中によく寄ったのです。予科の一年の時、龍光院に寄ったところ、アダムス・ベックという英国系のアメリカ婦人が寄宿しており、弘法大師の入定について研究しておりました。

この婦人は、実に顔の綺麗な白髪のお婆さんで大金持だそうでしたが、それより、米国人でしかも女でありながら仏教とかヨーガに詳しいのが不思議でなりませんでした。そうして、自分の研究を「東洋哲学物語」という本にしており、その原書をもらいましたが読むのが大変で二、三頁読んだだけで音を上げてしまいました。そのベックさんには私は不思議に可愛がられ、「貴方がもし、東洋哲学を勉強なされるならいくらでもお金は出しましょう」と言ってくれたので、よほど「有難う御座います」と言って素直に受けようかと思いましたが、師僧の気持に報いる自分でなければならないと思い止まりました。

私が大学の学部に進んでからは、始終その下宿にもぐり込んでは迷惑をかけた興隆寺の兄弟子が、大学院を出て寺に帰ってくると、師僧は寺の跡取りが出来たのだから儂は元の所に帰ると言ってさっさと円満寺に帰ってしまいました。七堂伽藍の整った興隆寺の住職を自ら捨てて、出石寺の下寺であるちっぽけな寺に帰るなどということは、普通の僧侶には出来ることではありません。師僧の義理堅さとでも言いましょうか、その人柄が偲ばれる行動でした。したがって、私も師僧と共に円満寺に帰ることになったのです。

三、黄衣をまとって

師僧の猛反対

昭和七年九月、私は、欧州航路郵船鹿島丸に乗り神戸を後にしました。新天地タイ（留学当時はシャムと言い昭和十一年に現在の国名になった）に夢を馳せ、大きく胸を張っての船出に至るにはいくつかの要因がありましたが、やはり何といってもアダムス・ベック女史に会ったことがきっかけになったと言えましょう。昭和四年東京へ出て来て一般仏教を専攻した私としては、仏教とはどういうものなのか実際に体で知りたかっただけに、仏教発祥の地インド、セイロンには是非足を入れてみたいと思っていたのです。

ベック女史は、インドで釈尊のことを研究したのを始めとして、セイロン、チベット、北京を廻って日本に来られ、私がかつて下宿していた龍光院に泊られて弘法大師の入定観を研究されたのは、前にも述べた通りです。女史がこの龍光院に泊るということがなければ、また、私が予科一年の時帰郷の途中龍光院に寄ることがなかったら、私の運命は違った展開をしていたことでしょう。英文の「東洋哲学物語」には音を上げましたが、後に上下二巻の翻訳本が出て、サイン入りのものを女史からもらいました。この本には釈迦、孔子、荘子、老子や、チベットのこと、ヨーガのことなどが書かれており、釈迦物語はそれまでに読んだ本とは違った魅力があり、何度も繰り返し読んで、のちにはタイにも持って行った程でした。

ちょうど、学部二年の終わり頃のことです。タイでの南方仏教（原始仏教）の研究の話が持ち出され、また、呼び寄せ状を出してもよいという保証人まで現われたのです。私にとっては、学業があと一年残っておりそれを放棄するのもどうかと思われましたが、この様な機会は滅多にない、タイへ行ってパーリ語を勉強すれば経文の原典を読むにもよいし、釈尊が説かれた教えの真髄を知る上にもプラスするものと考えタイ行きを決めたのです。

早速、師僧に相談したのですが、東京行きと同じように反対されてしまいました。そこで困ってしまい龍光院に行き諦見僧正に相談しましたところ、師僧の方は説得してやろうと積極的に応援して下さり、中野義照先生に師僧代理となって頂き、和田性海高野山大学学長に保証人を引き受けて頂くよう手配して下さるなど親身になって世話をして下さいました。その上、当時の総長釈法伝僧正にまで働きかけて留学生の辞令を受けることとなり、補助金まで下付されました。まだ若い学生が昭和七年当時の金で何百円も旅費などに使えと頂いたのですから、その多額に驚くと同時に高野山の財力を改めて思い知らされました。

このタイ行きについても、多くの希望者の中から私が選ばれ、師僧の反対があったものの諦見僧正の執り成しを頂き、高野山から留学生の辞令まで頂くなど仏縁に恵まれていたとしか言いようがありません。諦見僧正は種々世話をして下さったその上に、私が山を降りる時に、「これは前の住職の原心猛という偉い坊さんの衣ぢゃがお前にやろう」と言って麻の衣を下さったのです。

この衣は大事にタイへ持って行き、それを着て托鉢をしましたが、暑い土地なので肌にじかに着るために何年間かでボロボロになってしまいました。この衣を着ている間、私の今の修行は自分一人のためのものではない。日本のためとまでは言わないまでも、高野山というか真言宗の発展のための修行のだと自分に言い聞かせておりました。今回のタイ行きも師僧に反対されたのですが、これは反対のための反対ではなく、むしろ自分の最愛の弟子を旅立たせるのが忍びないといった気持からの反対のようでした。そのことは師僧が亡くなられてから形見分けに頂いた歌集に次のように記されています。

引き止むるを弟子の強いて仏道研学のため渡暹せし時よめる　昭和七年八月上旬

今ははやひきとむるすべも梓弓ゆきにし空をうち偲ぶかな

外国《とつくに》のふるき言の葉ふみわけて仏の道のおくたどりゆく

堂《た》づねゆく御法《みのり》の光り見ゆるまで明るき道をゆめなまよいそ

弟子に対する師僧の気持が詠み込まれ、ああ、あの時師僧はこういう気持だったのかと改めて涙する思いです。

荒波を越えて

神戸を後にし鹿島丸の特二船客になったのですが、西山興隆寺と同じ醍醐派の吉川法城大僧正が同じ船に乗って海外旅行中であったので、バンコクまで時々一等船室をお訪ねしたり、時には一等用の食堂で御馳走になりました。

船はまず上海に向かい、高野山開教師の柚山僧正のお世話になり次いで香港、シンガポールと寄港してここで英国船に乗りかえ私の目的地タイの都であり、同国唯一の港でもあるバンコクに着いたのは十五日後でした。その間、四国に住んでいたために海には馴れっこになってはいたものの、海上で迎える入日や夕焼け、飛魚の空中飛行、魚の大群、フカが船に付いて来る光景など新たな感慨を催すものでした。

シャム湾に入って気が付くのは、メナム川を狭んで左側のマレー半島と右側のカンボジア側には、いわゆるマングローブという熱帯地方独特の木が海岸線間近まで生い繁り、南の国に来たなという実感が湧いたものです。やがて船はメナム・チャオ・プラヤ川に入って行きます。この川には一万トン以上の船が自由に出入り出来るのです。しかも、日本では川と言えば何処へ行っても澄んでいるのが当たり前ですが、川の水が泥を溶いたように黄褐色をしているのは不思議でした。

この川をさかのぼって行くうちに左右に水路が開かれ、そこからは小舟が盛んに出入りしていたのが見られました。やがて竹の家とでも表現したらよいと思われるような家がまばらに目につくようになり、かなり上流までのぼったところで始めて都市らしくなって、煉瓦の家なのでしょうか土で造ったような感じの家が目立ち、やがて立派な寺院が見えるようになって来ました。ここがバンコクでした。

上海からだんだん南下するにつれて気温が上がり、船の上でも時々スコールに会いましたが、バンコクの暑さは聞きしに勝るものでした。九月の上旬から十月にかけてが、五月初めと共に一番暑く感じる時期だそうで大変な時にタイに来たわけです。日中は摂氏三十度を越えても、朝晩は摂氏二十五度以下になるので何とか息がつけるという具合でした。もっとも、そのうち過ごし易くなるさと言われて当てにしていたところ、見事にその期待は外れてしまいました。と言いますのは、日本ですと夏と冬の間に摂氏で三十度近い差がありますが、タイの平地ではなんと四～五度しか差がなかったからです。

第二次世界大戦で南方に従軍した人から、南方ぼけの話を聞いた方が多いと思いますが、私自身もこれには参りました。ともかく、このようなバンコクに到着したわけです。まず、バンコクで貿易商をしており世話好きなので、南方の父とまで言われた溝上政憲氏（佐賀県出身）のお宅にしばらく御厄介になりました。

しばらくと申しますのには実はわけがあったのです。私の乗った船の後から日本を出た船が、寄港地の関係で数日早くバンコクに到着し、その船に乗っていた留学生が私の行くべき寺に入っていたのです。どこでどうなったのか、留学生を一人送って欲しいと日本に頼んだところが二人来たというわけです。そこで、私が余計者ということになってしまったのです。しかし、その寺の住職や溝上氏などが種々奔走して下さり、バンコク市の川向こうのトンブリー市のワット・アノンガラン寺に入ることになりました。私にとっては日本人のいない寺に入れたということはかえって幸せでした。

ワット・アノンガラン寺へ

タイでの修行はかくしてワット・アノンガラン寺で始まったのです。私は英語の方はよちよちながら話すことが出来たのですが、タイ語はまったく出来ないといった状態でこの寺に入ったのです。寺に入ってからタイ語のイロハから習ったのです。子供や廻りの人達は非常に親切で面白がって教えてくれました。お陰で三ヵ月程も経つと日常会話には不自由しない程度までになりました。タイ語の他にも経典の言葉であり、タイの他セイロン、ビルマ、カンボジアにおける仏教徒が共通語として用いるパーリ語の修得につとめました。半年程の寺院生活を送るうちに、とにかく慣習にも馴れ、得度式に必要なパーリ語の暗記も出来たので、やっと純タイ式の入門が叶えられ黄衣を纏うこととなり、素足で早朝托鉢をするという純然たるタイ僧侶（比丘）になったのです。

タイ国では日本のように宗派というものがありません。また、釈迦一仏で日本のように観音様とかお不動様といったものもないのです。タイの場合は仏教が国教となっており、お釈迦様が歴史を作ったと言える程で、釈尊程偉大なお方はないものと謙虚に仕えております。如何に文化が発達した欧米といえども、釈尊の右に出る者はいない。その釈尊の教えを我々は頂いているのだという自覚、釈迦絶対という考えは、裸暮しの土民でも持っております。したがって、タイの仏教徒は全国民の九〇パーセントを越えております。その上、男子は成人になれば、かつての日本の徴兵のように少なくとも三ヵ月は仏門に入り、僧侶として厳しい戒律による修行をするのです。

少なくとも三ヵ月ということですが、それより長くても勿論よいわけで、一生でもよいのです。また止めようと思えばいつでも止めることが出来ます。たとえ官吏であっても三ヵ月間は皆坊さんになるのです。しかし、その間の給料は勿論もらえるし、その間は兵役も免除されるのです。タイ国では仏道修行がすべてに優先しているといえます。そうして、この修行が男子の社会的地位に直結する成人コースなのです。

国王ですらこのしきたりの例外ではありません。このこと一つを取ってみても如何に仏教がタイの社会生活に喰い込んでいるかが判ると思います。そのような態勢ですから、タイ国政府は国家的重大事などを高僧達に相談し、充分その意見を採り入れて行政を行っているのです。

また、六つから十位までの小さな子供が沙弥になる場合は、一週間位の修行でよいとされています。頭を剃り、眉毛を剃ってしまうので人相も変り、尼さんのようになるし人形みたいに可愛いものです。それでも、ちゃんと裸足になって托鉢からすべて喜んでやります。それに、坊さんになれば親でも三礼するのです。たとえ鼻たれ小僧であっても、両親はこの子供に合掌三礼します。この三礼はその子に対してするのではなく、その子を通じて釈尊にするのです。「お前はよく出家してくれた。仏陀のお弟子になってくれた」というわけです。

親が自分の子供に対してでさえこのようですから、社会生活の中でも僧侶は尊敬されると同時に、たとえば汽車や乗合自動車なども無料であるなど数々の特権が与えられております。しかし、僧侶になるには身分的制限はなく、男性で気狂いでさえなければよいとされています。得度式には、「お前は狂っていないか」「はい狂っておりません」「お前は親から許されたか」「はい、許されました」という具合で昔の形式そのままなのです。

裸足の乞食行

小乗仏教は戒律が厳しいのですが、これはもともとしっかりした法律のなかった二千五百年前に釈尊が比丘が修行するのに必要な心構えを示されたものです。ですから二千五百年後の現代では時代遅れのものもあるし、国の法律で充分なものもあります。戒律は一般人には五戒が有り、僧にはこの他に貴金属を身に付けてはいけないとか、托鉢の時腰を振って歩いてはいけないとか全部で二百二十七ヵ条の戒律があります。ところが釈尊の時代にはタバコがありませんでしたから、このタバコについては触れていないのです。そこでタバコは戒律で禁じられていないとばかり、二、三百人ほど僧侶が集まると読経の最中でさえタバコをくわえているものが何人かいるという始末です。

小乗仏教は形式的で保守的だとけなす人がいますが、修行は実にきちっとしています。私も最初は衣の着方から習い、真暗いうちから起きて先輩と一緒に托鉢に出掛けました。しらじらと夜が明けてくる間に四、五軒廻って、鉢一杯に御飯なり、魚、玉子、肉なりを入れてもらって寺に帰ってくる、これが一日のスタートです。托鉢に行く家では暗いうちから御飯を炊いてお坊さんの来るのを待っているのです。銀の器に一杯盛って台に乗せ、そうして、サンダルや下駄を脱いで素足になってうやうやしく敬意を表して差し出すのです。

お坊さんは頭を下げないで、ただ前に行って蓋を取って二匙すくい、それから椰子の葉に包んだおかずを入れるのです。日本と違ってお坊さんは「有難う」と言ったり、拝んだりしてはいけないのです。柱のようにただ立っています。ですから他の国の僧侶がこれを見て、タイの坊さんは犬より劣ると悪口を言う程です。犬でさえ食事をもらえば尾を振ったり、ワンと吠えるなりして喜ぶのにというわけです。この様な習慣からか、乞食にお金をやる様な場合でも、布施の精神からというか、自分は徳を積ませてもらうのだという気持で在家の方々はやっているようです。いずれにしても、タイの人達のお坊さんに対する尊敬の念といったらすごいものです。お坊さんを供養することによって、次の世の幸せが得られるのだ、往生させて頂けるのだということで、このことを一番大事なこととしています。ですから、出産、結婚、葬式、新築、除幕などすべての儀式が僧によって行われます。

タイの一般大衆は、葬式に財産の三分の一を使ってしまう程ですが、今世だけの幸せというより来世のことまで真剣に考えているからでしょうか。この人間が生まれ変るということは、釈尊が説かれたといわれるジャータカ文学によって語り継がれ、タイの人でこの輪廻転生（人間が生まれ変るということ）を信じていないものはありません。

『本生経《ほんしょうきょう》』と輪廻転生《りんねてんしょう》

『ジャータカ』は原始経典の一つで、日本語では本生経と訳され、釈尊御自身の過去世の姿を示され、それと共に教えを説かれた経文であります。釈尊が大正覚を得られて仏陀となられ、神秘世界を観じてお説き下さったのがこの本生経です。弥却《みきゃく》といわれた時の青年時代に宝光如来を供養し未来成仏の授記を頂いた話や、尸毘《しび》王として生まれた時代に鳩の身代りとなって鷹にその身を投げ出された話、薩埵王子といわれていた時代に飢えた母虎に身を献げたことなど、かず多くの説話があります。

中には方便から人間が動物になることを折り込んだために、輪廻転生の真の姿を誤解せしめ、食事をしてすぐ寝たら来世は牛になるとか、あるいは、あまり執念深いと来世は蛇になるなどという民間での言い伝えを生むもとをも作りました。

「釈尊は因縁を説いたが、儂はそれを証し示す」

と大聖師が常々言っておられます。

これは、この輪廻転生についても、個々の体験の中にはっきりと証し示されております。つまり、私達一人一人が、大聖師によって輪廻転生を自分自身で感得することが始めて可能となったのです。それでは、大聖師の弟子、信者の数多くの輪廻転生の体験談の中の一、二をここに紹介してみましょう。

インドに生まれて

その一つは、ある建設会社役員の奥さんで、大聖師の弟子の一員に加わった宮崎良真さんの輪廻転生を信ずるまでの経緯を記してもらいましょう。

不思議な御縁によって、大聖師のみ教えに入信させて頂いてから五ヵ月程過ぎたある日のことです。その日は雨でした。雨だれの音を聞きながら行《ぎょう》を頂いておりました。すると思わず口から次のような和歌が出て参りました。

雨だれの音にききいりおのがみは神のみまえでおしえいただく

それからは、家にいても、道を歩いていても思うこと考えることのすべてが、和歌になってしまうのです。たとえば、今日は友人の松川さんのお誕生日だなあと、思うか思わないうちに

松の葉のこずえにひかる七色の徳の光ぞ美しきかな

とか、また、道を歩きながらでも、幸せな気持が心からあふれ出るような気持になると

安楽の神の心を持ちおればおのがみこのよ極楽にあり
まことなる神の道をばあゆみなん心の花の美しく咲く

と、この様にすらすらと口をついて出て参ります。私は、学校では国語が苦手で、作文なども大嫌い、まして和歌など思っただけでもゾーッとして、とても作る気にさえなれませんでした。それが、後から後から歌が、口から出て参りますので楽しみであると共に、不思議でなりませんでした。

そうして何ヵ月か過ぎた頃、行中に中国娘の私が、杏畑の中に立って歌を唄っておりました。あたり一面杏の花の真盛りで霞がかかり、それはそれは美しい景色でした。杏畑の中でも杏の花に手を触れながら、花の美しさ、景色の美しさを心から美しいメロディで、中国語の様な言葉で唄い出しました。それからは、台所仕事をしながらでも掃除をしながらでも、自由に中国語の様な言葉で歌も唄えますし、話すことも出来ます。人に変に思われてはいけないと思う時は、ちゃんと日本語で話します。中国に行っ

たこともないし、中国人との交際もない私は、不思議と思う半面、潜在意識かななどと疑ったり、それにしても変だなと思ったりしておりました。

それから少したちますと、また、行中に空気が澄んで少し冷たい高原のような所で、そこに川が流れています。そうして川の辺りに一本の大きな木が生えています。インド娘の私は、その木蔭に腰を下ろし、足を川の水の中に浸しながら、お経の中に出てくるのとそっくりな言葉で歌を唄い出しました。私は、何となくインドの言葉だなと思いました。冷たい風が吹いて来ると、木漏れ日がきらきらします。木の葉が唄っているようです。私も、一所懸命唄いました。それからは、前の時と同じ様にインド語を話す様になりました。

私は、ある時、茶の間のテレビをつけたまま台所で夕食の後片付けをしておりますと、私がふだん唄ったり話したりするのと同じ言葉が茶の間のテレビから聞こえてきました。そうして、その言葉の意味がよく判るのです。私は、息も止まる程びっくりして、テレビの前に飛んで行きました。それは、夜七時半からのＮＨＫの番組で海外取材班の方々が、インド北部の農村地帯を取材したものでした。人口問題に悩むインドが農家の主婦達に産児制限をさせるために保健婦さんを指導に当たらせているのです。保健婦さんが、農家の主婦達を集め盛んに話をしているところでした。保健婦さんは、私と同じ言葉で話をしております。そして画面の下の方に、日本語の解説の字幕が出ます。私は行ったことのないインド北部の言葉を話せたのです。

なんとなくインド語だろうとは自分なりに判っていたのですが、この番組によってはっきりインド北部の言葉だと判りました。私は、今まで潜在意識だの、何のかのと自分流に解釈して、なかなか神の教えを素直に信ずることが出来ませんでしたが、このテレビ番組を見て始めて自分は過去にインドに生まれ、中国に生まれ、日本に生まれたことを判らせて頂きました。人間は、生まれ変るものである。輪廻転生はあるのだ、と自分の体験を通じて心から信ずるようになりました。

アッラーの神に仕えて

次に立教大学で英文学の助教授をしている松井倫子さんの体験を記してみましょう。

私が正座観法行に通い始めたきっかけの一つは、霊魂不滅の様相についての一つの疑問、すなわち、輪廻転生説をとり、霊魂不滅を、神あるいは仏と人間存在との複雑でダイナミックな関係の中にとらえる東洋系の宗教の教義と、輪廻転生を認めず、むしろ単純ともいえる終末論によって、霊魂不滅を片づけてしまっているように思えるキリスト教の教義とのいずれに、より多くの真実が含まれているかという疑問に対する手掛かりを得るためであった。それというのも、当時の私は、キリスト教信仰に踏み込む瀬戸際に自分を置いていたのであるが、この点に関して、キリスト教の正統的解説に何か物足りなさというか、不明瞭さを感じていたからである。

ふとしたきっかけから正座観法行を知り、一週三回行われる観法行に、時間の許す限り通うようにつとめて一年半位すると、行に通った当初の疑問にあまり拘泥する気持もなくなっていた。と、そんなある日の行中、私は、私自身の幾世か前のこの地上における生活の一部を再体験し、またその生活の内容を今日の私の母国語で解説するという体験をしたのであった。

それによると、私は、かつてある時期、今日の中東に当たる地域のある砂漠の山に籠って一人で神に仕えるという修道生活をしていたとのことである。その体験を、行中に「……広き砂漠の山に籠りて、我はありたり。黒き衣を我は着けたり。黒き衣は道行くしるし。心清かり、心清かり。くやみなかりき。闇夜を行くに光ありたり。神に仕えて我はありたり。……」（当時の行体験の記録より）と日本語で解説しながら、私の心の中には、この解説の通り、唯一人、人の世を離れて砂漠の山で神の道に専念していた、ひたむきで清らかな乙女の姿がまざまざと蘇える思いがするのであった。

それ以来この行は幾度か続いた。その私の過去世の修道生活の心境は、観法行を終えて現実生活に戻ってからも私の中に持続された。不思議なことに、自宅に帰って一人自分の部屋にいて、日常生活の義務と勉学から解放された暇には（特に夜の方が多かった）、自分の意志ではなくペンを取り上げて紙の上に、行中自らが語るかわりに、その続きの内容、さらに詳しい解説を書き記すのであった。そのような時、手に持つペンは自分の意志ではなく、いわば見えない他者によって運ばれる感じで、一字また一字と書き記される文字とそこに形成される文章を、書いている私は読み、その内容を理解することが出来るのであるが、次に何が書きだされようとしているかは、私が意識的には関知しないことであり、私の意図するところではなかった。

このような現象は心霊術の分野では「自動書記」とか「お筆さき」とか呼ばれていると聞くが、一般にそのような現象にともなうといわれる自意識喪失現象が私には全く生じなかった。というのは、その間中、私の意識は明瞭で私が何をしているか、何処にいるかはっきりしていたし、部屋の状態その他の周囲の事情についても、普段に書物を読みふけっている時と同じ程度に私には知覚されていたのである。

要するに、紙の上を走るペンと、それによって書きだされる文章は、見えない何物かと私が一体になって、あるいは、その存在が見えないなりに私の存在の一部になっていて、その何物かの声なき口述を受けて私の手がそれを筆記しているとでもいえる状態であった。その時の記録から一部引用すると、次の通りである。

オラリオン
この世の人を嫌いて
アッラーの神に仕えたり
オラリオン
アッラーと共に暮し
共に歌い
共に語らい
共に眠り
共に休み
共に戯れ
共に渇きを充たし
共に空腹を充たし
共に生きたり
君オラリオンを愛し給いて

悲しみなく
憂いなく
苦しみなく
美しき暮しなりき

という具合に、肉体的には私が一人でいても、私の側に見えざる他者が存在しているのは確かであった。この他者は、かつての世で私が仕えていた神であるのか、それとも、それを知っている何か別な存在なのか。あるいは、その当時の私自身なのであるか、私には分らなかった。

私達一人一人が、輪廻転生を修行中にせよ如実に体験することが出来れば、「死んでしまえば灰になるだけだから、この人生を太く短く自分勝手に生きて行くのだ」という唯物的な考えの人達も人生観を大きく変えざるを得なくなるし、今日この一時を大切に生きていくという考えが自然に生まれて来ましょう。また、自分がかつてインドに生まれ、中国、韓国で生まれた経験があれば人種差別などというつまらぬ考えは、雲散霧消し、人間皆大いなる神につながる神の子として、一視同仁の気持が培われる筈です。その意味からも人間が生まれ変ることを体得し、自分の過去世を知ることが出来ることは、実に大変なことと言えます。

僧侶はタバコ好き

タイ僧侶の一日は托鉢によって始まりますが、托鉢から帰りますとござを敷いた上に五、六人円座を作り、鉢からまずおかずを出して分け合い、次に各自御飯を取って食べるのです。それには一定の食事の作法もありますが、日本のように生飯を取るようなことは致しません。托鉢で集まった食事は相当量があるので、余ったものは子供が食べ、それでも残ったものは乞食が食べ、最後に残ったものを犬が食べるというように、順々に頂くのです。食事が済みますと本堂でお勤めです。

本堂というと日本の人達はすぐ薄暗い所を思い浮かべるでしょうが、タイでは寺院の外観からして金ピカで南国の抜けるような青空に映える位ですから、本堂内部もきらびやかで明るく、大理石の上には部厚い絨毯が敷かれていて、そこでお経を上げるのです。

お経はパーリ語ですが、経文を見ながら上げるのではなくすべて暗記です。導師と共にお経を上げ終わるとそれぞれ自室に帰り、パーリ語の勉強をやるなどして十一時まで過ごします。十一時には二度目でその日最後の食事が始まります。と言いますのは、南方仏教では僧侶は一日二食と決められているのです。この昼食には信者さん達からビントウというものが届けられます。

これは日本の弁当に相当するもので、重箱を五つ重ねにして持ち運びが出来るように柄の付いたものなのです。その中におかずが四種類と一番上に御飯が入っています。このビントウを届けてくれたり、托鉢に食事を提供する人達は必ずしも金持ではありません。タイはもともと農業国で第一次産業が主体であるため国全体の経済力が弱く、その上一部の高級官僚と華僑に経済を握られているからです。そのような状態でも仏弟子に対する態度にはしっかりとしたものを持っております。十二時になりますと食事終わりの合図があり、この合図が鳴れば食べかけでも止めてしまうのです。

午後は洗濯したり休んだりで、夕方までパーリ語を自習する者もあれば、寺の中にあるパーリ語の学校に行く者もあります。勉強もせず外にも行かない者は昼寝をするなりゴロゴロしています。怠け者にはもってこいと言えます。ですから、タイの僧侶の中には真剣に道を求めるでもなければ、人間的に成長しようとするでもなく、生涯衣を着てのんびり暮らそうなどという不心得者もおります。

タイ僧侶の日々の生活はこのようなものですが、他にワンプラ（仏日）というものがあり、旧暦の十五日に行われ、この日は老若男女が皆寺に集まり、寺で僧侶の説法があります。この説法は横に細長い椰子の葉にパーリ語で書かれた経文を読み、それを次にタイ語で解説をするのです。それを信者達は実に熱心に聞いています。また、ワンプラの前日つまり十四日はワンコーンと言われ、タイの僧侶は月に一回この日に頭を剃ります。私などは日本にいた時の習慣で、最初の頃は気持が悪く毎日剃っていましたが、何故剃ったのかと皆に聞かれますので何となく面倒臭くなり、この点でもタイ僧侶と同じになってしまいました。

正午を過ぎたら、一切食事をしてはならないというのも戒律に決められた一個条ですが、食べかけでも止めねばならないとか、よんどころない用事で十二時までに食事が出来ない時でも食事をしようとしないなど、食事ばかりでなく他にも似た様なことが沢山あり、小乗仏教の戒律の融通がきかないところです。このように形式的な点は、小乗の一つの限界と言えるのではないでしょうか。

たとえば女に触ってはいけないという戒律があります。女が池で溺れている時に僧侶がそこを通りすがっても、女に触ってはいけないので引き上げることが出来なくて、みすみす溺れさせてしまったというのです。しかも、その僧侶がこれも戒律を守るために仕方無いと言ったという小乗仏教の形式主義を揶揄するような小話がありますが、まったくその通りなのです。王様を含めてタイの男子のすべてが最低三ヵ月の修行をするのですから、その修行が生きた、本当に価値あるものであったら、どんなにか素晴しいことでしょう。

二百二十七戒の中には、さして意味のないような戒もあります。私の場合当然のこととして困ることもなく守ることが出来ました。しかし、禁煙戒があったらそれを守ることが出来たかどうか疑問です。というのは私は二十一歳で兵隊になった時以来、大人になったとばかりタバコを吸い始め、ついには大変なヘビー・スモーカーになってしまい、一日百本近くも吸うようになっていました。こうなると吸うというより食べているというような有様です。

戦後の一時などはタバコと言えないひどい代物を吸ったため、声が出なくなったこともあります。今考えてみますと、六十一歳まで四十年間毎日、戦前、戦中、戦後を通じて何はさて置いても、あらゆる工面をしてでもタバコの吸いづめであったのです。ですから勿論タイでの修行時代にも吸い続けたのですが、読経の時はさすがに吸いませんでした。しかし、タイの僧侶の中には読経中にもタバコをくわえているのがおりました。

このようなタバコ好きが、昭和四十二年十一月三日からの大聖師の許での二十一日の修行に入ったとたんにタバコを吸わなくなったのです。それも、自分でタバコを止めようなどと思ったのではなく、修行が始まって一週間位経ってタバコを吸っていないことに気付いたのです。気付いてからもいっこうに吸いたい気が起きず、二十一日間の修行を終えて帰る特にはポケットにピースが何箱か残っていましたが、それも何とも思わなくなってしまいました。

私が特にタバコを止めようと思ったわけでもないのに、自然に悪い習慣がなくなり、何の執着もないということは、そこに人間の力以上の何らかの力が働いて自分が浄められていたとしか言いようがないのです。このようにして私は、大聖師のみ教えにおける三戒の一つを身に付けることが出来たのです。

その三戒とは次のようなものです。

一、教主指定の持斎日（毎月二十三日）には飲食を断ち、心身を浄め、神の御恵みに感謝し、断食により て生ぜる財を貧しき者に施すこと。

二、「煙草」は、心身をけがし、卑しきものとして、神の忌み給うものなれば、絶対に用いざること。

三、酒は、過ちのもとなれば、つとめてこれを節し、道門に入る時は絶対に酒気を帯びざること。

一は、神への感謝を教え、布施心を養い、あわせて克己心も培うことを眼目としています。大聖師の教えはこれだと私に直感させてくれたものの一つに、この持斎日があるのです。私がタイにいる間に知り合った日本画家で野生司香雪という方がおります。この方は仏陀に深く帰依しておられ、父の命日などには必ず断食していることを聞いていましたが、ここにその持斎日があるということで、特に感銘を受けたに違いありません。また、この方はのちにインドのサルナートにある日本寺の壁画を描いて有名になりました。

二の禁煙は、私に神仏の実在をはっきりと示して下さり、三の節酒についても、二十一日間の修行をさせて頂いた時から、やはり自然に実践出来るようになりました。

大聖師は、無戒律中の戒律ということを説いておられますが、確かに人間が人間の作った戒めに縛られるということは不自然で、戒めることも、戒められることもあってはならぬことであり、戒律の必要のない自分、すなわち神仏の境地に住する自分になれば、他人の作った戒律など必要としないだろうし、形の上の戒めよりも自ら備わったものが尊いといえます。私の場合も禁煙と節酒については、一つの境地を味わわせて頂くことによって、自然に身に備わったと言えましょう。

国民皆僧のお国柄

話を小乗仏教に戻しましょう。小乗仏教には禅的行というか、自分を高めていき悟りを開くという意味での修行というものがあまりありません。ただ朝早く起きて黙々と釈尊のように歩くとか、パーリ語を習うとか、戒律を守るというだけです。ところが、その戒律もなかなか守らず、衣を着ていればよいというのが現状でした。その目的とするところは、戒律を重んじ、自己自身の人格完成を計ることであるといえます。ですからタイ国の何処の寺でも住職は実に立派な顔をしております。やはり四十年、五十年と戒律を専一に守っていくことによって、冒しがたい境地を身につけられているわけです。坐禅をして深い瞑想に入る修行は、タイの仏教では特別の場合を除いては見聞出来ませんでしたが、戒律という人間の倫理的努力によって、自然にある程度まではいけるものであることを痛感しました。

もっとも、小乗仏教にも良い点が沢山あります。それを個条書きしてみましょう。

一、宗派がなく、釈迦一仏に帰依していること。

二、仏教がタイ国民の精神的支柱となっていること。

三、六波羅蜜のうち、少なくとも布施、持戒を一般大衆が実践していること。

四、一般大衆のほとんどすべてが輪廻転生を信じていること。

第一項の宗派がなく、釈迦一仏であるということは実に素晴しいことであり、このことが第二項以下の良い習慣を生んだといえます。そうして、これらの習慣が、日本とタイの仏教の違いを生んだのではないでしょうか。

なかでも、私が特に感じましたのは、寺院の在り方の相違です。タイの寺は、日本の寺に当てはめると中山程度の規模のものがほとんどで、それより小さなものはあまりありません。そうして、これらの寺で男子は皆修行をするのです。ですから、寺は地域に適当に分散し、その地域の人々の心の拠り所であると同時に、信者達がこの寺の維持について責任を持ってやっております。しかし、これは強制的な割り当てではなく、あくまでも布施の実践行としての財施、ある時は食物、衣類、金が入った時は金でという形で、心からの誠をもって献ずるのです。

このように、寺と民衆が一体となって運営出来るのは、男子が一生のうちに一度寺で修行することによって、寺との心の絆が生まれるからだといえます。自分が卒業した学校には誰でも愛着が湧き、その学校が経済的理由で閉校しようとしていたら卒業生が寄り合って少しずつでも出し合って何とかしようと思うように、そこには、自分達の寺という無言のうちに通じ合うものがあるのです。ですから、一日、十五日の仏日にお寺に参るばかりでなく、一週間に一回は必ずお寺にお参りするというよい習慣が生まれるのです。もっとも、参拝者はどうしても老人と婦人が主体とはなりますが、気持の上でのつながりは成人男子においても非常に強いものです。

僧侶としての修行をするのはタイ人に限らず、華商の子供達もおりますが、これはタイ語の読み書きを習うと同時に、タイの作法、習俗などを覚えることを目的としております。そうして、これが彼等が大きくなって商売するのに役に立つのです。しかし、それと同時に、仏教の精神が自然に身についていくのです。これほど素晴しい布教の方法が他にありましょうか。このように門戸はどんな人種の人にも開かれてはいますが、一般人は寺には泊めず、修行者以外で泊っているのは寺男の役をする子供だけです。

日本では、葬式仏事と寺の雑務に追われ、修行どころでないという声をしばしば耳にしますが、このようにしたのはほかならぬ我々僧侶なのです。タイの場合、死者が出た時には、普通通夜に一度信者の家に行き、あとは葬式の際に寺で立ち会うだけです。人間は普通一週間、いくら長くとも中有である五十日目には生まれ変ると信じ切っておりますので、年忌などという無駄なことは一切しないのです。一番回数が多い場合でも、四十九日まで七日毎に通うだけです。その代りといってはなんですが、葬式だけは楽しくはでにやるのです。

私自身、タイの僧侶の生活を送り、日本でも僧侶としての活動をしていくうちに、何とかしてこのタイのような寺と信徒とのつながりを持ちたいと考えないではありませんでした。それには、信徒に修行の場を提供することだと考えたのです。禅宗では坐禅会というようなものをやっている寺があるようですが、修行と信仰、また日常生活との関連という点で、私自身もう一つもの足りないものをよそながら感じておりました。しかし、私自身、大聖師の教えに触れることによって、この教えで地方信者になされている修行法を採用させて頂いたらと考え、毎週一度、私共の薬師堂で修法会を開かせて頂いております。この会に、檀家の方々が一人でも多く参加し、寺と信徒という関係が一日も早く出来上がるよう夢見ている次第です。

ともかく、黄衣をまとって素足で早朝托鉢をするという、純然たるタイ僧侶に融け込んだ生活を約三年間続けたのです。その間、馴れない気候の中での無理がたたったのか、体を壊してしまいました。そこで、一応還俗というか、黄衣を脱ぐ式をして、当時の日本人会長小川蔵太医学博士の病院でお世話になり、静養して体調の回復に努めました。

ゴルフは禅定に通ず？

タイと日本との交流はアユタヤ王朝の時代の十七世紀初めに行われました。交易を目的にはるばる海を渡って来た山田長政の一党が、アユタヤに土着してタイ士族に列せられ、国王の侍衛長兼最高顧問となり、一時は日本人町も出来た程でした。その後は内乱が繰り返されながら王朝が替り、日本も鎖国政策を取ったために一時交流がとだえました。近代国家への脱皮は十九世紀中頃から行われ、ちょうど私がタイに渡った年に人民党の無血クーデターにより、立憲君主国として近代国家への第一歩を踏み出したのです。

国の経済は米、とうもろこし、天然ゴムその他の農産物や錫の輸出が支えております。内閣は次々と替ったものの、政情は安定し、精神面は仏教によって支えられ、国土が肥沃なため東南アジア諸国の中でもこの国だけは貧富の差がはなはだしくありません。

現在では日本人が五千人以上もいるとのことですが、当時は、バンコクには僅か二、三百人しかいなかったと思います。その人達が日本人会を作り、小学校を設けるなど人数は少ないが一丸となって上下のへだてなく親しく交際をしておりました。

その頃日本人会で日本人納骨堂を建立したいということから、委員会（小川蔵太、三木栄、日高秋雄、溝上政憲、藤島護三郎、小生等）が出来て、タイの寺院ワット・リヤップの敷地の一角を永久無償で借り受け、藤島護三郎氏の設計で、鉄筋コンクリートで金閣寺型の地下室付納骨堂を建立したのです。そうして、名古屋日泰寺から釈尊像（等身大の座像）を小川蔵太博士の斡旋でもらい受け、高野山大師教会（名越有全大僧正）からは五具足等を頂いて、盛大な入仏式を行い、在留邦人の心の拠り所として宗派を超越した日本式の寺が誕生しました。これは昭和十年頃のことです。私も体調が回復したので、納骨堂完成と同時に今一度黄衣を着て、ワット・リヤップ寺で修行しながら日本人納骨堂初代管理者としてその任に当たるようになったのです。

やがて在留邦人はこの寺を中心に集まるようになり、日本人の葬式とか、春秋のお彼岸には供養をし、その後盛大に日本人会会長を始めとして皆が集まり、会食を共にしたりなごやかな行事をやりました。そうして、これが布教にもなったわけです。昭和七年私がタイに渡りましてから、敗戦で抑留され帰国した昭和二十一年までの十四年間、何度僧侶を止めようかと思ったことでしょう。しかし、その度毎にどうしても僧侶としての勤めを果たさねばならぬことが起きました。日本人納骨堂の管理を任されたのも私にとって足枷となりました。今にして思えば、これも神仏の御慈悲といえるかもしれません。（大戦直後、辻正信参謀が決行した（潜行三千里）の第一歩はこの納骨堂だったのです。現在は元のような広い敷地もなく、ただ、建物だけが残存しているのみです）。

病気静養中にも日本人との接触が多くなり、上下を問わない親密な付き合いが続きました。タイ語もある程度自由に使えるようになり、大阪商船の支店開設の準備を手伝ったりしました。その関係で支店長の竹田真昌氏から、僧侶第一義、手伝い第二義という自由な立場で助けて欲しいと頼まれ、大阪商船の嘱託となりました。

私の仕事は通訳兼外交係というわけで、その関係からタイの高官とも接する機会に恵まれましたが、私が僧籍に在ることが幸いすることが多かったようです。もっともその当時私は衣を着ていませんでしたが頭だけは刈っておりました。ところが支那人と間違えられて警察に引っぱられ、身分を証明するのに苦労するという一幕がありました。そのようなことから髪を伸ばし、それがかえってこの嘱託の仕事にはよかったようです。

多少言葉が出来る関係で、私は交渉とかパーティとか外交的なものはほとんどやらされました。その時にゴルフを覚え、ゴルフによってタイの人達を少なからず知り、また、日本の商社の支店長や日本からタイを訪ずれる役員級の人達との交際が生まれました。もっともゴルフの方は私が若かったのと、機械体操、野球、柔道が好きだったなど運動神経が発達していたのか上達も早く、少しは遠慮しろと言われたり、南無阿弥陀仏には勝てないなどと言われましたが、このゴルフのために相当優遇されたようです。

このゴルフはヨーガにも仏教にも通ずるものです⁇　野球やテニスなどの動いているボールというものは本能的に打てるし、止められるものなのです。ところが、じっとしている、静止しているものを、さあ何処からでも打てと言ってもなかなか打てるものではないのです。まず空振りするでしょう。これを目隠ししても打てる様になる、そうなると精神的な面でヨーガと同じであり、釈尊の説かれる八正道の内の正念、正定に通ずるものです。もっともゴルフは金がかかるし、賭け事にはまり易くする問題点もあるでしょう。

精神統一をすればあらゆるスポーツに通ずるといえます。ゴルフに限らず、商売的な事も、社会的な事に対しても同じことです。精神統一が正しい判断を生むことになるのです。この精神統一を如何にして得るかが問題なのです。

異国での戦争体験

このように不自由のない、むしろ楽しい平和な生活を続けておりましたが、突然、第二次世界大戦が起こりました。我々タイ国在住の男子は一同決死の覚悟を固めましたが、婦女子のみは日本船に乗せるべく帰国の準備を整え、ひそかに何気なく装う気持は何ともいえなかったものです。

幸い、タイは戦時中日本と盟約を結んだため、数日後平和進駐がなされたので、私も軍の嘱託として、ビルマ（現ミャンマー）、ラングーン軍政監部宣撫班に入る羽目となりました。そこで、ビルマの奥のシャン州タウンジイという、高原地帯の実に気候のよい所の日本語学校長扱を命ぜられ、また、イタリーの尼さんの学校長も兼ねて約一ヵ年間、戦時中とは思えない平和そのものの現地人との接触でした。

その後、軍が進駐して来て正式の校長が任命されたので、新任校長大沢中尉にバトンを渡して、ビルマのシャン州政庁長官官房付という特別な役について西村陸軍中将のそばで約六ヵ月間いろいろな仕事をしました。そのうちに戦争が激しくなり、解嘱されてバンコクに帰して頂きました。バンコクから、ビルマの生活は終始中田大佐の御厚意にあずかり、今日まで両三度命拾いしたことも戦時中の思い出として終生忘れ得ないことです。

バンコクに帰ってホッとしたのもつかの間、たちまちタイの日本大使館情報部関係のタイ語新聞カオパープ社（社長植松秀雄）の編集部に勤めることになりました。新聞の経験など皆無であるにもかかわらずタイ語新聞の出来上がりを一応眼を通すだけの名前だけの編集部長で終戦までこの職におりました。しかし、実際は専門家の日本経済新聞社駐在員、酒井剛氏（現在、教育テレビ副社長）が新聞の仕事の一切を現地人を使用して切り廻して下さったものです。

敗戦は私にとって驚天動地の出来事でした。今回の戦争は東南アジアを植民地として統治している欧米各国の圧制を解放するための聖戦と聞いており、また多くの将兵も純粋にその目的のために戦っていただけに、私の受けた衝撃は大きなものでした。それと同時に、宗教の敗戦ということを痛感しました。それというのも時の施政者に対し道を誤らせたのは宗教家の責任であると感じたからです。タイで長いこと暮したためにこのような考えが浮かんだのかも知れませんが、とにかく日本の仏教は砂上の楼閣であったと気が付きました。そして、この考えを持ち続けて日本に帰ることになったのです。

その前に私達には捕虜としての生活が待ち受けておりました。抑留生活はタイにいた日本人だけでなく、ビルマからも加わって約三千名の大世帯でした。竹の柱に茅の屋根というバラックの中で、一日二食、タイ貨にして一人二円程の抑留生活でしたが、豚肉も豊富でしたし、野菜も果物も、また砂糖まで配給があり、タイ政府の厚意は有難い限りでした。

日本に帰り他の人達の抑留生活の話を聞いてみると、タイ国の場合が世界中で一番よかったようです。行為を憎んで人を憎まずというか、慈悲の精神というか、仏教の思想がここにも生かされていたのだと思いを新たにしました。

私の場合には、カトリックの坊さんのほとんどがスパイであったため、私も坊さんなるが故に疑われ、いくら私はそうではないのだと弁解しても駄目なのです。写真を前から撮られ横から撮られましたが、一緒に修行した同僚や先輩のタイ僧侶が私に有利な証言をしてくれたものか、幸いにシンガポールのチャンギー刑務所に行かなくて済み、その後も意外とスムーズに帰国を迎えることが出来ました。それにもまして私がインドへ行ったり、ビルマへ行ったりしていた間に、何処へ行ったか分らなくなっていた荷物、例えばアダムス・ベックさんからもらった本や野生司香雪氏に書いてもらった絵など、これだけはもどって欲しいと思っていた物が全部戻って来たのは不思議といえば不思議でした。

四、C院に入る

国破れて山河あり

昭和二十一年九月、満一ヵ年の抑留生活から解放され、東京湾の入口にある浦賀港に引き揚げて来たのです。国破れて山河ありと中国の詩にありますが、昭和七年九月、神戸港を出てこの時まで満十四年、木々の緑を見て「ああ、遂に日本に帰ったのだなあ」との感じをしみじみと噛みしめたのです。上陸の手続きを終え、電車で東京へ出てみると、至る所焼け野原のため自分の行きたい場所に行こうと思っても目安がまるでないので、親戚、知人を訪ねる術もなく、止むを得ず東京駅から汽車に乗り郷里に帰ることにしました。

二日掛りでようやく今治にたどり着き、昔変らぬ故郷の姿に帰国の思いを新たにしました。とりあえず、自分の生家に旅装を解き、長旅の疲れを癒したのです。師僧のもとに連絡を取り、二、三日たって円満寺に師僧を訪ねました。師僧の岡田諦雅師は、弟子である私が無事に帰って来たことに対しては、心から喜んでくれているようでした。

師僧は八十歳近い高齢であり、戦争のために私が生きて帰って来るか否かも判らぬという有様でしたので、私の外にも弟子を取り、その者に後を継がせるお気持のようでした。私自身、六十三歳になる師僧を一人置いて寺を出た、世間的に言えば極道息子といった立場でしたから、この事に反対する権利はなかったとも言えます。つまり家出した、極道息子が気持を入れ変えて家業に精を出そうと家に帰ってみたら、養子を迎えていたというのと似た状態でした。いずれにしても、十四年間も自分の寺を開けたのですから事情も変るわけです。そこで、さんざん考えた揚句四ヵ月足らずで寺を出て、着のみ着のまで東京に出ることに致しました。これが、昭和二十二年一月のことです。

大学が東京であったことなどから、東京には友人、先輩も多くおり、この四ヵ月程の間に、そのうちの何人かと連絡が取れるようになったことが、東京行きに踏み切らせる大きな支えになりました。しかし、今になって考えてみると、円満寺を無理に継ぐことにでもなれば、田舎の小さな寺の住職として、敗戦の日に心に誓ったことが一つも実現せず、もんもんとして一生を終えたことでしょう。

寺との見合い

東京に出てからは、まずビルマ当時の友人で、千葉県印旛郡佐倉町（現在佐倉市）にある順天堂病院の佐藤医学博士の家にしばらく世話になることにしました。しかし、そこに永くいることも出来ず、日本橋でカメラ商をしていた小合正之氏の世話で、東京都下国立の松林の中にある引揚寮に住む須永敏雄氏のところに行き、一室を与えられてそこから就職口を求め歩くことになったのです。そこで、ビルマ時代に世話になった内務畑の田上辰雄先輩を訪ねて相談したところ、坊さんを辞めるならということで総理大臣官房室に履歴書を提出した結果、嘱託という名目で採用してもらうことになったのです。これが、昭和二十二年六月のことで、片山哲、芦田均の二人の総理のときでした。

官房室に入って一年半位して、高野山の成福院住職で、高野山大学の学長をしていた上田天瑞僧正から、横浜のC院を見に行けと言われ、いわば寺の見合いのようなことをすることになったのです。上田先生は、高野山大学の留学生としてタイ、ビルマに来られているうちに戦争になってしまったので、ビルマの首都ラングーンにある日本語学校の校長として活躍され、戦時中私達と生死を共にした間柄で、私にとっては因縁浅からぬ人です。

寺の見合いの方は、四国の自分のいた寺（西山興隆寺）が七堂伽藍が揃っていたこともあり、特に私にとって三重の塔は子供の時からの憧れの的であっただけに、外見だけではこんな寺が準別格本山だろうかと疑わしくなり、この話を一蹴したい気持も起きて参りました。

よく考えてみると閑静でもあるし、東京にも近い、修行の場としても何となく気に入りました。それになんといってもこの話を決定的にしたのは、敗戦の日の誓いです。日本の仏教を建て直さねばならない。この誓いが、ここで僧侶に戻る機会を逸したら二度と僧侶に戻れないかも知れぬと感じ、この寺に入ることにしました。早速役所の了解を求めて総理大臣官房室嘱託を解嘱させてもらい、昭和二十三年三月、高野山真言宗準別格本山C院の副住職として入ったのです。

佐伯興人師について

したがって師僧替えせねばならず、師僧の了解を得て岡田諦雅師（御室派）から新師僧佐伯興人師（高野派）に転派変更して頂きました。新しい師僧となられた興人師は、高野山大学を出られ、その後旧制二高に入った方で、二高の同級生には神林隆浄師ら仏教学者とか、評論家の阿部真之助さん等もその中の一人でした。体は小さい方でしたが、努力家で大変な勉強家だったそうです。

東京帝国大学では卒業論文として「秘密仏教護摩」という論文を書き上げ、後に書物として出版され、久しく絶版となっていたところが、この論文がもとで起きたのが昭和四十五年の盗作問題でした。それは、大学の教授で文学博士、しかも密教学会の論文選考委員をしていた人が、護摩の研究に関する論文で優秀な研究だということで賞をもらおうとしていた時です。その時、自分が教えている大学の学生が、その論文はほんの少し手は入れてあるが、ほとんど全部が佐伯興人文学士のもので盗作だと選考委員会に訴えて出ました。早速委員会が調べてみるとまったくその通りで、当時は大分問題になりました。このことは、この論文が優秀なものであることを裏付けると同時に、仏教関係の論文が如何に継ぎ剥ぎだらけのものであるか、また如何に肩書きに弱いかということをまざまざと示すものでした。師僧は大変な努力家ですから博士号を取ることも可能でしたでしょうに、いずれにしても、宗教は頭でこね廻すものではなく、自分自身を作り上げることであると、亡くなった師僧がこの事件を通して教えてくれているようで肝に銘じさせられました。

師僧は学者としても有能な方ではなかったかと思いますが、仏教学者としての道を歩まれなかったという一事にてらしてみても判るように一本筋金の通った方でした。しかも、教えを求めるという点では実に真剣で、宗旨宗派にこだわらず、素晴しい方がおられると聞けば万難を排して飛んで行き、教えを請われていたようでした。しかし、自分でこの方ならばという満足の得られる師には、ついに巡り会えなかったようです。このことが短時日ではありましたが師弟の縁を結ばせて頂いた弟子の私に、師僧の求道心の万分の一なりと引き継がれたといえるかも知れません。

また師僧は社会事業にも関心が深く神奈川県慈徳会会長を長らくつとめ、また弘法大師の教えを実践するには、大師が日本で最初に「綜芸種智院」という私立学校を建てられたのにならい、自分も仏教精神を盛り込んだ教育の場、それも次代を作り出す人を生み育てる立場の女性を教育する場を作ろうと思い立たれたのです。そうして、大正十二年横浜家政女学校として発足した学校に関係し、初代校長退職後、昭和八年既に明倫高等女学校と改名した学校の校長となり、同時に横浜市真言宗寺院住職有志の共同経営に移し、仏教的信念を基礎として穏健な婦徳の涵養を図ることを教育の方針に定めました。

高野山金剛峯寺の種々の援助があったとはいえ、私財をなげうってこの学校を立派なものとし、そのためには寺の所有地の一部を売ったりして充当したようです。その点社会的な功績を残された方と言えます。それに、この師僧の考えを充分理解し、協力を惜しまなかった渡辺家、上郎家等の檀家方も立派だったと言えましょう。

師僧は昭和二十五年十一月七日、七十四歳の生涯を閉じました。死ぬ日間近になって口の中で「生老病死、生老病死」と念仏のように唱えておりましたので、いよいよお迎えが来たなと感じると同時に死を迎えるに当たりどのような境地でのぞまれたのであろうかと、この日の感慨を昨日のことのように思い出します。誤解のないように一言つけ加えますと、生老病死と唱えることは、何も生死の解決がつかなくて迷っているという意味ではなくて、むしろ、老いて死すという事実を大自然のありのままの姿として目をそらさずに噛みしめて味わっているという風情すら感じられたのです。

ところで、私が大聖師のもとで修行をさせて頂くようになり、門弟信者の体験談などを聞いて一番感じたことは、教えに触れてしばらく経つうちに死を恐れなくなるということでした。それは、大聖師の偉大な力により、教えに触れてから死んだ者、また、本人でなくともその家族が教えに触れている者の一族が救われて行く姿を見せられているからに他なりません。ここにそのうちのいくつかを記してみましょう。

死者が蘇える

ガリラヤの湖の近くに住むヤイロの十二歳になる娘が死んだ時に、たまたまその近くを通りかかったイエス・キリストがそれを生き返らせたという話が聖書に載っております。実際、佐賀ではこういうことがありました。

一人の行者が、大聖師の指導を受けに来ました。島田長吉という正直そうな男でした。有田焼の本場である関係からか、おヘソがかぶさる位の丸い焼き物を焼かして、ヘソの上に当てることによって病気が治るといって売り出したいのですが、この焼き物に神力を加えてはもらえないでしょうか、と真面目に頼み込むのでした。

そこで大聖師は、

「そんな面倒な手数のかかることをしなくても、病気が治るように力をつけてやればよいのだろう」

とおおせられて、彼の手を握ってやられたのです。そうして、

「病人に出会うなり、困ることができたら、わしの名を念じてみるがよい。必ず奇蹟が生ずるから」

と言って聞かされたのです。そうして、その後彼には、二、三回正座観法行の指導をされました。

ところがある時、彼が五島列島に出かけたところ、顔なじみの婦人が、「先生、伜を是非助けて下さい。働き手の粋が水死したのです。助けて下さい」と懇願されて当惑したが、その時お願いしてみようという気になったのか、その場にぺたっと座ったなり一所懸命大聖師何卒この若者をお助け下さい。蘇えらせて下さい。もしも生き返らないと私が困ります。と念じながら、何時間か懸命に祈ったそうです。

すると棺桶が動き出したので、当人はびっくりしたが、家族は喜んで棺桶の蓋を取ってみたところ、死んだ人が息を吹き返したので手を取り合って喜んだそうです。そうして島田行者は、島の人々から神様扱いされてお堂まで建ててもらったと喜びながら、大聖師にお礼申し上げるのでした。これは、行者自ら感激のあまり、佐賀市の川辺医院での大聖師を囲む会の席上で披露した事実であります。

約束された死

世間でも多少行力のある人の中には他人の死を予知することが出来るようですが、必要に応じ延命することとなるとこの人達には不可能なことです。この延命ということは大変なことで、人々の生殺与奪の権を持っている者にしか許されないことと言えます。次の話は、大聖師が信者の死期を予見された話

を記録したものから転載させて頂きました。
「一度死んだ人が生き返って、また間もなく本当に死んで行くということはあり得ることです。死というのは肉体から霊体が離れてしまうことであるから、息を引き取っても霊体が離れてしまわない限り腐らない。それは、呼吸が止ったにしろ仮死状態であって、完全な死ではない。霊が肉体から離れない限り完全死ではないといえます。

こういうことがあります。田中という人のことだが、かねてその人に、『あなたが死ぬ時、私が手を引いてあげよう』と約束してきた。信者に死の手引きを約束するなどということは、喜ばしいことではないかもしれないが、その人は七十歳にもなり、死期が近づいていた。それで、『あなたに何もしてあげることがないから、あなたが霊界入りする時、手を引いてあげよう』と約束したのです。

私は、その田中さんが昭和三十年十月二十八日午後五時十三分に死ぬことを予見し、そのことを書き留め、封をしたものを家人に渡し、当人が死んだら開いて見るようにと言い渡しておいた。ところが、この予見より一日早い十月二十七日の午後三時頃、息を引き取ってしまったのです。田中さんの息子さんが臨終だといって私を迎えに来た。

私には、死んでいるように感じられなかった、が、出向くことにした。行ってみると、なるほど息を引き取っていた。私は、枕許に座って当人の霊を呼んで、一日のずれを言い聞かせた。人間的言葉ではないが、話して聞かせたところ、硬直した手が自然に動きだしたのです。そうして眼を開き、合掌して、『嬉しゅうございます』と三べん続けて言うのでした。

そこで、私は、『皆にお別れしなさい』と言い残して座を立ち応接室へ行ったのですが、当人は静かに笑うようにして、今度こそ本当に死んで行ったのです。その時刻が丁度五時十三分でした。

問題は一日のずれですが、これは後で聞いたことですが、死ぬ前日に医師がカンフルを何本か注射したそうです。自然死をまっとうさせてやればよいものを人間的に無理をしたのです。そこで老齢でもあり、体力的にもたなかったのですね。霊体が離れることとは別に、肉体が先に参ってしまったのです。いわゆる完全死でない仮死状態にはいっていたのを、周囲で完全死にしてしまったのです。ですから蘇生するのも不思議ではありません。」

亡き老妻の御魂に捧ぐ

禅宗関係の高僧などによくみられるように、結跏趺坐したままで死んでいくことは、一般人にはなかなか出来ることではありません。会津若松にある中学校の校長を永いこと勤め上げた者の妻として、しかも、ほんの数回しか大聖師のもとでの修行をしたことがない老婦人が、死ぬ際に正座し合掌して大往生をとげたのです。その姿に思わず手を合わせた夫君（中森彦吉氏）が「亡き老妻の御魂に捧ぐ」という一文を草しましたが、御主人も、その後数年して同じように大往生をとげました。ここにその一文を記します。

我今合掌して御身の御魂を拝し、うつし世に於けるとこしえの別れを告ぐるに臨み、真情を傾けて御身を送らんとす。惜別の情胸に迫りて張り裂けんばかりなり、憚らず涙して泣くことを許せ。

葬送告別の式に、我御身を弔う言葉を述べたく思いたるも、俗習を憚りて黙して過ごせり。そのためにか夜毎に眼ざめてしばし御身と語らいつづけ今日に至る。されど俗情にほだされて、いつまでか別れを惜しみ、御身を引きとめおかんや。も早や初七日なり、世縁を絶ちて別れを告げん。

御身十二歳の折、慈愛の父母の許を離れ、姉弟と分れて当家叔父の膝下に養女として入りしより、御身の境遇激変し、天真そこなわれ明朗を失う。真の愛情に飢えて孤独寂寞の日を送る。枕を濡したること幾夜なりしか。早くキリスト教に帰依し洗礼を受けしも、少女時代の単なる感傷にはあらず、真実を求め神に憧れ、真の愛に浴せん切なる願いに駆られしためならん。されば縁ありて結ばれ、夫婦となりし新婚の日より、夜な夜な語らうは、神のこと、真理のこと、自他一体の愛のことのみなりき。

如何に清く浄らかに、愛し愛されしことよ。御身の飢えは満たされ、御身の胸は開かれて、新天新地の欣喜雀躍の日々にてはあらざりしか。それも三年とたたざる間に、我内外の苦悩にさいなまれて結核に倒れ死線をさまように至る。医師は死期遠からずと断じ、我も亦生きる望みを失う。御身の一族親戚、かかる廃人の夫を捨てて再縁を求めよと懇々諭せしも、御身断乎としてこれに従わず、我を捨て去らず、我を助け、慰め励まし、貧窮のどん底に喘ぎ苦しむこと十幾年。よくも耐え来たりしかな。御身なかりせば、我何ぞ再び起つことを得んや。

御身の真情、御身の恩義、いつの日か忘れ得し。我感奮して病患の苦悩困憊の中より起ちあがり、生きる道を求めて幾多の宗教を遍歴し、あらゆる健康法を実践し、静坐に、ヨーガに、禅に、真実を求め、行に励み、精進又精進寸刻も怠ることなからんと努め来たれり。三人の幼児を失いては、その魂の行方を追うて、心霊科学の研究に没頭し、神秘への旅路を辿るなど、如何に多くの迷路に踏み込み、無駄な道草をあさって一路驀進の道程につき得ざりし恨みなしとせず、その間の消息悉く御身これを知る。今更何の繰り言を述べんや。

思い返せば、若かりし日より、波瀾万丈の間に浮沈し、地を揺がす大嵐の中に揉まれ、苦難又苦難、試練又試練、よくも堪え来し御身と我。さあれこの苦難の故にこそ、菩提心は培われ、神を仰ぎ、仏を呼び、信仰に生きるを得たり、若しこの苦難にあわざりせば、世の凡愚と共に、空しき栄達の幻を追い迷妄の中に終始したらん。晩年大元密教に触れ、大聖師に相見する恵みに浴せしも、これがためならんか。苦難は我等を迷いより目覚めしむるためにこそありし、越え来てみれば有難きかな。

御身は、だらしなき我に引き換え、貞潔無比、志操堅固、物事一貫して徒らにせず、会津武士の血を内に宿して、如何なる艱難にも屈せず撓まず、厳冬に匂う紅梅の如く凛々しくぞありし。我御身に学び教えられしこと幾許なるを知らず。我生涯これにならわんことを希う。

我等晩年ようやく平和安泰幸福に恵まれて余生を楽しむを得しも、近年に至りて癌を患う。一旦平癒健康を回復せしに再発してまた起ち得ざるに至る。何が故ぞ、深き意義なからんや。思うに、老いて死期迫るにあたり、御身の宿業を払い浄めて、本居へ還る旅路を軽々と安らかならしめんためにあらざるか。この病によりて御身宿世の業償われ軽減されしこといくばくぞや。因果一如。因は必ず果を来たす。寸毫も違うなしときく。償わざれば消えず、されば最後の浄め償いのために聖者もまた病むなり。かるが故に、我御身の癒されんことを祈らずただ病患の苦痛を軽減して安らぎを与え給えと祈れり。その祈りきかれしか、痛み苦しみをばさほど感ぜず、安らぎを得て逝けり、

死ぬる一週間程前なりしか、二人ばかりの時、互いに手を取り合って懺悔し合う。「我儘ばかり言ってあなたを困らせ済みませんでした。あなたを最後までお世話出来ず、お先きに逝くことをお許し下さい」

と、潸々と涙して我に詫ぶ。我も亦、我が身の病弱の故に御身に苦しい思いばかりさせてと泣くのみにて言葉続かず、ともに涙してしばらく過ごせしことありき、御身はすでに死を覚悟し居りしも、猶一事の苦悩を蔵せり。されど喜べ、御身の最も苦にせし悩みも、御身の病の故に、一言もせず一指も染めざるに自ずからすらすらと解消し、聊かも憂うることなく思い残す何ものもあらず。神の御計らいによらずんば、何ぞこのことあり得んや。

死ぬ前日、我玄関にて客に応対し、客辞し部屋に帰れば、御身娘にうしろよりかかえられて起き、正座閉目合掌し居れり。我その姿を見て、崇高尊貴、あまりの気高さ、神々しさに打たれ、合掌して御身を拝せり、涙流れてとどめ難かりき。御身一生の間、かかる尊き相貌を現ぜしことあらず。我常日頃、御身をさげすみ、行に励め、信を篤うせよと鞭撻せしも、今御身の相貌に接して、我自らを恥じ、我御身に遠く及ばずと痛感せり。清浄温雅敬虔寂静の相、これ人の相か、否、否。ああ、神の恵み、かくも御身に豊かに現ぜしかと、感泣して合掌し礼拝す。羨しくも有難きかな。

翌八日夜半を過ぐる午前一時半、御身の傍に看取り居りし長男を起こす気配に、我も目覚めて近よれば、確かなる声にて、起こして、起こして」と促す。長男御身をうしろよりかかえ起こせば、「脚を曲げて、膝を折って」と促す。

端坐して姿勢を正し、閉目して昨日の相貌を現ず。かくして僅か一、二分、一族の見守る中に、頸動脈の動きもとまり、かすかなりし呼吸も絶えたり。こと切れし後も、つやつやと輝く如き顔貌、端然として首もうな垂れず、実にも立派な往生振りにてありし。我今迄幾人かの臨終に立ち合いしも、かかる死に様に接したることなし。妻ながら、でかした、でかしたと讃嘆し礼拝せり。上よりも下よりも汚物を出さず、関節悉く柔かく、手の指など、くたくたとして生ける時よりもしなやかにて、夕刻納棺時にも顔につやありて輝き、腹部には温かみさえ残れりと。神々仏菩薩の御守護、御導き、主の恩寵、かくも顕著に現象化されしを目のあたり見て、我感泣して拝謝し奉る。

「ワカレカナシケレドカミノミモトニイタルシアワセマコトナリ、トワニシアワセアレ」と。誠に神の御許に近く召されしこと、御身臨終の姿に実証せり。尊師の御計らいなくて何ぞこのことあり得んや。ああ、一切を見通し給う大聖師よ。信薄く行浅きこの一老信徒にまで、かく御心を注がせ給う。感佩何ぞ堪えん。ああ、恵まれたる御身幸福者よ……。

夫婦となりて連れ添うこと五十一年、悲しみも苦しみも、うれしきことも喜びも、共にし来たりて今や顕幽に別る。今後幾百千度生まれ変わりて、生死を繰り返し、己れを磨き、己れを浄め、神の御許に近づくべく修行に励まんこと、我も御身も変わりなからん。遠く遙かなる旅路に於いて、今日のこの縁により、或はまた夫婦となり、親子となり、隣人となり、朋友となり、師弟となりて、再び三たび、相逢うこともあらんか。されどこれ神の計らいによることなり。かく願うは俗情なり、煩悩ならん。敢えて望むべきにあらず。

「鋤を執りうしろを顧みるものは我にかなわざるものなり」とキリストは激励し、驀直《まくじき》として尽界を超越せよと禅家は教う。御身一切の俗縁を絶ち、我に引かれることなく、正しく真直ぐに神の御許へ急げ。「生死涅槃一に帰し、真如生滅またかくの如し」と教え給う。一なる神に帰るべく逝け。神々御身を守護し、仏菩薩御身を導かん。何の不安がある。安んじて逝け！　さらば。

実に心に浸み入る一文です。別なる世界に旅立った奥さんの、感激にむせぶ姿が容易に想像出来ます。

それに引き換え、我々僧侶の間にお布施の金額によって戒名のつけ方が違い、また霊前にあげるお経の長さを決めるという不心得者がいるということを聞くにつけ、まことに恥ずかしい限りと言えます。

誓・戒・訓

死者が救われる話は、それこそ限りがない位あります。それは、死ぬ前に正しい信仰によって既に救われているからであります。中には死の間際まで、あるいは死んだ瞬間にもまだ救われていない人達でさえ、そのいずれもが大聖師の弟子の方々の真剣な祈りによって救われていっております。もっとも、この教えを受ける信者達には、誓・戒・訓というものがあり、これを守り、また、正座観法行、祈願行という行を通じて、少しでも立派な人間になるための修行をして、神仏に救ってもらえるだけの条件造りをしているのです。戒《いまし》めについては既に第三章に記してあるので、ここでは誓《ちかい》と訓《さとし》を皆さん方の参考までに記してみましょう。

誓い

私は

主を信じ、神を敬い、他の教えに迷い、彷徨うことなく、この御教えに生涯を捧げ、世のため人のため献身、犠牲の精神をもって奉仕し、人間完成に精進いたすことを誓います。

帰命頂礼大元太宗大神

世のため人のため云々とあるところは、我々僧侶の在るべき姿ですが、在家の人達に対しても出家精神を持って生きよと示されたものといえます。また、この誓いは、大元密教の教えに触れてから三ヵ月以上の者が、自主的に月々の祭式の最中に大聖師の前で誓うのであって、秘密灌頂の一つであります。信者に対しての訓（さとし）は次の通りです。

信者訓

一、信者は、神を信じ敬うこと絶対なること。
二、信者は、師を理解し、師を尊敬し、師のおことばに従うこと。
三、信者は、同信同行れば、和して同ぜざること。
四、信者は、常に感謝の生活を続け、愚痴、不平を言わぬこと。
五、信者は、飲食を正し、教えの戒めを守ること。
六、信者は、礼儀を重んじ、服装を整え、言行を慎むこと。
七、信者は、和睦し、親しみをもって互いに許し合い、助け合うこと。
八、信者は、誠実を旨とし、直情径行たること。
九、信者は、中庸を道とし、左右何れにも偏せざること。
十、信者は、犠牲と献身的精神に基づく社会の奉仕者たること。
十一、信者は、日常生活を修行と心得、人格向上に精進すること。
十二、信者は、信仰に徹し、修行に励み、他人を導く人となること。

信者訓については、読んで字の如しと言いたいところですが、修行なくしてこの訓を完全に身につけることは不可能と言えましょう。

話はあい前後しますが、C院に入って五ヵ月程して、佐伯興人師の一人娘好子と結婚することとなりました。私が満四十一歳の時のことです。私自身、以前の師僧が妻帯していなかったので、この年まで結婚などということは別に考えてもみませんでした。しかし、これもタイへ行っていたから独身を通せたので、日本にずっといたらどうなっていたか判りません。というのも、明治初年に太政官令で「肉食妻帯勝手たるべし」となってから、独身で過ごす僧侶がきわめて少なくなったからです。

仏教の中道的合理主義の立場からすれば、妻帯の当否についてとやかく極論すべきではないと思いますが、現在の各寺の住職方が、家族を養うためにきゅうきゅうとしている姿を見ると、これでよいのかと思わざるを得ません。またまた話は大聖師の教えになってしまいますが、弟子達が教師になる条件として

一、原則として結婚しないこと。

二、結婚する場合は、両者共教師として歩むこと。

三、夫婦共教師となることが出来ぬ場合は、家族の全面的協力を得られること。

となっております。しかも、二、三に該当する教師のうち、ある程度の年齢に達したものは、家族と離れ単身で布教活動に当たっているのです。これは、釈尊が自分の後継ぎを作られてから出家されたのと同じ姿といえましょう。

私も大聖師の教えに触れて、形の上ではともかくとして、精神的には妻子を離別するというか、衆生の一人と考えられるようにならなくては、いろいろな点で足枷となり、自分の済度者としての行動に対しマイナスになることを気付かされました。家族のことに囚われていたら釈尊の説かれる利他の精神に徹することが出来なくなり、弘法大師が説かれた「一切の衆生は皆是れ吾が二親、師君なり、所以（このゆえに）衆生の恩は須らく報酬すべし」の言葉にもそわないものであることに気付かせてもらったのです。

私が結婚した当時寺には師僧が身の廻りの世話をする婆やと二人で住まわれ、役僧や私は寺外の家から寺に通っておりました。現在のように寺の中に家族と共に住み、子供が四人もいる状態を顧みた時、師僧の考えの深さが今になって思い知らされます。事実、まだこの寺に入って間もないということもあったでしょうが、寺外から通っていた時は実に緊張しており充実していたように思います。

ペルリと外人墓地

C院も大正十二年の関東大震災で焼ける以前は諸堂が揃った立派な寺で、準別格本山の名にふさわしく、今の元町の繁華街の通りに面しておりました。現在、元町のはずれに、その跡地を後世の人達に知らせるためと薬師如来の神秘不可思議な力を世にあらわすために、薬師堂に弁財天を合祀し建立することにしました。これを聞いたある新聞社の人が、明治・大正時代のC院の写真を届けてくれました。それを見ても境内地も広く、いわば、横浜を代表する寺であったのでしょう。そこで、ペルーが黒船で日本に開港をせまった時には死んだ水夫を葬ったのを始めとして、横浜居留地に住んでいた人達に墓地の一角を提供したため、山手の外人墓地として後に有名になったのです。

Ｃ院はそのような大山として三十六ヵ寺をその傘下に治め、横浜を中心とし、神奈川一円には大きな勢力を持っておりました。明治初年の廃仏毀釈によって末寺に対する統制力は弱められたとは言うものの、結構親寺としての威勢があり、何かある時には三十六カ寺が一つになり、また、盆暮などの往来も盛んだったようです。第二次世界大戦後多少その絆が薄れたとは言うものの、同じ師僧についた兄弟子などの繋がりである法縁は縦横に張り巡らされ、世間における親戚付き合いよりもっと深い繋がりを持っている寺もあります。

私がＣ院の住職になった当時は高野山真言宗神奈川支所が二つに別れ対立しておりましたが、私自身が過去のいきさつを知らぬ他所から入って来た者であるのと、生来ののん気さと余り細かいことに気を廻さない性格からか、仲介の役をやらせて頂いて大同団結することが出来ました。現在高野山真言宗神奈川支所には百ヵ寺が所属しておりますので、東京の約二十カ寺に比較しましても大世帯ということが出来ます。

年忌法要の明け暮れ

寺での仕事はと申しますと法要関係がなんといっても一番時間が掛ります。Ｃ院の檀家は戦前は千軒近くあったようですが、戦争で消息が絶えたりちりぢりになったりで現在約五百軒位しか残っておりません。しかも、直接寺と常に交流のある檀家はそのうち三分の一にも満たない始末ですが、それでも月命日、年忌法要、それに春秋の彼岸、盆などと結構忙しい状態です。それに檀家で死者が出ますと通夜、葬式、法事と続き大変なことです。

私の場合は師僧の影響もあってか葬式などには原則として出席せず役僧が代りを勤めてくれておりますが、どうしても出席せざるを得ないこともあります。そのような場合、師僧から教え示された形通り行い、葬式とはこのようなものだと考えていたので最初のうちは別段気にもしなかったのですが、やがてこれでこの人達は本当に救われているのであろうかと疑問に思うことがしばしば起こりました。そうして、こんなことではいけない、必ず救われるのだと自分に言い聞かせる始末でした。

もっとも私は高野山中学におりました時に、行力の強い堀坂先生から時間を打ち合わせ遠く離れている場所で自分が力を送るから受けてみろということで、合掌した手の指先にピリピリしたものを感じたり、また手の平療法とでも言いましょうか、私の手の平を病人の患部に当てることによりその病を治すという力を持っていただけに、自分の祈りが多少なりとも別なる世界に通ずるであろうとひいき目には思っていても、本当にその人を救うことが出来るのかというといささかも自信はありませんでした。そういうことを反省させられるにつけ一層私自身修行をやり直さねばと強く感ずるようになったのです。

その点、大聖師の弟子方々は「自信を持って大聖師に祈ることによって救って頂けるのです」と言い切っておりますが、これもその証をはっきりと示されているからでありましょう。ここではその一つの例を記してみることに致します。これは、宮崎良真さんの体験談です。

内護摩と救い

昭和四十四年三月九日のことです。同信同行の信者であり、同じアパートに住んでいることから親しかった三島和子さんの御主人が明日をも知れぬ状態でしたので気にはなっておりましたものの、私がいくら心配しても仕方がないので当日は修行日でしたので道場に向かいました。そうして、私は大聖師の前で正座観法行を頂いたのです。行が始まってしばらくすると眼の前が急に明るくなり、緋色の衣を纏ったお坊さんを中心に二、三十人のお坊さん方が一列に並んで読経しております。

お坊さん方の前には径が約十五糎、長さ七十糎弱の丸太が積み重ねてあり、それに火を点じ火勢が上がるに従ってお坊さん方が輪になってその焚火を囲み、火勢が盛んになるにつれてお坊さん方の読経の声も勢いづき舌端火を吐く調子とでも言いましょうか、それも大声で唱えられているのです。そのお経のようなものはよく聞いてみますとお経文とは違うようで呪文のようなものを繰り返しているのでした。そうして何時しか私も一緒になってこの呪文を唱えているのです。それは次の通りです。

「ナウマク、サンマンダ、バサラダン、センダマカロシャダ、ソワタヤウン、タラタ、カンマン」

この呪文を唱えているうちに、人間の持つもろもろの業を払い浄めるものであることが観じられました。やがて、薪が燃え尽きて終う頃いままで真黒だったくすぶりや灰がバッと燃え上がり、火が燃えつきた瞬間にサッとくずれて地面に拡がり真白に変ったのです。その時刻が和子さんの御主人である三島高行さんが亡くなられた時間十二時五十八分で、ああこの方は救われたなと観じさせられました。行が終わって和子さんから道場に入った電話の連絡を聞き、まさしく火が燃え尽きた瞬間に息を引き取ったことが判りました。この呪文を後で真言宗のお坊さんに伺ったところ、不動慈救呪というものであることを知りました。

このような修法を護摩法と言いますが、護摩というのは炉の中で火を燃し、供物を焼いて仏に供養する方法で、実際に護摩壇を組みその中で供物を焼くのを外護摩といい、実際にはやらないが心の中で火を燃やし供物を焼くことを観ずるのを内護摩といいます。この体験談はまさしくこの内護摩に当たるものです。

寺院経営の壁

住職になりたては無我夢中ではあったものの、現状のままではいけない、なんとか時代の流れに沿った檀信徒と住職との新しい関係を生み出さねばならないと考え、私なりに釈尊の教え弘法大師の教えを皆に知らせようと努力はしましたが、生来の口下手で大勢の前で話をすることも出来ず、そうかといって文章を書くのも苦手とあって、気持はあってもなかなか実践には踏み切れませんでした。そこで結局他の寺でもやっているように年に一回本山布教師に寺に来てもらい、檀信徒に集まってもらって話を聞いてもらうなり、同じく年一回結衆を招いて理趣三昧などの法会を寺で行う程度しか出来ませんでした。結衆というのはいくつかの寺が一組みとなって僧侶が何人かで法会を行い、その組になった寺々を廻って歩くことを言います。

最近各寺では布教用のパンフレットや栞などを専門家に作ってもらい、それに自坊の名前を入れて檀家などに送るという活動をやっているようですが、これ等の文章にもう一つピンとくるものがなく、ただ単なる過去の教えの切り売りにしか過ぎぬ気がしてなりません。釈尊にしても弘法大師にしても融通無礙で深い考え方を教え示されたのですから、それを充分に把握出来さえすれば現在現実に起こっている問題に直接役立つような現代の生きた言葉でもって表わせるのではないかと考えております。といって私には現在のところまだ少々無理なようですが。弘法大師の説かれた十住心論の考え方が、今情報産業の中の最先端である情報管理の最高といわれるシステムにそっくりである、というシステム研究家がいる位ですから、その透徹した東洋的というか仏教的思考法は、必ずや現代の錯綜した諸問題を解決することが出来ると確信しております。

修行、布教に続いて大切なことは経営ですが、寺院の経営は一般的に次の様な収入でなされております。

檀信徒施収入

(1)回向料——葬儀や通夜の読経料

(2)法要志納料——特別の志として寺院に奉納する金

(3)祠堂・永代経料——施主が不在でも命日などに寺で行ってもらう経料

(4)塔婆供養料

(5)賽銭

冥加金収入

(1)檀徒冥加金——檀徒の出す寺の護持費

(2)倍徒冥加金

雑収入

(1)墓地使用料——寺の墓地に納骨し自家の基とする費用

(2)納骨料

(3)特殊志納金——寄付金

(4)墓地香華志納金——墓前だけでの読経料（公営墓地などで）

このうちもっとも大きな収入は回向料といえます。葬儀はお通夜に始まり、葬式、告別式と続き初七日で終わります。これをひとまとめとして謝礼が払われますが、引導作法に基づいて死者を弔うのに何故こんなに手間暇かけねばならないのだろうかと何度となく考えました。僧侶の読経が本当に神仏に通じ当人の罪障を消滅し救ってくれるものであれば、そのうちの一度だけ僧侶が出席し心から死者の霊を救って頂くべく仏陀に祈りを捧げればそれだけで充分と言えるのではないでしょうか。

葬式アラカルト

タイの葬式は身代の三分の一位費やすとわれる程豪華なものですが、死者が出ると親戚知人が集まり僧侶の参列を得て簡単な通夜を行い、日を改めて大勢の僧侶を呼び盛大な葬式をするのです。日を改めてなどと書くと数日先、せいぜい一週間先位のことを皆さんは考えられるでしょうが、タイの場合は通夜が終わると棺を寺に運びここに普通一年位、金持の場合は何年も置いてもらうのです。そうしてその間は月々特別の香華料を払います。これは、寺院は聖なる場所、もろもろの業を浄め人々を救う場所という気持が国民の間に浸み込んでいるためと言えましょう。

一年位経つとこの棺を寺院内の焼場に持って行き、ここで大勢の僧侶の参列を得て盛大なお祭りのような葬式を行うのです。普通仏教の祭事には歌舞音曲は禁止されておりますがこの日ばかりは特別で、そこでは映画をやったり漫才、夜店まで出るのです。今日は誰それの葬式だとなると村中で出掛け、ただで飲み食いをし見物するのです。

このような有様ですから葬式に暗さがなく非常に明るいわけです。その点タイの人達は来世を信じ、また釈尊によって救われるのだと信じ切っているからでしょうか。そうして、そこで拾われた骨は容器に納めて寺に持って行き、仏像の下や尖塔の中に設けられた場所に納めてもらうのです。ですから日本のように誰それの墓といったものは造りません。金のある人達は小さな金ピカのパコダを寄進しそこに入れてもらいます。しかし、これも寄進した人のためだけのパコダというのではありません。タイの場合寺は国王や王家の人達によって作られますが、これは自分の納骨堂の役も果たしていると言えましょう。

それに死者のための位牌というものは特別造りませんので、日本でいうところの仏壇を設ける必要がないわけです。しかし、その代りに言えることは、タイの仏教徒の家ならばどんなあばらやに行っても釈尊の木像か土像が祀ってあり、その前にはお花を供え、朝晩三十糎位の竹の棒の上十糎位のところまで薬をつけた花火のような線香を焚いてお参りするのです。仏壇がなければ一般人の家に僧侶は行かないのかというとそうではなく、結婚式を始めとして、子供が生まれた時、何か祝事がある時など事毎に家に呼ばれ、釈尊にお仕えする者としての礼を尽くして迎えられるのです。事ある毎に僧侶に家に来てもらうと同時に積極的に仏日などには寺に詣って話を聞くという姿勢は案外仏壇が家の中にないというところに起因しているのではないでしょうか。

タイの場合同じ仏教徒でありながら墓を造らないのですが、日本の場合も墓がなければその目的のために特別場所を取らなくてすむなど、現在の土地不足の折からも考え直さねばならないことです。C院は外人墓地は別として約八千坪（二万六千四百平方米）の墓地を持っておりますが、これだけの場所を持っていてさえ最近では窮屈な有様です。インドのヒンズー教徒の場合は死体を焼いた灰を川に流してしまいますが、日本のような人口密度の高い国ではいっせいに川に流してしまうとなると、新たな公害問題ともなりかねません。しかし、私のタイ行きのきっかけを作ってくれた米国人のアダムス・ベック女史は、高野山で亡くなった時に高野山の山の上にある嶽の弁天で風葬にしてくれと遺言を残し、事実その通り実行したそうです。これも一つの行き方といえるでしょう。

弘法大師が亡くなられてからしばらく経って高野山を浄土と考える思想が生まれ奥の院に墓を建てたり、納髪をするという風習が出来ましたが、爪、遺髪を納めるというのも一つの解決策といえます。要するに墓を作ることといい、年忌法要、盆、春秋の彼岸などにしても祖先崇拝の美風とはいうものの、すべて日本の僧侶が生きんがために生み出した生活の知恵であります。

それではタイの僧侶の生活はというと、食事はすべて托鉢と信徒からの奉納ですみ、日常の必需品もすべて信徒が寺に持って来てくれます。当然金銭での奉納もあって寺の経営が成り立っているのです。それには寺が信徒の精神的な拠所でなければならないと同時に、適当な地域に寺が分散しているということも条件になるでしょう。タイでは人口約三千三百万人に対し寺の数が四千六百、それに対し人口が約三倍の日本では寺の数がなんと九万三千三百あり、郵便ポストの数とほぼ同じだそうで寺の数にして二十倍、寺の密度としてはタイの六倍以上もあるわけです。

それは日本では一つであるべき仏教が各宗派に別れ、真言宗などでは宗派内でも四十八派にも別れているのでこのようになったともいえるのです。そのような現状であるためほとんどの寺の経営が寺院本来の役目を果たしているだけでは成り立たなくなり、幼稚園を始めとして、観光事業、駐車場などの経営、あるいは住職が他に収入源を求めて働くということになるのです。いっそのこと各宗各派はこの際御破算にし、超宗派で寺院の整理統合をしなくてはこの問題は解決出来ないでしょう。

衆生縁を頂いて

私の寺外の仕事は、事実上師僧が創立した明倫学園の理事を師僧の死によって引き継いだのを始めとして、タイに十年以上滞在していた関係から日本タイ協会の評議員となりました。日本タイ協会は、日本とタイ両国の親交増進、文化交流ならびに経済関係の助長を図ることを目的としているため、会長を始め理事者達は日本の一流会社の会長、社長クラスが多く、タイ時代に大阪商船の嘱託をしていたのでゴルフなどを通じて可愛がって頂いた方々と再び親交を深めることとなりました。またアダムス・ベックク女史に会って以来、興味を抱いていたヨーガの方面でも閑院宮様が中心になっておられる日本ヨガ協会の理事を引き受けることになりました。

本業の仏教関係では全日本仏教会の仕事があります。この会の目的は規則に次の様に定められております。

「第二章　目的および事業」

第四条　この法人は、仏陀の和の精神を基調とし、相互の緊密な連絡提携のもとに、全国の各種仏教運動に全一性と計画性をもたせ、真に時代に即応する活発な全一仏教運動の展開と仏教による国際文化の交流を促進し、もって、仏教文化の宣揚と世界平和の進展に寄与することを目的とする。

目的は確かに立派なものですが、現状は各宗派が加盟している連絡機関であり、各宗派を統合し各宗派を解消させ釈迦仏教一本に統一するほどの理念と実践力は期待出来そうにもありません。しかし、日本の仏教界が一つの組織の下で話し合える場があるという点では意義深いものです。私もこの全日本仏教会の国際委員会の副委員長をしばらく勤めたことがありますが、これも私がタイ、ビルマなど東南アジアに多少とも通じているということを買われたためでしょう。

総本山の経費はその外、末寺への課金という形で徴収されることにもなっているのです。戦後の混乱期が一段落したところで各寺の申請によって課金の額が決まったのですが、寺によっては戦後は各自共自分が生きるのが精一杯で檀那寺のことまでは気持が行かないという名目檀家が多かったために大部割り引きして本山に申請していたようです。ところが私の師僧はやがてその人達も檀那寺のことを考えるようになるからと言って、音信不通の檀家も数のうちにいれて少々多いのではないかと思われる数を本山に報告致しました。しかし、後になって考えてみるとその課金の額が本山での発言力にも影響があるということが判りました。あるいは、この時の師僧の配慮が私の意志とは関係なしに宗派内での数々の役職を引き受けざるを得ない立場を生んだのかも知れません。宗内の役職は個人の能力よりも寺院の寺格とか檀家の数によって決められているという声も耳に入りますが、真偽は別として当たらずとも遠からずというところかも知れません。

宗機顧問というのは、管長の最高諮問機関であり、高野山山内を含めて全国で七名で構成されているものですが、昭和四十七年にはこの宗機顧問のお役を引き受けさせて頂くことになりました。これも私が敗戦の日に立てた日本の宗教界を蘇えらせなくてはならないという誓いを実践せよとの神仏のおぼしめしなのだと素直にお受けしたのです。

　昭和三十二年タイ国の仏紀二千五百年祝典が開かれましたが、その時招かれた国賓四名のうちの一人として選ばれ、私としては戦後初めてタイに渡ることになりました。この招きはタイ国から日本の外務省に国賓招待の案内が来て、これが文部省に廻り、そこから全日本仏教会に来て会の方で人選をしたのでしょう。それにしても、一人は東本願寺の新門主大谷光紹師に随行として一名、三人目が西本願寺を代表する立場の工藤義修師（現在、東京築地本願寺の輪番）ですから、四人目が私であるなどとは考えてもみなかったことでした。タイでの生活が長く言葉も多少は出来るだろうからということで通訳を兼ねて選ばれたのかも知れません。

　あちらへ行ってみますと、政府高官の中には旧知の方もおられ、私なりに日本の仏教界を代表して無事大任を果たせたのではないかと思っております。しかし、国賓ですから特別な待遇を受けていささか窮屈でした。敗戦で帰国して以来十一年振りの再訪ですし、自分は許されればタイに永住をと願っていた位でしたから、一人で歩き廻り旧知を訪ねるなどしたかったのですが、これが出来なかったのは残念でなりませんでした。この祝典が終わってからは、引き続き準国賓としての待遇を受けてビルマ、インド、セイロン、シンガポールと廻り、各国の首相と会談し、親善交流の実を挙げることが出来ました。中でもインドのネール首相とは一時間程会見し、たとえ国は違ってもアジアの人間同志が互いに手を取り合い、精神的にも助け合ってやって行こうではないかとむしろ励まされた形でした。仏跡もアジャンタ、エローラ、ラジギール、ニューデリーと巡拝することが出来て実りの多い外遊でした。

　これが縁となり、その翌年の昭和三十三年に開かれた第五回世界仏教徒会議タイ国大会に、二十名の代表団の一員としてタイ国で一番よい季節である十一月二十四日からの一週間、バンコクのサンチタム・ホール（サンチタムとは平和を意味する）での会議に出席しました。この会議の目的は仏教の平和愛好の精神をもって世界の平和を維持し各国の友好を促進しようということにあり、日本側から「原爆使用、製造の禁止、並びに核分裂の平和利用を促進すること」の提案を行い満場一致で承認されました。その他には、小学校から大学までの教育過程に仏教思想を盛り込むこと。各国仏教学者の交流をはかること。仏教関係出版物を多く出すこと。釈尊の出生地であるネパール国のルンビニ園を整備し、一大公園化することに各国が協力すること。の二つが結論としてまとまりました。

ルンビニ園のことはともかくとして、教育過程に仏教思想を盛り込むことについては、十年以上経った今日、残念ながら日本ではまだ実現されておりません。現在、日本では教育制度の在り方が云々されていますが、その精神的なバックボーンについてはいささかも顧みられていないといっても過言ではないでしょう。これはすべて我々仏教徒の力が至らないところに原因があるのです。

更にその翌々年の昭和三十五年、タイ、香港、台湾と招かれて各国の仏教徒と親善交流を深めて参りました。それからしばらくは海外に出る機会がなかったのですが、十年後の昭和四十五年十二月六日から十日間、タイ国と日本の修好三百六十年慶祝のため、日本タイ文化協会主催になる訪タイ国民使節団員としてタイに行き、タイ国首相にお会いしたのを始めとし、各公式訪問を終えて戦後四度目のタイ国訪問を果たし十二月十七日帰国しました。

昭和四十六年六月二十二日より十二日間、横浜市の姉妹都市であるマニラ市の市政四百年祭に、横浜、マニラ友好使節市民代表団員の一員として出席しました。その後、フィリッピンでは、戦没者英霊供養のためにモンテンルパ、バギオ等の日本人墓地で慰霊祭を行い、私が導師を務め般若心経一巻を参列一同にあげてもらいました。

本来この導師は曹洞宗の老師がやられることになっておりましたが、健康上の理由で辞退され、高野山の特使という形で私が務めさせて頂いたのです。私自身、高野山を代表する立場から、供養をやって少しでもよかったと言われるようにと、大聖師の御慈悲により迷える一望が救われますよう真剣に祈らせてもらいました。

帰途シンガポールに寄り、皆が買い物をしている間にジョホールバールの真如親王の供養塔を訪ねました。親王は、平城帝の第三皇子でしたが、弘法大師の教えを受け、中国で三年間修行し、インドに渡る途中亡くなった方です。このことは私の子供心にも仏道を求めるその真剣な思いが強く印象つけられ、私のタイ行きの一因にもなったものですので、この塔に参らせて頂いたことは私にとって意義が深かったのです。

今回バンコックでは予定外の行動でしたが、私が初代責任者をさせて頂いた日本人納骨堂にも参詣させてもらい、香港経由で団員三十名ともども使命を果たして七月二日帰国しました。その間、東京を離れて大聖師のみ許を遠く離れれば離れる程、この空間を越えて、大聖師の御配慮のもと、諸神諸仏の加護が頂けることを身をもって実感したことは、私にとっては非常に貴重な体験でありました。

五、高野山真言宗

金剛峯寺を中心として

この辺で高野山真言宗について紹介してみましょう。日本の仏教はタイなど東南アジアで盛んな南方仏教（北方仏教の人達は自分達の大乗仏教に対して小乗仏教と呼んでいる）に対し、北方仏教（大乗仏教）と呼ばれる系統に属するものです。日本中の宗教団体数は約十八万とも二十一万とも言われていますが、これはしもたやを構えて数十人の信者と称する者を持ったものまで入るのです。信者数は一億二千万人と言われておりますが、これは同一人が墓地のある寺の檀家であって、別の新興宗教の信者になるなど重複信者が多いために日本の総人口より多くなっているのです。このような重複信者は他の国では考えられないことで、日本独特のものです。

十八万ある宗教団体のうち十万が神道系で七万六千が仏教系、三千弱がキリスト教系、残り七百前後が諸教です。この仏教系は全部で約百七十から百八十の宗派に分かれ、なかでも真言宗系が一番多く四十八、同じ平安仏教の天台宗系が二十一、天台、真言以前からある律宗、法相、華厳などを合わせて七、鎌倉仏教の浄土系（浄土真宗も含む）二十五、禅宗系二十三、日蓮系三十七となっています。

寺院、教会、布教所数では、曹洞、東西本願寺（真宗）、浄土、高野山真言、日蓮、天台といった順序です。

教師（僧侶）の数では、真宗大谷、曹洞、本願寺派、浄土、日蓮、高野山真言となっております。檀信徒数は昭和四十四年度版仏教大年鑑によれば、日蓮系二、七二〇万、浄土系一、八五〇万、奈良仏教系一、二九〇万、真言系一、一七五万、禅系八九一万、天台系四五五万、合計八、三八一万となっています。日本の総人口の実に約八割が何等かの形で仏教に関係があることをこの数字は示しております。

真言宗は他の宗団にくらべ一番宗派が多く四十八の団体を抱えております。寺院数は一万一千九百七十六、教会千六百九十二、布教所その他が四千四百二十五と合計で一万八千九十三にも及ぶ大変な数です。

僧侶の数は二万三千九百四十六で、全仏教包括団体の寺院、教会、布教所の合計数九万三千三百五十八、全僧侶数十二万八千五百二十七人に対しいずれも二割弱の数字に当たるわけです。またこの全仏教包括団体の数字から、寺院その他は国民千人に対し一寺、僧侶は八百人に対して一人の割合であることが判ります。

私が属している高野山真言宗では寺院、教会その他を合計しますと六千三百八十四ヵ所で真言宗の中でも一番大きく、僧侶の数も従って一番多いわけです。真言宗の中で他の大きな派といえば、興教大師覚鑁上人によって開かれた新義真言宗を継ぎ、大和の長谷寺を総本山とする豊山派と、同じく新義真言宗の一派で京都智積院を総本山とする智山派があり、この派には成田山新勝寺、川崎大師の平間寺などが大本山として属しています。

高野山真言宗は弘法大師が唐から帰朝し、弘仁七年（西歴八一六年）金剛峯寺を創建されてから法燈を伝え、真言宗の総本宗として栄えて来ました。昭和十六年には真言系各派を統合して単称の真言宗となりましたが、終戦となり宗教法人令が発布されるや再び諸派に分かれてしまって現在に至っています。金剛峯寺は昔は一寺を指してそう呼んだのではなく、高野山全山の寺院を総合して金剛峯寺と呼び、高野山の何々院と呼ばれる下には末寺数百ヵ寺が従っていたのです。しかし、現在では金剛峯寺という一ヵ寺を造り図式のような形になっております。

総本山金剛峯寺─┬─末寺
　　　　　　　　└─大師教会本部─各教会

もっともこのような独特の過去の組織が高野の山に今もなおずっしりとした伝統の重みを残しているものと思われます。

末寺はその寺に所属する檀信徒数などに応じ年間数千円から数万円程度の宗費を納め、教会は大師教会本部を通じ本山にいくらかの宗費を納めることになっています。その他僧侶各個人に対しても宗費が課せられますが、その額は個人の僧階によって決められております。総本山の年間経費は約六億円から七億円程度ですから、大学、高校などを経営することと本山職員の給料を出すことが精一杯の状態で、なかなか思うように布教活動や僧侶育成に力が注がれず若手僧侶の間から不満の声が聞かれます。

終戦後、信教の自由をうたった占領政策とともに、宗教法人令が住職に都合のよいように変えられ、自分が望めば何時でも簡単に単立法人として宗派から独立出来るようになったので、総本山の権威が昔ほど通じなくなりました。それと共に、寺院の経営管理は住職の手腕にまって、部外者の口出しすべきことにあらずというような風潮になってきて、ともすれば寺院が個人の私有財産のようにみなされて、家族生活の場となってしまう傾向となりました。このような状勢の変化によって、従来は寺で沢山の修行僧を抱え、教えを拡めて行く若い純粋な僧を育てていたのですが、このような動きが急激に衰退しております。これは日本仏教の将来のためにも問題であります。

また、檀信徒の少ない寺では、一寺の経営をしていくのにもこと欠き、かといって死者儀礼は一人前にこなしても、生きている者に対する布教教化活動ということになると、充分な勉強をしているわけではありません。そこで、檀信徒の数を増やすなどは思いもよらず、しかも、寺を維持して行かなければならない、というより家族を養って行かねばならないということから一般社会に入り、職業人として働くことになるのです。そこで宗教家本来の自分の修行と布教という面がますますおろそかになって悪循環を繰り返します。このように他に仕事を持つ僧侶が全体の約三分の一に達していると言われており、これでは僧階はただの飾りに過ぎなくなってしまいます。

真言宗の僧階には前章にも少し触れましたが、僧正が大僧正、権大僧正、中僧正、権中僧正、小僧正、権小僧正と六階級に分かれ、その下の僧都も同じく六階級に分かれております。僧都の下には大律師、律師、権律師、教師試補の四階級があり全部で十六階級です。しかし、普通の高等学校を出てから専修学院を卒業すれば権少僧都に、普通の大学を卒業し専修学院を出れば権中僧都に、高野山大学を卒業し、四度加行をすれば権大僧都の位が頂けるのです。

この僧階は第八階で高野山大学を卒業しさえすれば四十年足らずのうちに中僧正になることが出来るのです。またこの昇級については布教の面で大きな成果を上げたとか、修行を通じて人間的に向上したという点を評価するのではなく、檀家の維持と宗派内での活動を主として評価するため、僧階は金で買うものだなどという陰口も出るようになります。もっとも昇級の際の納付金が総本山の経営を援けている面もあってあまり厳しく出来ないのが実情と言えましょう。

僧侶の今昔物語

ところで、どのような人が僧侶になるのでしょうか。仏教が日本に入って来た頃は僧侶の地位は非常に高く、時の天皇によって認められた者しか僧侶にはなれませんでした。そこで藤原氏とかその時代の権力に結びついていない氏族に生まれたもののうち、優秀な者はきそって僧侶になることを目指したのです。時代が下がるにつれ民衆的な浄土信仰が起こり、僧侶も貴族階級からばかりでなく豪族、つまり武士階級からも出るようになりました。これは藤原氏などの力が衰え、地方豪族の力が強まって来たからとも言えます。

弘法大師は佐伯氏、つまり貴族の出であるのに対し、約三百年後に活躍し真言宗中興の祖とし、また新義真言宗を残された興教大師覚鑁上人は、九州肥後の在地武士の出身であることをみてもうなずけます。鎌倉時代に入り、いわゆる鎌倉仏教という浄土宗、浄土真宗、禅宗、日蓮宗が盛んになる頃には、国家権力によって選ばれた官度僧は全くなくなり、これに対し私度僧と呼ばれる各宗派で認定した僧侶の時代が来て、武士階級を中心としていろいろな階層から僧になる者がせんだら出て来たのです。日蓮宗の開祖日蓮聖人は自ら「貧窮下賤の者として生まれ、旃陀羅《せんだら》（インドの四姓外の最下級の種族）が家より出たり」と述べておられますが、その出生は現在の千葉県安房郡天津小湊町の貧しい漁夫の子でありました。

いずれの時代の僧侶達も自分達の属する宗派の教えを弘めることには熱心で、自分の修行と同時に布教を第一としていたのです。それが徳川家康が天下を統一するに及んで、一般大衆を体制内に閉じ込めることを目的とし檀家制度というものを設け、政治的にも経済的にも寺院に対し数々の特別の処置が取られたのです。また名目こそ違え檀家からの実質上の維持費によって自分達の生活が保証され、檀徒の区分けがはっきりするに及んで僧侶は積極的な布教意欲さえ失ってしまいました。その形が現代まで持ち越されているといっても過言ではありません。その証拠の一つとして江戸時代以降には新しくみるべき宗派が起こっておりません。

それでは、現在どういう人達が僧侶になるかというと寺の住職の息子がほとんどです。これは明治初年に太政官令により「肉食妻帯勝手たるべし」となってから僧侶は妻帯することが普通となり、次第に寺が住職によって世襲化されてきた結果です。しかし、その住職の息子達が本当に意欲を持って僧侶への道を進んでいるかとなると問題がないとは言えません。真言宗ではこの太政官令が出るまでは妻帯を認めておりませんでしたので、出家して弟子として寺に入り、何とか意欲を持ってやる者しか続かないという節があったので総体に意欲を持った者が僧侶になっていたと言えます。その点、太政官令は僧侶を堕落させる一因となりました。

勿論寺の子息でも意欲を持っている者がないわけではありません。しかし、数は少ないながらも若い時に在家から僧侶になった人達の意欲には比ぶべくもありません。このような人達には高野山大学が広く一般人に開放されていますので、今後どんどん出て来る可能性はあります。もっともこれらの人達に対し活躍する場が充分与えられているかということになると、入るべき寺がない、高野山での仕事が充分与えられないといったように幾多の制約があるのです。この在家から僧侶になる場合でも、世をはかなんで現実生活から逃避したり、また不治の病を癒すために仏にお縋りするより方法がない、といったことからなる人も少なくありません。しかし、このような人達は中年坊主などと言われて、本山側からはあまり好まれる存在とはいえないようです。

尼僧は全僧侶の二割弱おりますが、高野山真言宗では教えが難解であり、修行が厳しいせいか一割弱しかおりません。尼僧の場合寺を継ぐということに直接関係はないため、寺の娘さんがなる場合より人生問題でつまずいて尼僧になる場合が多いようです。もっとも求道心に燃えて精進している人も中にはおりますが、心の痛手を癒したいというのが大部分のようです。しかし、尼僧に対する世間の目は厳しく、古くから伝わっている尼僧としての修行を成し遂げることを大衆は心から念願しております。

尼僧が結婚するとなれば世間は尼僧とは認めないでしょうし、総体に僧侶の場合は男性より女性の方に厳しいといえます。もっともこれは女性に厳しいというより、寺を継ぐ僧侶の卵に対する処遇が過保護であるということの方が正直なところかも知れません。尼寺では小さい子供を養女にして育てますが、尼僧になるものは厳しい修行に耐えた者のみという古来からの寺の形が残っていることからもうなずけることです。

専修学院の一日

修行といえばかつては私が修行した円満寺、西山興隆寺のように自分の寺あるいは本山、それに準ずる寺での修行が可能でしたが、だんだんそれが難しくなって参りました。そこで高野山での修行がより重要になってきたのです。高野山には修行道場が二個所あり、その一個所は円通寺です。この寺は霊岳山律蔵院と号し、金剛峯寺の支院として高野山の寺院町から山奥に向い約一粁入ったところにあります。小さな山道を登り下りしながらたどって行くと、小川が流れ高野槇の生い茂った奥に実に立派な唐風の山門が現われ、その門をくぐって中に入ると本堂、経堂、客殿、宿舎などが目に入ります。

この辺りは蓮華谷と呼ばれ俗化したといわれている高野山にあって、今なお静かな修行道場にふさわしいところです。この寺は弘仁年間弘法大師の甥の智泉大徳によって開かれ、後に真別処と称するようになりました。山内の各寺院には宿坊があって、信者やその他観光客なども泊めますが、ここだけは修行者のみで一般人は泊めてくれません。山門には「禁葷酒尼女入山門」という札がかかり、それが守られている数少ない寺なのです。

ここは高野山の事相講伝所であり、僧侶になるために大切な四度加行、灌頂等が行われる道場です。山門にかかった札にもあるように、ここで修行する人は男性のみで女性は修行出来ません。これはかつて弘法大師が高野の山を開かれた時に、山全体が修行道場であり、修行の妨げになる女人を山に入れないという風習の名残りなのでしょう。真別処では高野山大学の学生が中心になり百日間の修行、四度加行が厳修されますが、灌頂の儀式も年一度行われ、遠く全国からこの儀式を受けるため参集し正式な僧侶の一員となるのです。

もう一個所は高野山の寺院の一つである、宝寿院専修学院という学校です。この学校は半年間教義面に関連したことを教え、九月始めからの約百日間は各種の行法を修得させるいわば僧侶養成学校とも言える所です。ここには中学、高校、大学を卒業後すぐ入ってくる人と同時に、一般人で会社を定年退職してから入ってくるような人もいるため年令は十五歳から六十を過ぎた人までと巾広く、地域的にも日本全国から集まってきます。

専修学院での四度加行の期間は約百日ですが、修行中の外出は勿論一切禁止されています。修行中の日課は、朝三時半起床、一同台所に隣接した百畳敷はあろうかという広い板の間に集合し、出席を取った後、四時に本堂に入ります。本堂では銘々のためにしつらえられた壇の上で行法すること一時間半、続いて持仏堂に行って一時間あまり朝の読経を致します。朝の読経が終わりますとすぐ学院内のすべての場所の掃除に取りかかり、掃除が終わって始めて朝食が頂けるのです。

もっともすぐに食事というわけには行かず、朝食の前に十五分間位神仏に感謝するための食事作法を致しますので、せっかくの暖かい御飯と味噌汁は冷えてしまい、冬の寒い日などは御飯が冷えて口の中でガサガサする感じになる時も何日か続きます。食事を終え一時間位休憩し、九時から修行道場である本堂に入って朝と同様に二時間位行法を修します。それが終わりますと伽藍参拝と言いまして、高野山の中心である金堂、御影堂、根本大塔、西塔、明神と、多くの御堂の神仏を参拝し、それから昼食になります。昼食も朝食時と同じく十五分間位の食事作法をし、御飯、煮物一品、三切れの漬け物を頂くのです。

食事後一時間の休憩があり、一時から三時まで同じように各自の壇で行法を修します。それが終わってやっと一時間位休憩時間が与えられます。この休憩の時間の間に壇上の水、花、香を新しいものに取り替えて次回の行法修行に備えます。ですから一時間の休憩といってもゆっくりくつろぐ時間はないといった方があたっているでしょう。休憩が終わって四時から一時間あまり読経致します。それを終えて昼と同じような食事を頂きます。そうして六時頃から風呂に入ったり、次の日の修行のための勉強をする時間が与えられるのです。

この勉強は行法次第といってその行法を行う上の手順、本尊、真言、印形、経文などすべてが記されている小冊子に基づいて予習をするのです。しかし、もうこの時間になりますと勉強するのもいやになり、少し横になっていようという人がほとんどのようです。

夜は九時から十五分位施餓鬼供養といいまして、浮かばれない死者のために供養しお経を唱えます。このようにして一日が終わります。これが日曜、祭日もなく毎日百日間続くのです。行法が十八道、金剛界、胎蔵界、護摩と進むにつれて三時半起床が一時か二時になり、二時間の修行が毎回三時間になり四時間の修行というように変っていきます。このような修行と教義面の勉強を一年間無事終えますとそれぞれ僧侶の位が頂けるのです。そうして一人前の僧侶として各自の寺院に帰って行きます。

巡礼への旅立ち

真言宗を語る時に忘れてならないことは、四国巡礼です。巡礼は釈尊の入滅後始まり、すでに原始仏教教典の中で釈尊の誕生の地ルンビニー、悟りを開かれた地ブッダガヤ、初めて教えを説かれた場所鹿野苑（ヴァラナシの郊外）、入滅の地クシナガラの四大霊場に巡礼することが勧められております。これは仏陀の徳をたたえると共に、その功徳によって祈願を成就し、冥福を得んとしたために起こったものであります。このような動きは、中国、チベット、蒙古などの仏教国には勿論のこと、ヒンズー教、イスラム教、キリスト教の中にもみられます。

日本における巡礼は、頭陀行といって食を乞い野宿しながら欲望を払う修行法の一つとして出家達によって行ぜられてきましたが、やがて市井の善男善女も有名な寺社へ参詣通夜することが流行となって、平安時代中期には人々の間に深く浸透していったのです。しかし、この起源はともかく、弘法大師が生まれられ、修行された跡を廻って修行する人が今日まで続いているということは、弘法大師が如何に偉大な方であったかを示すものでしょう。

最近の巡礼は信仰的要素が薄くなり、観光と行楽の気分が強いとはいうものの、四国巡礼には頭陀行の精神がいまだに残っており、布施の精神に基づいた沿道の村民のお接待や、善根宿ないし通夜宿の風習がまだ続いております。昔は富貴な人でも一度はこの乞食の旅に出て、神仏に対する感謝の念、克己心などを培ったことは、タイの成人男子が三ヵ月間僧侶としての修行をすることと似たものを感じさせられます。

今は真言僧侶としての籍を持つ上川光正師は三回この八十八ヵ所を廻られたそうですが、その最初の時の体験をここに書いてもらい、四国巡礼というものの一端を皆さん方に知ってもらえばと思います。

上川師は大正十三年十二月十七日、岩手県の中央部、稗貫郡石鳥谷町大字西中島三の二に百姓の四男として生まれ、長じて国鉄に入ったが昭和十五年十一月に胸部疾患となり、二十四年の退職後療養生活に入ったものの思わしくなく、亡き父がかつての日病弱を解決した四国霊場の参拝へと想いが走り、昭和三十年五月十日意を決して四国路へと旅立ったのです。

病床生活から急に旅に出たのですから、心身ともに不安に襲われながらも精神的な緊張に守られて西へ西へと向かいました。途中東京では、今世の見納めにと、都内を見物しましたが、夢にでもと思った東京なのにただもう上の空の感じで感興も湧きませんでした。やっとたどりついた岡山県宇野港、四国への乗船地であり本州最後の地と思い、決別の情を飲めもしないビールを傾けることによって表わし、精神分析の書を手にして乗船しました。

高松についたのは午後八時頃であったでしょうか、暗がりに目標も定まらずタクシーを頼りに高野山高松別院へと向かいました。戦災後まだ復興されていない境内の所狭しと資材が置いてあり、足元も定かでないなかを通って本坊を訪ねますと「法要があって忙しいから」とにべもなく断わられました。ちょうど前日宇高連絡船紫雲丸の衝突沈没事故があり、犠牲者の追善供養の法会が行われていたのです。致し方なく退ったものの残金は心細く宿も取れず、今宵から野宿も覚悟の上としばらく寺の周辺を彷徨い歩いてみましたが、その先が一歩も進まず、疲れのため材木に身を横たえ休まざるを得ませんでした。

夜空を見上げてもただ暗いばかりで、星も沈んでしまったような夜でした。丸二日間の汽車の旅で疲労困憊の極に達しており、街の騒音も耳に入らずに何時しかまどろんでしまいました。しばらくして犬の吠える声と行き交う人々の足音、話し声に驚かされ不安に包まれてじっとしておれず、再び寺に引き返して「今晩だけ是非に」と頼み安宿を教わりました。

トーフー、おきゅうとーという売り声に目覚まされ、脳裡をかすめた思いはここはすぐ立たねばならぬということでした。遍路用の荷を駅止めで送ってあったので、駅まで引き取りに明けやらぬ市街を往復し、別院に戻ってお礼と御挨拶を申してお四国巡拝について案内を請いました。朝早いことでもあり、仏頂面で話してくれる執事さんが奥の方から早速に金剛杖、軍お納経帳などを持って来て「代金は千円なにがしだ」とのことに、残金はすでに宿代などで清算し無一文に近かったのでちょっと当惑しその旨を恐る恐る申しますと、剣もほろろに「修行の遍路だったらその辺を廻ってから来なさい」と取りつく島もない返事で、現実は現実なのだとしばらくは頭の中の整理も出来ずにたたずんでしまいました。その時、奥の方から昨夜の法会に参った方でしょう、お婆さんが出て来られて「お四国さん（遍路巡拝者をこのように呼ぶ）ですか」と聞かれて、二、三話のやり取りを聞かれてから「私がお接待させて頂きましょう」と言って下さいました。

さっきまでは不機嫌だった執事さんも今度は鄭重に一通りの必要品を取り揃えて渡して下さり「しっかり廻って結願したら必ずお礼参りに来なさいよ」と元気づけて下さいました。地獄で仏に会ったような思いもかくやと、思考を失ったようにぼうっとしたなかにもこみあげる熱いものを胸奥に必死に押えて、視界もかすむ思いでその場を離れて、縁側で衣服を脱ぎ捨てて、この間までは病衣として着ていた白衣を着けて、にわか巡礼さんとなって別院に別れを告げ旅立ちを致しました。

五月十三日、南国の日射しはもう夏を思わすような暑さで、三日前までは療養所の廊下をそろそろと歩む生活だった身が、背には一張羅の洋服から着替えの肌着、身廻品一式を大きく泥棒背負いにかつぎ、履き慣れぬ皮靴を引きずるようにして歩むのですから、汗は流れるばかりで、本来なら一歩も進み得ないところですのに、ただひたすらにお札所までの一念で、でこぼこの田舎道を日に照らされながら歩み続けました。途中残金をはたいてパンを食べ、無一物を確かめ本当の巡礼者として歩まねばならぬと思い続けました。まず背中の荷物の処分と不用の着替え類を巡拝が終わるまで質屋に預ってもらおうと、屋島の麓でやっと一軒の店を探しあてました。

質屋の御夫婦は物静かな親しみの持てる方でしたが、事情を話して一切を預って下さいと頼むのですが、身分証明書も無く、なかなか借用してもらえず困り果てました。問わず語りの長年の病患のことなどから話し進むうちに、次第に同情を寄せて下さいまして、郷里の住所や、母、兄の名を知らせて連絡を取れるようにし、とにもかくにも頼み込む様にお願い致しました。

店の方（寺一照男、正代、現在、香川県木田郡牟礼町大町中代一五三三の七で洋品店を新設）も、私達もこの地に移って来て間も無い身で知らない土地での商売をしているところだから、これも何かの御縁と思い是非私の家から御遍路に出る気持でたってもらいたいと、白い布切れを出して頭陀袋や手甲脚絆を大急ぎで縫って下さり、お弁当にと真黒いような麦御飯をいくつもお握りに作って持たせて下さいました。質札と千円を渡して下さり、けっして心配せずに期限が切れたら兄の方にも連絡するからと言われ身も心も軽くなり、草履に履き替えて出立しました。病院では白米御飯にいろいろと給食されていたので麦のお握りをこんなに沢山よくも出してくれたものだと思っておりましたが、だんだん歩いて行くうちにその有難さが身にしみて判らせて頂きました。お腹の空いた折には何ものにも替え難い御馳走となり心から合掌させて頂きました。

荷物も半減して、見上げる屋島の山の上にある八十四番札所の屋島寺（高松市屋島東町一八〇八、本尊十一面観音）へ第一歩を進めました。観光地のため道はよくしてあり歩き易いのですが、標高四百米からあり、満山蝉しぐれのような虫の鳴き声に、いやが上にも暑さをおぼえる中を無我夢中での参詣で、難儀の限りをつくした坂道も一気におりて、次のお札所八十五番八栗山（香川県木田郡牟礼町牟礼、本尊聖観世音菩薩）へと向かいました。途中で地下足袋を求めて足ごしらえも充分にして、その夜は八栗山の遍路小屋に他の同行さんと野宿のような一夜を過ごしました。

夜半眠られぬままに本堂前に行き坐っていますと想念が様々と発展し、一方境内では犬どもが咬み合う様な凄まじいばかりの喧嘩が始まり、まことに鬼気に包まれたような一場面もありました。ただ疲れの中に一夜はしらじらと明けそめました。私には目覚めとともに次なる札所への突進があるばかりで、病のことも家のこともいろいろな過去の想念もすべて考えながらもいっこうにまとまらず、ひたすらなる歩みの中に歩まして頂きました。千円の金も限られており、托鉢乞食の行も、なかなか門に立つ勇気も出ませんでした。

早朝から歩きづくめで八十八番大窪寺（香川県大川郡長尾町多和九六、本尊薬師如来）に着いた時には、周りは真暗くなってしまい、両手で杖をついて石段は四つん這いで登り、本堂まで自分の体を引きずるような思いでまいりました。その夜も暗がりの中を手さぐりで、通夜堂といわれる野宿同様の小屋に身を横たえて、朝を待ちました。

朝になって見ますと同宿のおじいさんがおり、何遍もお四国を巡拝しているうちに悪かった体も次第にお蔭を頂いて元気になったと語り、野宿の方法からお札所参りのことについて事細かに教えて下さり、一緒に歩いて門づけも共に立ち、お勤めの仕方から作法に至るまで親切に導いて下さり、飯盒炊飯から野宿まで同行をつとめて下さいました。右も左も判らぬことばかりで、お大師様が姿を変えてのお導きと有難くお伴を致しました。その方とも十三番大日寺（徳島市一ノ宮町西一ノ四三ノ一、本尊十一面観音）の縁での同宿を最後に別れて一人旅となり、目覚めて歩み、日暮れて休む。ただただお札所を目当ての毎日で、名だたる高い山もあれば、幾日歩いても目指す寺に行き着かぬ日もありました。幸いにも阿波一国（現在の徳島県、県内に一番から二十三番までの札所あり）を巡る間は、雨に会いませんでした。土佐に入る頃から足の裏が焼ける様に熱を持ち、草の葉を敷いたり、流れに足を浸したりしても、ものの一時間ともたず、ビッコを引いて歩いては人の情けに触れさせて頂きました。

托鉢で頂いた米麦、金品で飢えることもなく、高松に巡り着いた折りには質受けする千円も、毎日の中から積立てさせて頂こうと、穴開きの五円硬貨は全部糸で綴り別に取って置きました。門前に立ち、先ず懺悔の文からお唱えさせて頂くのですが、人情の生な姿を見せて頂きまして、疲労困憊の極をたった一言で吹き飛ばして下さる御奇特な方もあれば、耳に入れた一言のため何日も何日も重苦しい旅をさせられることもありました。御喜捨頂くのは微細なものですが、所によっては行けども行けどもお断わりばかりでおしまいになって思いがけない御喜捨に預って、この世界は誠を尽くすことが如何に大事であるかということを随所でお示しを頂きました。

室戸の先端を過ぎての土佐路、南国的な風物に目を見張りながら、生活に慣れてきましても、精神的な重荷は離れることもなく重圧となり、怖さにふるえるおもいと戦いながらも真夜中に寺の本堂前に坐っておつとめをし、行き会う行者さんには修行というものと救いということについて問いただすのですが、何等の解答もないままに六月十七日第三十六番の札所青竜寺（土佐市宇佐町龍旧寺山六〇一、本尊波切不動明王）を出発し、土佐路の難所といわれる横波三里八坂八浜を越しました。入江と岬の道行き山また山を超してホッと一息ついて、昼食をよばれた農家のおばさんが、問わず語りにこの先に仏坂という番外のお札所があり、先生がお偉い方で青の洞門を開いた禅海和尚もかくやと思う様なお方です。道を広げ、谷を埋めたて、山を切り開いて寺を建て庫裡を造っておられます。今夜は旧の二十七日でお不動さんの御縁日でお通夜があるからお参りして泊めて頂きなさいと親切に教えて下さいました。

喰べる方にばかり一生懸命であまり良く聞いていなかったのですが、泊まれるという一言が何より今夜のお宿を得られると思いえがいてお礼を言ってそこを発ちました。仏坂への峠はだらだらと続き、頂上から見下したすぐ下に屋根が見えてそれと判りました。谷の奥に納まった形であり、正面に小さな本堂、横に建築途中の庫裡があり、仕事場で大工と住職らしい人が話をしておられましたので、参拝をお許し頂いて本堂に進みました。お参りをしているところにさっきの人がみえて寺の住職だといわれ、いろいろ四国巡拝の動機などについて聞かれました。私の話を聞いて

「お前の家では眷属を信仰したために動物霊が体に喰い込んでいる。そのため不幸せが続くのだ」

と過ぎ来し方を見通すが如くに言い当てて、なおこのまま先に進んでも病弱の身に無理をしてはお大師様でも救い様がない。むしろ迷惑をかけて野垂れ死するのが関の山だ。寺に留まって養生するようにと言ってくれるのですが、私の思いはひたすらに行きつき先きは高松の出発地点までと、満願成就が達せられることのみ祈り念じて歩み続けて参ったのに、今途中で留まることは誓願に済まぬと思い、有難いことながらとお礼を申して断わりました。

しかし、どうしたものか住職はいろいろと悪縁のたとえ話を引き合いに出したり、宗教的な話をして下さったりしては、前途の凶難を示して止めて下さり、聞き入れようとしない私を見て最後には怒声を発して身の程知らぬ大不孝者と叱責されました。如何様な縁でこのお方の怒りに会うものかといぶかりながらも、かつて耳にしたことの無い宗教的な話に非常に引かれるものがあり、神も仏もあるものかといった気持でいたものが、大きく胸を開かせて頂いた様な思いがしました。正しい教えというものはそ

ういうものかと思わされるにつけ前途の行脚の多難が脳裡をかすめ、正法護持の尊さに耳を傾けるようになり、反面では願掛けに対する不義理ということが胸奥を複雑な思いに駆り立てるばかりでした。止むことを知らぬが如く続く住職の因縁話と正法論に完全に思考の混乱を来たしたものか、巡拝にかける比重がだんだんと口先の言葉だけになってしまいました。一日過ぎ二日過ぎする間に布団の上に休まれることの幸せ、雨露の当たらぬ家での生活の有難さが身にしみて、生活への妥協の中に郷里の母や兄へ安心をして頂かねばと思い遂にお寺に留めさせて頂き、出来ることで奉仕させて頂くことを願う様になってしまいました。

自身を知り得ない愚かさは、思いのみが先走るものか、居住の心配なく生命の心配なく無縁のお方から尊い御慈悲を頂いて病の快方を祈り護って頂いておりながらも、我執は心の奥から拭えず、旅の空を思い描いては巡拝成就の願いに絶えず心を動かされました。不本意の心を休めて下さるのは、住職の信仰や宗教的なお話で、弘法大師のお説話は何時も東密一宗の基礎を築かれた御苦労から、法を東寺に伝えられ、御入定に当たっては末徒に想いをはせ御通告を細部に亘り二十五条に示して下されたと折りに触れて読み聞かせて頂き、師僧とともに寺院や宗教の在り方の矛盾を思い、我が病いの因縁も正しく宗教的な導き手がないために起因しているのではないかという考え方に至るまでになりました。病状は日常生活にはさしたる支障も及ぼさず、出来る範囲でやらさせて頂きながら過ごしました。

当時師僧の御祈禱を頂きまして、護摩供養を行じ修して下されました。御祈禱の途中から自分の手が勝手に動き出して下腹部から何かを払い除けるように盛んに振り廻すようになり、口からも、「出て行け、出て行け」と連呼するのです。背後は壇上に護摩の火が炎々と燃え盛り、体は何ものかの力で手を振り動かして不浄でも払いのけるかのようでした。その激しさは息も出来ぬほどで、途中から行者の方に向きを変えて一心に目を見つめてお救いを頂かねばならぬと思い必死になって頑張るのですが、動作は止むこともなく続き体は疲れてへとへとになり息も絶えだえで苦しく、自分の意志ではどうすることも出来ませんでした。意識は始終はっきりしており、何だろうか、救いとどんな関係があるだろうかなどと想念は絶えず批判的に動いており、祈禱の終わりとともに動きも止まりました。部屋に下ってから師僧が、「お前は強情だから救われないのだ。お祈りをしてくれる者を何という目で見るのか」と叱られ、「川獺のようなものが憑依して凄く嫌な臭いがただよっていた。これを追い出せば良いのだが体に深く喰い込んでいるので、このまま祈禱を続ければお前の命が無くなるから徐々に離していかねばならぬ。とにかく信仰を持つことだ」と言われました。

そのためにも出家するよう弟子になることを勧めて下さいました。病の身にはただ当面の問題の解決があるばかりで、四国霊場の巡拝も出家得道に志すこともすべてを円満成就させることと思いまして、弟子としてお仕えさせて下さいとお願い申しお許しを頂きました。

第一回目はかくして途中で打ち止めとなりましたが、四国巡礼に第一歩を記した時から約三年後の昭和三十三年四月二十三日東寺で得度を頂くことになり、やがて四国八十八カ所霊場結縁のお砂踏み（各寺々の御本尊掛図の前に札所の土砂を敷き信徒がその上を踏んで歩く行事）を行い、その代参参拝のため千三百名のお札を納めに三十七番から一廻りしたのです。

その後自分が頭に描く僧侶の在り方に反する師僧の行き方と、自分自身の求道心のために寺を飛び出し高野山での新しい師僧につきましたが、前の師僧から横槍が入ったのでしばらく高野山を下りることになりました。その時に功徳が多いといわれている逆打ちをやったのです。逆打ちというのは番号の多い方から少ない方へと札所を逆に廻ることです。

釈尊と大師にお会いして

真言宗の僧侶は大別して学僧、行人、高野聖に分けられますが、学僧は弘法大師の遺された真言宗の教義の研究をすることを主にする僧侶であり、行人とは上川師が最初についた師僧のような加持、祈禱を主として布教をしている僧侶をさしています。高野聖とは行脚僧のことで上川師も最初寺の建立のため諸国を行脚し寄進を集められたそうですが、昔は高野山の経営はこの人達の活躍にゆだねられていたとも言えます。高野山で護摩供養をした時の灰をたずさえて諸国を廻り、喜捨を得て高野山にもどり、そのお布施を本山に差し出していたのです。ところが中には乞食同様に成り下がる者が現われて、護摩の灰と称しその辺で適当に燃した木の灰の偽物を売りつけたりしました。旅人の風をして道中で旅客の金品を盗む盗人という意味の「ゴマのハイ」などという不名誉な言葉は、ここから出て来たようです。

話は四国巡礼のことにもどりますが、昔から真剣に道を求め悟りを得るために廻った修行僧は数多く、現在でも道を求める僧の間にはこの風習が受け継がれております。一般の巡礼者は各札所でそれぞれの寺に決められた御詠歌を歌って鈴を鳴らして参拝し、修行者はそれぞれの本尊の前で一座の修法を行うわけです。

四国八十八ヵ所は弘法大師をお祀りし、また弘法大師がその地で感得された仏・菩薩を本尊として祀っております。第一番札所は徳島県板野郡大麻町阪東に在り、竺和山霊山寺と呼ばれております。弘法大師が四国霊場を開かれる時に、当地に見え釈尊の徳を偲ばれるうちにまぶたの中に多数の菩薩が釈尊を囲んでいる有様を見せられ、ここは釈尊が好んで逗留され説法された鷲峰山の説法の場に等しい場所であるとして、インドのラジギールの霊山を日本に移す意味で霊山寺と命名されたと聞いております。そこで弘法大師御自ら釈尊をお祀りされたのです。

真言宗の僧侶は釈尊に神秘世界を通じて一度でもお会いしようと〝釈迦法〟という修法を何日間か日を定めて修行しますが、釈尊のお姿を夢にさえ見ることもかなわず生涯を終える僧侶が大部分といえましょう。しかし、真言僧侶の場合、行法の霊験を書くことを固く戒められておりますので、過去の真言僧侶の中にはおそらく行法を通じて別なる釈尊にお会いした方もおられたことと思います。しかし、現在ではなかなか良い師にも巡り会うことが出来ず、そのような霊験を得ることもなかなか難しくなっていると言えましょう。

どうしても霊験を得たいという気持はなかったとは言え、従来の修行法では私自身残念ながらこれを感得することが出来ませんでした。しかし、大聖師のお側で修行している方の中には釈尊、弘法大師にお会いした人が何人かおられるようです。そこでその一例をここに記してみましょう。この体験をした菅谷良子さんは看護婦、助産婦、保健婦の資格を持ち、現在渋谷保健所に勤めている若い女性です。

ある日のことです。正座観法行を頂くため道場に入り、指定された場所に座って御法座に向かい拝礼致しました。普通御法座には大聖師が座られ信者一同に行をつけて下さるのです。ところがその日は何故か大聖師のお姿は消え失せ、墨染の衣を着ている青年僧が御法座に座っておられるのです。力強い感じの若いお坊さんなのです。不思議で不思議でなりませんでした。当然大聖師が御法座におられる筈なのに私にはどうしてもお坊さんの姿しか見えないのです。しかもこの日ばかりでなく何日も続けて道場の入口を入り自分の席につく途中もこのようなお姿を拝したのです。

私はいったいこの僧侶は誰方なのだろうと思ったのです。その時電光石火の如く弘法大師だという言葉が耳許でささやかれました。すごくかっぷくがよくどっしりとして座っておられたのです。私の目はどうなったのかしらと思いながらも行に入りました。すると間もなく、大きな声で「南無遍照金剛」といわされたのです。勿論私は看護婦ですのでこのような言葉は過去に一遍も言ったことはなかったのです。それから繰り展げられた行は素晴しく、楽しくてたまらず他人にこのことを語ってしまいました。行中のことをみだりに他言するなと固く戒められておりますのに、それを話したばかりにそれ以後は御法座には弘法大師のお姿を拝することが出来なくなり、その日からは大聖師のお姿になられたのです。

また昭和四十五年の八月でした。道場に入り御法座に向かって礼拝したのです。弘法大師の時と同様に御法座に座しておられる大聖師のお姿が私の目にはなく、それに代って別の人が座っておられました。その人は脇息に片肘をもたれさせ、足は女性が横座りをする時のように斜めに折り重ね、アラビヤ人が着ているような裏白い服装をつけズボンはふっくらとしたアラビアズボンをはき、中肉中背の小柄な人で顔は面長で髪は自然のまま光り輝く中に座しておられました。

弘法大師の時と同じように誰だろうと自分の心の中に思ったのです。するとお釈迦様だと示されたのです。すごい光明が燦然と輝き、その光明たるや十方世界どころではないように思えたのです。私は思わずひれ伏して拝んだのです。頭を上げようとしても上がりません。お釈迦様は大きな人で頭の髪は天然パーマであると思っていたのですが、この時これが真のお姿であると感じました。そのうちにお釈迦様のお姿が自然に大聖師のお姿に変化され、師の厳かなるお姿と一体となられたのであります。私が受けたその時の感激は筆舌ではとても表現出来るものではありませんでした。

火生三昧

真言宗には不動明王を本尊とした寺院が数多くありますが、四十五番札所の岩屋寺（愛媛県上浮穴郡美川村七鳥）の不動明王は中でも有名です。岩屋寺の不動明王は弘仁六年（西歴八一五年）弘法大師が四国巡錫の際に御自身で刻まれた不動明王を安置したといわれております。この不動明王を本尊として祈願する方法として護摩供養があります。護摩は梵語の Homah に対して中国で漢字を当てたもので、炉の中で火を燃し供物を焼いて本尊に供養し、煩悩業苦のもとを焼いて取り去る修行法であります。この修行法は真言宗には欠かせないもので、四度加行にも奥伝として取り入れられ、中でも八千枚護摩秘法は求聞持法と並んで大行として重要視されておりますが最近ではあまり修する人がおりません。

この八千枚護摩秘法は高野十傑の一人である玄海法印（一二六七―一三四七）が行われて行法の最後が近くなった時に壇上に二童子が現われたと言い伝えられております。玄海法印は行基菩薩（六六八―七四九）の遠縁に当たる人で十三歳の時に高野山に登り、顕密二教を究め八十一歳で亡くなられた方です。「師は平等行徳に勝れ、嘗て宝惟院に於いて不動法を修し阿遮羅三昧に入り霊験甚だ多し」と過去の記録に記されております。

真言宗の僧侶の中にもこの行法を何十回となく修した方もおられますが、不動明王の火生三昧に入ることはなかなか難しいことと言えましょう。私は不幸にして覚鑁上人以後火生三昧に入ったという僧侶の話を聞いておりません。私自身、阿遮羅三昧とか火生三昧とかいう三昧そのものがどのようなことを意味しているのか、どのような状態を言うのかはっきりとは判りませんが、大聖師の許で修行することによって別なる世界と一体になって、ある境地に住することであろうということは判るようになってきました。

この火生三昧については、一人の弟子Ｄ（彼は数回の問題を起こした上、反省する代わりに去りました）の体験を記してみましょう。

今から三年程前の初夏の新緑も美しいある日、東京行の列車の中で私は少し緊張し身心を清浄にすべく念じていました。毎月一度ですが、期待し、楽しみにしている密教の修行を受けるため、本部に参拝する途中であったからです。何時になく身も心も車中の喧騒にとらわれず、落ちついて静かに己れのこの一ヵ月間の言行を反省していました。

やがて本部に着き玄関を入りましたが、中が非常に静かなので半ば遠慮もあって側近の人達に挨拶もせずに黙って道場に入り神前にお参りをしました。まず、大聖師の御慈悲と神々の御加護に感謝御礼申し上げ、また自己の現状を反省し懺悔し、誓いを新たに致しておりましたところ、道場の外から師が側近者にＤが来ているから呼ぶようにと申されました。しかし、側近者は私が来ているとは知らず、師にまだ来ていない旨を伝えていました。ところが、師は、いや来ているから連れてくるようにとのおことばがあり、それが聞こえて来ましたので、すべてお見通しであることに今更ながら驚き、急いで道場を出て、師よりいろいろとお諭しを頂きました。そして今から行をつけるからとのまことに有難いおことばを頂き歓喜致しました。一人で行をお授け頂けるとは、このような機会は滅多に得られない程の幸せであるのです。

御法座にまします大聖師を御前にして、静かに座し行に入りました。どのように行が展開するか考えもしなければ想像も出来ませんでした。ただ今までのように静かな行で始まったのですが、やがて御法座から来る神気が身心に入って充満し、大聖師の息吹きによっていよいよ神気が満ち、体内が躍動し全身から猛烈な激しい力が湧き起こり、全身全霊電気に打たれたかの如く、雷が体中に実入ったかの如く緊迫し、力が力を呼び力が爆発してまた力を呼び、激動するかの如くして今までの静なる行から、急転直下力強い動の行に入ったのでした。

呼吸も無呼吸のような状態から一変して、全身から、腹の底からする呼吸となり、口も躍動しはり裂けんばかりとなって火を吐くような猛烈な息吹きとなったのです。両眼は険しくつり上がり、目をむき、あたり一面真暗な中で両眼のみ光ってにらみ、口には牙が生えているかの如く大きく開き、力の形相となり、また右手には、力の塊りの如く躍動して、まるで生きているかのようにうち震える炎で包まれた神剣を握りしめ、その剣に激しい息吹きをかけてうち振り、左手には幾重にも巻かれた羂索をしっかと持ち、我が身を焼いて燃えあがる炎で全身が包まれ、全身これ火となり火の塊りとなって燃えに燃え、燃えて力を呼び力が爆発する荒行は、まるで猛虎が大地を蹴って荒れ狂うが如き様であったのでした。

これぞまさしく不動明王の相であったのです。この不動明王の強烈な行が展開するにつれ心も猛虎の如く荒々しくなり激烈となり、両眼はぎらぎらと光ってにらみつけ、炎のような息吹きであたりを浄め、剣を縦横無尽に振りかざし、切りつけ、索でもって打ち、叩き、砕き、我が身を焼いて燃える炎でもってすべてのものを灰燼と帰するが如くの動にしてまた動の行であったのでした。かつては味わったこともない、猛々しい強烈な心を観じたのでした。ここでこの日の行は終わったのです。

翌日、また、師から行をつけて頂きました。今度は地方から参拝したばかりのもう一人の者との二人の行でした。行に入りしばらくしてまた不動明王の行に入ると、昨日よりさらに激しい荒行となり、めらめらと燃えるような神剣を右手に、鉄鎖のような羂索を左手にして、金剛力の塊りとなって剣と索でもって切りに切り、叩き、打ちのめし、身を焼いて火炎となって他を焼き尽くし、憤怒の形相で鞴ふいごのように息吹き、そしてやおら立ちあがってすり足でズイッズイッと力強く歩く姿は、まさしく不動明王と一体であり、入我我入の相を現出したのです。

生まれて始めて体験する不可思議な力、肉体の力をはるかに凌駕する力、湧き出づる大自然の金剛力、渾身の力に躍動する我が身・魂・心。この不動明王の神力によって燃え、燃えて我が身我が煩悩を焼き尽くし汚れ罪障を浄める相。また一方頑迷にして不敬不遜の徒、抵抗する無知強情な存在、汚れ多く罪に打ちひしがれ、あまりに深い罪障に苦しむもの達を忿怒の形相でもって心魂を寒からしめ、息吹きでもって浄め、剣と索でもってその罣礙を切り、打破し、火炎により煩悩、迷い、罪障、汚れの一切の不浄を焼き尽くし灰燼と化す、降伏降魔の相であることも知らされました。しかしながら、最初の行の時とは違って、心の中に大きな変化が生じていました。

最初の行ではそのあまりの力の故に、己が心も形相の如くに荒れ猛々しくなったのですが、今回の行ではその神力によって己が醜い心はすっかり焼き尽くされ浄められて全く変化したのです。我が身体は吼え荒れ狂う海の如き相を呈しながらも、心はまるで大海の海底の如く動かず、乱れず、また、水を打った後の如く静かで浄らかですがすがしく、外形にとらわれるものもない広大な気持でありました。かくて憤怒の形相の不動明王の内心はまさしく慈悲そのものであると観ずることが出来たのです。

慈悲とは如来の持ち給う御心でありますが、不動明王も如来の変化の相であり、外面はすさまじい憤怒にもかかわらず、内面は如来の大慈大悲の境地にたたれるものでありました。かくしてまず自己を浄め、不動明王は我、我は不動明王となって他の犯せしもろもろの罪障を怒り、降伏し、浄化する、動にして静、静にして動の行が大聖師の御慈悲によって展開したのですが、その有様は根本如来即大聖師、不動明王、我の間の神秘不可思議にしてダイナミックな一大絵巻であったのでした。

この素晴しい、また、驚くべき修行を終えて大阪に帰って来ましたが、数日後、信者の一人が重い病気にかかって大変であるという知らせを聞きすぐ駆けつけたところ、夫人がオロオロして夫が胃ガンであると医者から宣告された旨を伝え、早速手術をしなければとあわてていたのです。その人は過去に大病を患い片肺を切除し、喘息もあって体が弱くまた疲れもひどかったようです。私自身では充分判断しかねる面もありましたので、教団本部に連絡しましたところ、本部からは手術をすれば命はないとのことでした。ところが信仰心のない夫人は神の言葉を信ずる気持がなく、気持が動転してしまい一刻も早く手術をしなければとこちらの言うことを聞いてくれそうもありません。そこでともかく一週間の時間をもらい、この一週間のうちに激痛が止まり回復の兆が見えなければ手術も止むを得ないということで納得してもらいました。そこで大聖師に祈り、お力を頂いてお加持をすることをお許し頂きました。大聖師の御神影に毎日水と供花と供物を供え、その上に己れの両手の拳を置いて大聖師を念じ、我が命と引き替えにしてもこの者の命を救い給えと一心に真剣に祈り続けました。やがて強烈な感応があって不動明王突如として現われ出で、不動明王と一体となってお加持をすることになったのです。

その人が身につけたもろもろの汚れを祓い静め、肉体には神気を降り注ぎ神力を注入し、神剣でもって患部を切り裂き刻むが如くして、病変している細胞組織に活力を与え、臓器を治癒すべく息吹きをかけながらのお加持でありました。終わった時には剣と索に息吹きをかけて汚れを浄め不浄を祓って、剣も索も共に吸い込んで己れの体の中に納めたのです。人は気付かないものですが、ガンのような病気にかかるのは肉体の悪化、血液汚濁化と共に、霊的にも汚れており、如何に不浄となっているか、そこには神の怒りを招く程のものがあることを知ったのです。このお加持を毎日行い、四日目にして激痛が去り回復に向かい、師より調合頂いた神薬の効によって十日も経たずしてすっかりよくなり、胃ガンどころか全く元気になって現在に到っております。

またこの頃から夜ごとに迷える霊、苦しむ霊が救い求めて来て、身にとりすがられることが多くなり、ある夜などはあまりに多くの亡霊のためにか、我が霊魂が肉体から抜け出し立ちあがって、大勢を前にして不動明王の剣によって次から次へと浄めに浄め、また降伏して、結局一晩中寝ていたのか起きていたのか判らない程でした。しかし、不浄なるものが浄められて明るくなって行くのを観じると、その喜びがこの身にあふるるばかりに感じさせて頂くのでした。

もっともこの力強い不動明王も、その火生三昧に入ってみれば、まさに最深至高の偉大なる大聖師の広大無辺なる御境地の極く一端を現せられしものであることを悟得することが出来たのです。

本尊様の霊験

四国八十八ヵ所の中心ともいえる聖地は、やはり宗祖弘法大師誕生の地である七十五番札所善通寺（香川県善通寺市善通寺町）といえましょう。大同二年（西暦八〇七年）弘法大師が立教開宗の初期に建立した道場で、紀州高野山金剛峯寺、京都教王護国寺（東寺）と共に弘法大師の三大霊跡といわれております。

善通寺の本尊は薬師如来で、その仏像の胎内に弘法大師が作られた土偶の薬師瑠璃光如来が納められております。瑠璃光とは東方浄瑠璃世界（薬師如来の浄土で、地は瑠璃〈青色の宝石〉から成り、邸宅・用具などを七宝で製し、荘厳端麗、無数の菩薩が住するという世界）の主であることを示すものであり、如来のまたの名を医王尊といいます。普通瑠璃光を略して薬師如来といいますが、生死の病を除くために薬師といい、目に見える世界、見えない世界、また心の中の闇をも照すために瑠璃光と呼ばれるのです。

四国八十八ヵ所の本尊が薬師如来や観音様で大部分を占められている原因は行基菩薩の民間信仰の影響が非常に大きいようです。それは今日の八十八ヵ所の寺院のうち二十八ヵ寺までが行基菩薩によって開創されていることからもうなずけます。真言僧侶は薬師如来を本尊として「薬師法」を修しますが、これは息災、除病、産生等のために行うもので数々の結果を得ております。また一般人の間でも薬師信仰は根強く、古来から数限りない霊験が伝えられています。

私自身愛媛県今治市に生まれ、子供の頃からお遍路さんの姿を数多く見ていたので八十八ヵ所を一度は廻ってみたいとは思っていたものの、その機会がありませんでした。しかし、ここを参拝した人達の多くは目に見えない世界の存在を感じているのです。昔の人達はより多くの神秘を体験したようですが、最近の人達はそれが少なくなったということは、それだけ現代人がそのような神秘的なものを受け入れる態勢がなくなってきたというよりほかありません。

大聖師のもとで修行している人達は在家の人達がほとんどですが、神秘世界をそれぞれ観じております。またその神秘世界に通ずることが出来る器作りをするために、大聖師の教えでは師に祈ることによって、また自分自身が修行することによって、病ある者は病から救われる例が数限りなく出てくるのは当然といえましょう。それは修行の条件作りの過程で大聖師の偉大なるみ力によって、心身に欠陥のある者は自然にそれが整えられ、何時の間にか健全で健康な自分にならせて頂くからです。大聖師は、

「儂は、病気直しはせぬ。するとすればそれは弟子達がやることだ。その弟子達が真剣に祈りさえすれば医王を遣わすこともあろう」

と言っておられます。弟子のみならず誓いをして信者になることを許された者は、まことからなる祈りによって大聖師の御慈悲を頂くことが出来るのです。

仏像は仏師と呼ばれる仏像専門の彫刻家によって作られる場合がほとんどですが、彼等は仏像作製に当たって斎戒沐浴して心身を浄め、作製中も精進潔斎をして仕事に掛かるのです。仏師の他にも僧侶方、一般人も作りますが、仏像を刻む時に昔は自分の心の中に仏、菩薩を観じ、それを写し取っていたのです。しかし、現在の仏師は単なる一つの芸術作品としての考え方をしている方が多いのではないでしょうか。こうして出来上がった仏像には御魂入れの儀式を行うわけですが、これを行う僧侶が神秘世界に通ずる力を持っていなければそれこそ「仏作って魂入れず」という結果になりかねません。

高野山には赤不動と呼ばれている不動明王の仏画が明王院にあります。これを院外に持ち出すと明王院が火災に会うという言い伝えがあり、過去にもそのようなことがありましたが、最近では昭和三十六年に大阪で密教秘宝展が開かれた時にこの仏画を持ち出し火災に見舞われております。近頃は仏像、仏画を単なる美術品と見做す傾向がありますが、秘宝にまつわるこのような不測の災難をどのように考えたらよいでしょうか。ただ単なる偶然と考えるべきでしょうか。大聖師の弟子でこの展覧会を見た人の話によれば、この赤不動からは実に強い神秘的な力を観じたとのことです。

大聖師は別なる世界の神々、仏、菩薩方との語らいのなかから、神社、仏閣に足を入れられ浄めて下さっておられますが、これは、神仏をお守りする立場の神官、僧侶の堕落から神社、仏閣におられた神仏がそのみにくい姿に耐え切れずに持場を離れてしまったものに対し、これを呼びもどしてそこに留まるように言って聞かせ、あるいはまた、新たに御神体、仏像に御魂入れをして下さるなどして、神社、仏閣の霊的な汚れを浄めて下さると共に、そこに参拝する者達に対して以後いくらかでも利益するようにと御心を配られているのです。

それではここで、大聖師が御魂入れをされた薬師如来の一例を弟子である本庄マカサさんの手記によって記してみましょう。

千光仏身薬王如来

島根県益田市に小雲という所があり、そこに住んでいた寺戸文吉さんという人が、一体の仏像を持っておりました。その仏像はなんというお名前か判らず、土井ガ原の高津川の川縁に祀られました。

ある時、盲の杉山良明という僧侶と女性の一行者が、高津川の川原に薬師如来が祀ってあるからどうか丁重に祀ってくれという感応を受けて二人で探しに来たのです。その感応の通り、そこには薬師如来がお祀りしてあったのです。

二人の話を聞いた土井ガ原に在住の桐田峰男さんが、そういうあらたかなお薬師様なら私に祀らせてほしいということになったのです。そこで桐田さんが新しい、前より立派なお堂を昭和二十六年四月八日に建立され、それをその薬師如来に提供されたのです。そうして、桐田さんの近くに住む藤沢わきさんが何やかやと薬師如来の給仕奉公をすることになりました。

大聖師が昭和三十六年、高津の山形屋旅館に御巡錫頂いた時に、お迎えした人達の中にいた藤沢わきさんが、自分の家の近所にお薬師様があるのですが名前が判りません。何か名前を付けて頂きたいとお願いしたのです。それでは「儂がそのうちそのお薬師様を見に行ってやろう」といわれ、現実化したのが昭和四十一年八月二十三日のことです。その日土井ガ原にある信者の案内でお訪ね下さって、「千光仏身薬王如来」という名前を付けて下さったのです。そうして「今までは参拝する者もなかったであろうが、今からここに参拝する者はことごとく病が治るであろう」と大聖師のおことばがあったのです。

その日から千光仏身薬玉如来に参拝しますと、いろいろと霊験あらたかなものを頂くので、それを伝え聞いた者も参拝するようになり、ぽつりぽつりと参拝する人が出て、昭和四十六年四月八日に参拝しました時には、十八人ばかり集まって皆さん一所懸命に薬師如来を信仰しているようでした。私は以前からこの薬師如来の話を聞いておりましたので一度訪ねたいと思っており、この日は待ちに待った日であったのです。その日はちょうど薬師如来の縁日でした。私ははるばる福岡市から島根県の山奥に参拝のため足を向けたのです。

その途中のバスの中でウトウトしていたわずかな時間のことです。その間に行中と同じように神秘世界に入ってしまいました。すると、バス道の両側に大勢の神々が一神一神みんな手に手に灯明を持ってお迎えに出てくれるのが見え出したのです。私は布教用の大聖師の御神影を奉持させて頂いていたのですが、この光景には有難くて感激で胸一杯でした。バスを降りその薬師如来がお祀りしてあるお堂につながる細い曲りくねった道を歩いて行くとその両側にも神々はずうっと列んでおられたのです。お堂のそばの石段の所にも大勢の神様があまり大きくないお堂を取り巻き、またそのお堂からはなたれるみ光りがそれはまばゆいばかりで、感謝感激の中にお参りさせて頂きました。

そうして、二柏三拝して頭を上げましてあっと思ったのは、まず自分の観念の中にある薬師如来というのは皆半跏坐を組んで左手をひじのところから曲げ開いた手の平に薬壷を持ち、右手を上にあげ手の平を前に向けた姿でしたが、その薬師如来は半眼を開いて半跏坐の膝の上に両手を上に向けて乗せていらっしゃいました。変ったお姿でいらっしゃるなと思いながらもお祈りをしていますと、

「マカサよ、よくこの山奥まで尋ね参った」

と薬師如来の声がありました。そうして、私に対する使命の重大なることと、済度者としての道の厳しい面を示され、またいろんな慈しみのことばを賜わり、

「今日までいろいろな困難をよく乗り越えて来た」

というねぎらいのおことばも頂きました。その褒美に、

「汝に千光仏身薬王如来の医王の力を授けん」

というおことばを下さったので、私は感極まってひれ伏している内に、

「汝顔を上げよ」

と言われて、私がしゃきっとしますと、

「もし病人がいるならば、その病人の両肩に手を置き、帰命頂礼千光仏身薬王如来と三遍唱え、その病名を言ってよく念ぜよ」

というおことばを賜わったのです。それで私も有難くて感涙にむせんでいるところで、その現象がパッと消えてしまったのです。


はっと気が付いたら、それはバスの中でした。ほどなく土井ガ原のバス停まで来たのでバスを降りて、斎藤行善さんの案内で薬師堂に参りましたが、バスの中である境地に入って見せて頂いた光景と細長い曲がりくねった道もお堂もそっくりなのです。それは粗末なお堂ですが、その中にお祀りしてある薬師如来のお姿がまた感応中に見せて頂いたお姿とそっくりなのです。そういうことで二度びっくりしてしまいました。そこで、私は白衣を着、袴を付けてそこに集まった人達と一緒に祈願を致しました。

そうしましたら、先程のおことばが、今度は私が宣誓をさせて頂くかのように他の人達の目には見えない巻物を広げ
「マカサ、この不肖の身に本日千光仏身薬王如来の大いなるお力を賜わり厚く御礼申し上げます。マカサ、この世に生有ります限り、病に苦しむ多くの人々のために如来のみ力を正しく施してみ教えをひろめ、衆生済度の道に挺身させて頂くことを誓います」
と申し上げたのです。そのような神秘現象を頂いたことを有難いことだと思って、二柏して御礼を申し

上げ頭を上げますと、その薬師如来のお姿が大聖師が祭礼日の直会の時に、白い被布を召され、手を前で組まれてお座りになっておられる、そのお姿、慈悲のほほえみの姿に変わられて、大聖師の別なるお姿、医王を司る面のお力をお持ちであるということをお示し頂いたのです。そこで、その場に集まった人達にこの薬師如来に御魂入れして下さった大聖師のみ教えを判ってもらうのは大変なことなので、この前お迎えしたお方はこのようなお力を持ったお方なのですよと説明致しました。そうして、ここに集まった人達が千光仏身薬王如来が現われたことを多くの人達に呼びかけ、一人でも多くの人達がお参りして救われるように、貴方達もそのお役をまっとうさせて頂き、楽しく、明るい感謝の生活をさせて頂きましょうと呼びかけました。そうして、病気の人を早速お加持させて頂いてその日は終わり、益田から東京へ出て、その後福岡に帰りました。

福岡に帰ってしばらくした四月の末頃でした。佐々木さんという教会世話人の娘さんから夕方電話があり、今、家の近所に子供さんで四十度の熱が三日も四日も下がらず、水一杯飲んでも吐いてしまい、今にも息を引き取るような状態で、じっとしておれないその子のお父さんが、霊験あらたかな神様は何処ぞにいないかと家に相談に見えたので、ぜひ教会を教えてあげたいのだがよろしいでしょうかということでした。そこで、私は行者ではないので病気直しだけするわけにはいかないけれど、み教えにふれて引き続き修行させて頂くということだったらよろしいですよということで、その人は教会に来たのです。

そこで、教えの概略を説明して、病気には病気になるだけの原因がある、だからそれを究明しなくてはならないということを説明して御神前でお祈りに入ったのです。そうしましたら、神から、その子は小学校六年生ですが、虚弱体質というか心臓も脈は不順だし、肝臓も腎臓ももうガタガタであることを示されました。それに神からその子は短命な子だというおことばも頂いたのです。そういうことでしたが、大聖師にお祈りしながら何とか熱を下げてお救い賜わりたいと親と一緒にお参りさせて頂いてから、その家を訪ねました。

部屋に入りますと、その子は小鼻をぴくぴくさせて、四十度という高熱を長く出していただけに、もう口をきく力もない様子で、私も気の毒に思いそこで早速千光仏身薬王如来にお祈りしたのです。そうして、何卒医王の力を賜わってこれなる馬渡ひろみに厚きお恵みを賜わりますようにとお祈りして頭に手を当てておりますと、何千ボルトという電流のようなすごい力がお腹の中から湧き上がって、ずんずん右手を通してその子の体内に入って行くのです。それから体をずっと触ってみましても御神前で教えて頂いた通りのガタガタでした。本当に小学校の一年生位のような体つきで、脈が不順でした。やがて、足の裏から何か悪い気のようなものを吸っては吐き出し、吸っては吐き出す所作をしたところ、わずか十分か十五分のうちに平熱に下がり、三十六度五分になりました。扁桃腺から来た熱でお医者が心配ないと言っていたそうですが、現実は口もきけず、目もうすぼんやりしており、今にも息を引き取りそうな状態だったのです。それがわずか三十分かそこらのうちに神秘なる神の御力により元気になり、柳のエキスを薄めた水でうがいをさせようと思い

「僕起きられる」

と聞いたら、

「僕起きられるよ」

といって起きて、ガーッとうがいして、

「僕飲んじゃった」

という位に回復しました。見る見るうちに良くなったので、親御さんの方がびっくりしてしまいました。私自身も余りの素晴しい御慈悲にびっくりし、大聖師に本当に有難う御座いましたと心から御礼申し上げました。後はジャガイモをすってそこに酢を入れ、メリケン粉と混ぜて泥状にしたものをノドに巻き、高貴漢方薬の寿王を飲ませて帰って来たのです。このことによって、四月八日に約束された証をはっきりと示され、感激と共に自分の使命というものが尊く有難いこと、それを世のため、人のために尽くさせて頂かねばならないのだ、という弟子としての強い自覚を深く心に植えさせて頂きました。

密教と顕教

真言宗を語る場合に、必ず出てくるのは「密教《みっきょう》」という言葉です。この密教に対し、他の教えは顕教《けんぎょう》と呼ばれ、宗教はこの二つに大きく区分されております。

真言宗では、簡単に言えば顕教は釈尊の教えであり、密教は大日如来の教えということになります。これを判り易く現代的に表現すると、顕教とは、教え主が神仏からの啓示を受けたものを、一般の人にも通ずる言葉で説いたもので、それを記したもの、たとえば、バイブルや経典をもとに牧師や僧侶が解説するものと言えます。

密教は、秘密の教えという意味で、神仏と人との間における、交流（感応道交）の現われを、悟り、悟らせる教えであって、神仏とその人しか知らないので秘密の教え、即ち密教というのです。

ですから密教では、神秘世界に通ずるための実践修行の面がどうしても不可欠となって参ります。それを密教では「事相」と呼び、この章でも触れた四度加行、各種尊法がこれに当たります。この事相と共に、密教修行に当たって車の両輪の一つに例えられるのが「教相」で、これは教理哲学の面をいいます。真言宗では大日経、金剛頂経の両部の大経、またはこれに蘇悉地経、瑜祇経、要略念誦経を加えて根本経典としています。この外にも発菩提心論、釈摩訶衍論、大日経疏、金剛頂経義訣などの他、弘法大師が書かれた十住心論、秘蔵宝鑰、弁顕密二教論、即身成仏義、声字実相義、吽字義、般若心経秘鍵、秘蔵記などが、真言宗の教理哲学を説くものとして勧められております。しかし、十住心論一つを取ってみても、これを完全に理解することは至難のわざだといわねばなりません。

六、正座観法行

釈尊の苦修練行

私のタイ行きのきっかけとなったアダムス・ベック女史からもらった『東洋哲学物語』上巻の第六章、精神集中（三昧禅定）とその通力、の中に次のような文章が見られます。

「仏陀もまた、最も十分な最も深い意味においてヨーギンでした。彼の有名な先生アララ（アーラーダ・カーラーパのこと）はこの学問の大先生でした。そしてアララの弟子の仏陀はおそろしい極端にまでもこの難行苦行を実行しました。彼は最高の思索をもってこれを完了し、そして『通力』をえました」

昭和五年十二月、京都のミヤコホテルで女史からサイン入りの訳本を手にし、一気に読み下した中にこの様な文章を見た時は、二十三歳の若さでもありインドに渡って是非ヨーガを勉びたいと思ったものです。

釈尊はインドにおける他の修行者と同じように、修行中に多くの仙人を訪ねたことは経典にも記してありますが、特に有意義な指導を頂いたのはアーラーダ・カーラーマとルドラカ・ラーマプトラの二人です。アーラーダ・カーラーマ（パーリ語ではアーラーラ・カーラーマ）は当時の修行者（沙門）の活動の中心地であるヴァイシャーリーの郊外に修道所を持っておりました。カーラーマは十六歳の時に出家して以来百四年の間修行に勤めており、三百人の弟子がいましたが、釈尊は禅定に入るや、この仙人の持つ「無所有処定」に短時日のうちに到達しました。師のカーラーマは驚いて自分の後継ぎになってくれと懇願しますが、釈尊はその願いを振り切って、次なる師を求めて旅に出ます。

釈尊は次にマガダ国のラージャグリハに滞在中に七百人の弟子を持つルドラカ・ラーマプトラ（パーリ語でウッダカ・ラーマプッタ）という仙人を訪ねました。この人には「非想非非想処」という禅定三昧を教えられ、まもなくこれも自分のものとされました。「非想非非想処」というのは、通常の思考をすべて超越し、ただ純粋な思想のみが残るという状態で、インドでは一般に禅定三昧の最高段階と考えられているものです。しかし、釈尊はこの段階に至っても満足されず、これから先は他に教えを受けるべき師はいない、自分自身の力で悟りを得ようと苦行され、その中で余りにも体を痛めつけては肉体の力を極端に衰えさせるだけで、むしろ肉体の力を善用しなければ人間苦の解決は出来ないと気が付かれ、やがて大悟正覚されたのはすでに御存知の通りです。

私とヨーガ行

私自身は昭和の初期にアダムス・ベック女史によってヨーガというものを知りましたが、本格的に修行を始めたのはタイから帰り、C院に入ってしばらくしてからのことです。何かの時に京都大覚寺の味岡良戒師に、日本でヨーガを勉ぶわけにはいかないだろうかと尋ねましたところ、それなら箱根で沖という人がやっているそうだと教えて下さいました。そこで、横浜に帰ってからいろいろ調べて連絡を取り、豊島公会堂でヨーガの実演があるからというので行ってみました。この時にインド人などヨーガの修行者達によるいろいろなポーズを見せてもらいましたが、座禅を組み瞑想に入るポーズは場所柄のためか残念ながら見せて頂くことは出来ませんでした。

私が最初にヨーガというものを体験したのは、次回の藤沢の遊行寺でのことです。これは、アーサナと呼ばれる体操のようなものです。私は中学生の頃体操をやっておりましたので、ヨーガの逆立ちなど初心者には難しいポーズも難なくこなすことが出来ました。しかし、これだと得心するようなものは別になかったものの終わってからは久し振りの運動であったせいか体が軽くなったようで、これは禅定に入るための準備的な体ほぐしの運動としてはよく出来ていると思いました。

これが昭和三十年頃のことで、箱根から東京に移った沖正弘さんの道場にしばらく通い、一時は寺の境内に建てた道場を貸したり、日本ヨガ協会に理事として関係するなど約十年間ヨーガとの付き合いが続きました。

その間私も一時的にヨーガでなければ日本の仏教は救われないとまで思い、ずいぶんと日本でのヨーガ発展のために心をくだきました。その第一がヨーガ道場の建設です。その当時私が書いたヨーガ修養道場建設趣意書を転記し、その時の意気込みの一端でも知ってもらえばと思います。

ヨーガ修養道場建設趣意書

近来、世の中がすっかり変ったという。殊に道徳問題、青少年問題がとりあげられ、将来の日本も憂慮に堪えない。政府は「人づくり」、「国づくり」を強調しているが、何か一本たりないところがあるのではなかろうか。真の教育ということも反省する必要があるかも知れない。世界に眼をむけてみても、今や破壊か建設かのせとぎわにあって、人類の運命が有史以来の一大転換期に直面していることがわかるだろう。本当の平和というものが実現出来ないものだろうか。科学の進歩は宇宙時代を現出しているが、世界の平和が守られなければ、「世界づくり」は勿論、「国づくり」、「人づくり」も出来得る筈がない。国連やユネスコ等々は、各国との親睦と人類の平和に寄与せんと運動を展開しているが、現代の最も致命的な盲点は、何といっても人間の霊性を忘却していることではなかろうか。いわば神仏の存在を否定している点である。また余りにも知識のみに偏向して、情操と実行を軽んずるところに起因するものがあると思われる。

天地の真理を正しく認識する、天の心を心とする物心一如の英知を身をもって実現するという意志と情熱により平和な世界を築かねばならないと思われる。これは個々の人間回復であり、人間改造を図り、自己の神仏に目覚めるヨーガ的修養に依るのが最も捷径であると痛感する。日本中の人が、世界中の人が、真剣にヨーガを体得したならば、世界の指導者の頭脳も冷静をとりもどし、大衆も判断力を回復し、恐らく世界の情勢も一変するものと信じているからである。

一体ヨーガとは何ぞや。それは古くインドに発祥した哲学であり、数千年の歴史を持ったものといわれるが、しかし、ヨーガの本質は神秘的世界との関わりにあるのであって、これはインドに限らず、日本にもまたどの国にもみられるものである。近来、ヨーガが各国に流行しはじめ、欧米、殊に、アメリカ、ソ連（現ロシア）において大いに研究されている模様であるが、ヨーガは精神集中の行法であり、最後の目的は人間の解脱ということであれば、方法としてはもっとも禅的であり、真言密教的阿字観等の内観法でもあり、すべての修行が精神統一と心の平和を目指しているということにおいては、あらゆる宗教も、ヨーガに帰しているというべきであろう。

我々は、ヨーガの最高の目的にまで到達するに至らなくとも、日々の行法により、徐々にも霊性が高まり、一歩一歩神仏に近づき、人間として、まずこの世に生まれて来た目的を達することが出来れば、幸福といわねばなるまい。

人間の心理的生理的側面から、さらに環境のバランスをとり、まず健康となり、自己自身の中を平和にしていくところからはじめて、自己の心さえ平和になれば、自分の周囲も平和になり、即ち本当の人類の平和をもたらすものでありましょう。幼稚園の園児には園児に対する特別な平均運動を。青少年にはエネルギーを発散さす適当な体操を。運動不足がちの壮、老年には、アーサナ（体位）と呼吸法を、夫々各人各様に適応する行法を研修し、あらゆる階層の人々が、日常生活の中にこのヨーガの行法を実践して、自己の中にある本来の力を呼び起こして、強く、正しく、楽しく、人生を送って行くべきでありましょう。

幸い、ヨーガにおける日本での導師は未だ少数ではありましょうが、道場にも定期的にお迎えも出来得るし、修養に関する講師をも招き、かつまたインド、チベット、アメリカその他各国のヨーギーの来日の機会をとらえて導師にお迎えすることも念願し、共々にヨーガの道に研修を重ねたいものである。

道場の建設意図は、一つにかかって個人の完成、先ず健康はいうに及ばず、更に人間の本性に目覚めて救世の一環ともなり、一家の平和、国の調和、大きくいえば世界の平和に寄与することであると確信してやまないものである。

今や、宗教人は心を一つにして宗派的我執を超越し、偏狭な行蔵でなくして、すなおに真理の探究とヨーガの精神ですべての調和を図り、人間生活の秘訣を会得して、幸福と平和の道に男女老幼を問わず大衆と共に進むべきだと思うものである。

どうか、同志並びに普く同憂有縁の方々におかれましても、何卒この趣旨に御賛同下さいまして、応分の御喜捨、御協力を賜わりますよう、伏してお願い申し上げる次第であります。

これは昭和三十七年に記した趣意書で、この修養道場の建坪は道場百二十坪（木造平屋）、付属建物七十三坪（木造平屋）という計画でした。もっとも私自身は、日本でのヨーガ修法の限界を知るにつれこの意欲は次なる段階へと進み、このヨーガ修養道場は、瑜伽・阿字観修養道場と名を変え、昭和四十六年の夏になってようやく全体が完成することになりました。

日本ヨガ協会

私のヨーガに打ち込んでいた情熱が次第に衰えていったのにはいくつかの原因があります。日本ヨガ協会は閑院宮様が中心となってやっているものであり、人間回復を打ち出したものとして私自身も共鳴し、昭和三十四年十一月に「ヨーガ行法哲学の研究、実践ならびにその普及を唱導して、わが国民生活の安寧福祉をはかり、精神的支柱として生活の進路に寄与し、外には広く世界の恒久平和、人類の福祉に貢献する」ことを目的に設立されたものです。

その目的は素晴しいものでしたが、残念ながらよいヨーガの実修指導者を得ることが出来なかったことが致命的な原因の一つでした。確かに、健康法としてヨーガを考えている人達には意義のあるものでしょう。しかし、私のように僧籍にあり、より高い禅定を求める者にとっては喰い足りないものであったのです。日本ヨガ協会ではまずヨーガの中でも初歩的なハタ・ヨーガを普及し、次にラージャ・ヨーガの導入をと考えたようでしたが、インドの導師達がわざわざ日本に出向くこともかないませんでしたし、たとえ日本から指導者になるべき人達が修行に行ったからといって、短時日でこれを修得することは不可能だからです。確かにヨーガは奥が深く幅が広いものであることは全くその通りであります。しかし、真の指導者なくしては到達し得ない道であることもまた事実なのです。それは昭和三十二年、国賓としてタイに参りました時にお会いしました皇族出の聖者ワットボロニウェイトの瞑想の深さに接した時に目を覚まされたと言ってよいでしょう。そこで、このヨーガの経験を基礎として、それから先は真言宗にある一字禅、阿字観で補おうと考えたのです。

ヨーガの奥の深さは東洋哲学物語にも記してあるヨーガ・スートラの内容でもはっきりとうかがえます。これは一節一節が簡潔で意味の深い格言で表わされておりますが、これは頭だけで理解出来るようなものではなく、実践を通じて体得すべきものであることがよく判ります。その中には自我、自性、真我といったものに触れておりますが、東洋哲学物語の中のイギリス人の作った詩がこの間の状況の一端をとらえております。大聖師の教えを受けるようになってからも、まったく同じことを示されました。
そこで参考までにこれを引用してみましょう。

もし君が君自身の自我をすっかりすてて
からの貝殻みたいになるなら、
そのときそれに神自らが入るだろう。
ところが君の中には君の自我がいっぱい入っている、
そしてずるい活動をするものだから、
神はきてみていう——「よしよし場所は充ちている、我が入る空間はない」

行中のヨーガ・ポーズ

大聖師の教えを受けるようになってから、正座観法の修行中にヨーガの所作のようなものが自然に出てくることを時々気付かせてもらいましたが、私と同じように曹洞宗の僧籍にありながら臨済宗に出掛け、更にヨーガを学び、そこから抜け出して現在大聖師の許で共に修行しておられる加賀山信道師の行中の体験を記してみましょう。

一、ヨーガ・ムドラー

私は行法中に吉祥坐の結跏趺坐をしている。この屈む体位といわれるヨーガ・ムドラーは両手を背後に回して右手で左の手首をつかむのだが、私の場合は合掌のままなので、正確に言えば少しポーズの始めが異なるが、この体位のもたらす効果は私には同じように思える。

すなわち、静かに息を出しながら、ゆっくりと上体を前に倒してゆき、頭から顔にかけて直接畳に触れる。ここで、息を止めたままでこの体位を数秒間保った後、息を吸いながら体を起こす。または上体を倒したこの体位のままで、しばらく呼吸を続ける。この後者のしばらく呼吸を続ける場合には、特に腰の部位に圧迫を覚えて苦しいが、別なる力によってさせられている感じがして、自力的にハタ・ヨーガのポーズとしてやる時とは異なった自然さを覚える。

しばしばこの体位をとらされる意味について自省すれば、私の吉祥坐の場合、永年降魔坐で座禅を組んだため右の膝の部位が少し浮き上がり気味で畳に完全に密着せず、重心の落ち具合が左右均等を欠くうらみが多分にあるのでこの是正のように思う。吉祥坐で体を前方に倒すと特に腰から右膝の方にかけて圧迫をおぼえるから、このポーズは腰から右膝の方向に沿って筋肉を柔らげる効界もあるように思える（ちなみに、このポーズの効果としては内臓下垂を正し、便秘を治す。心理的には謙虚な人格を作るという）。

二、クムバカの呼吸法

ヨーガのプラーナ・アーヤーマ（呼吸法）が、通常の呼吸と異なる点はいろいろあるが、息を吐いて吸うこの呼吸の間の保息（クムバカ）を意識的にやること、つまり息を止めるというテクニックを用いる点に最大の特長がある。これは神経組織の働きを盛んにし、心理的には精神集中を容易にするといわれる。

正座観法中の体験としては、初めにヨーガでいうウディヤーナ・バンナ（内臓引き上げの体位）の体位をした。このポーズは腹をしぼって吐き出せるだけ息を吐き、息を止めて肘を張り、肩をつぼめ膝に当てている両手に力を入れて横隔膜を上へ引き上げる体位であるが、私の場合は両手を膝に当てて力を入れるのではなく（本当はこの方が横隔膜を上へ引き上げるには意にかなっているのであるが）、腹の筋肉のみで息を吐きながら腹をしぼって横隔膜の下側が空洞にペッタンコになるようにへこませ、横隔膜を上へつり上げるのである。この内臓引き上げのポーズは息を吐いた状態であるが、この吐いたままの状態を保って息を吸わない。これも腹の筋肉が波打ってうねるような状態から自然にやらされたといって良いと思う。

次いで、息を吸って息を保つ（クムバカ）場合であるが、息を吐きたくともどうにも吐けなくて、本当にどうでもしてくれと自意識は困惑の状態にもかかわらず、息は確固として保たれて、心臓の鼓動、内臓の働きが機能的に強化されていることが、これまた鮮明に意識出来るのである。

三、音のする呼吸法

更に次には喉から肺への気息の通路が閉じられたような状態になって、したがって呼吸の際には気息が通路を押し開くようなむせび声のような摩擦音を発する呼吸法を行うのである。

これもヨーガにはウジャーイーという名で酸素の摂取をよくするテクニックであるが、正座観法中に体験する場合は、あくまでも他動的にやらされるのであって、ヨーガのテクニックとして自ら意図して行うのではない。

なお、上記の一連の動きの前には口をすぼめて長く細く強く音を立てながら息を吐き出す息吹きの呼吸があったことを思い出したので付記します。

また、私がヨーガのテクニックを知らないでこれらの体験をしたのではなく、知っていて体験したのであるが、ただそのテクニックは自分の意志により自発的に意図したものではなく、行中に別なる力によって自然の動きの中からさせられたものであることを明記しておきます。

この外にもヨーガの大聖者といわれるババジの呼吸法を行中に自然に学んだという他の弟子の話も聞いており、大聖師の教えの中にヨーガもすべて含まれているものであることに気がつきました。

神は光なのですか

ヨーガに触れたことは私にとって無駄ではなく、なによりもヨーガをやったからこそ大聖師の教えに触れることが出来たとも言えます。ヨーガをやることによって私は平田徹氏を知り、平田氏の手引きによって大元密教を知ることが出来たからです。それは、昭和四十年八月二十一日のことです。私はこの前後一週間位高野山に登っておりましたが、所用のほかに第一目的として、中井龍瑞大僧正を導師として開かれた八月二十日からの三日間の阿字観の講習会に参加していたのです。そのちょうど中日に私にとって高野山では一番縁の深い龍光院でヨーガの会合があったのです。私はヨーガの実修には参加出来ませんでしたが、大阪大学名誉教授佐保田鶴治博士の「ヨーガと心霊の研究」という話を午後三時から聞かせてもらい、その夜平田氏が、「東京の渋谷に常ならぬ聖者がおられる。貴方は常々本当のヨーガはインドに行ってでないと修得出来ないとなげいておられたが、私が知っているインドの行者よりはるかに高い方で、インドに行かなくともこの方の指導を受ければよい。私のみるところでは一段高いラヤ・ヨーガの様なものではないかと思う」と話してくれたのです。

その時はその話を聞きましても正直言ってあまり興味が湧きませんでした。それというのもヨーガはもう一つだということで、これを補うものは阿字観しかないという意気に燃えていたことと、ラヤ・ヨーガというような紹介が拒絶反応を起こしたのかもしれません。もっとも私ばかりでなくヨーガの仲間で意欲的な人達は、やはり私と同じような疑問にぶつかってきたようです。このような時に私はドイツの仏教研究家ヘルマン・ベック氏の、「一般にインドのヨーガ者たちはただ自己のために霊的発展に努力し、いわば利己主義によって外界から離れていたのであるが、仏陀はそういう態度とはまったく緑がなかった。仏陀の努力は、それとはまったく異なり、現実の人間愛にあふれていた。仏陀は、認識の本質上許される限り、この認識と認識にいたる方法とを、できるだけ広く人々に普及させようと欲した。こういう理由によって、仏陀の人格がインドの普通のヨーガ者よりもはるかに偉大なのである」という文章を思い出したのです。また次のようなこともありました。

昭和四十年に龍光院で話を伺った佐保田鶴治博士には、その後一、二度お会いしていろいろ教えを受けましたが、この方はインド神秘主義思想の権威であり、ヨーガなどにも詳しい方で何度かインドにも渡られていると聞いております。ところが偶然この方が昭和四十三年頃に大聖師に会われ、その時次のような会話がなされたことを後で師よりお聞きしました。佐保田博士が大聖師にインドの話をされたあとで突然、「神様というのは光だそうですね」といわれたので、大聖師は、「それは何処で聞かれました」

と問われたところ、「インドの有名なヨーガの行者が言っておりました」との答えに「ああ、そうですか」と大聖師は答えられたが、それでは質問の答えにならないと考えられ、「そこまで行っただけではまだ本物じゃない。光の世界を突き破って、もっとその先の世界に行かなければ神の世界には行かれないものですよ」と答えられたそうです。

釈尊がヨーガでは最高の悟りと言われる「非想非非想処」の三昧に飽き足らず、もう一つ先の世界に到達して大悟正覚されたのを考え合わせると、私にとっては非常に意味の深い会話に思えてなりません。かくして私は次なる修行法として阿字観を求めるようになったのです。

ヨーガから阿字観へ

私がタイ、ビルマ（現ミャンマー）に行っていた十四年間、小乗仏教の修行法は一つも変化しない太古から流れ続ける川のような感じでした。しかし、終戦後十年以上経って再び訪ねたタイ、ビルマでは、禅定を得るための修行をもっと積極的にやらねばならないという動きが感じられました。特にビルマは真剣で、大寺院のヨーガ修養は戦前には見られなかったことですが、座禅道場のような大きな建物も出来て、僧侶が熱心に修行していたのには驚きました。

タイでも、ワット・パクナムという寺が禅寺のようになっておりました。これに刺激されたわけでもありませんが、禅定を求めて私もヨーガを修すべく努力致しました。しかし、すでに記したように、指導者の点で限界があることに気付き、真言宗における禅、阿字観を究めることにしたのです。

私が海外に出ている間に宗会議員になってしまったのは前にも書いた通りでしたが、宗会議員になりたくなかった理由には、しゃべること、政治的なことが嫌いということの外に、高野山そのものに魅力を感じなかったこともその一つです。そこで、宗会議員になってしまった以上は高野山に魅力を持たせるような何かを微力ながら造り出そうと考えたのです。当時の管長中井龍瑞猊下に進言し、真言宗に欠けている禅的な修行を復活すべきだと阿字観の再認識を訴えたのです。早速管長はこの願いを聞いて下さり、阿字観道場のために一千万円を寄付されて、モデルケースの道場を金剛峯寺の庭に小さいながらも立派なものを建てられたのです。それに先立ち私も提唱者としてC院内に明倫学園講堂の古材を活用して道場をこしらえました。

そうして私自身も中井猊下にお願いし、高野山で昭和四十年八月二十日から三日間指導を仰ぎ、四十一年七月二十八日にはC院の道場開きにお出で頂き、その当日と翌日は高野山真言宗神奈川支所百力寺の僧侶、世話人二百人と共に御指導頂いたのです。その後、神奈川支所内だけでも阿字観ブームを起こそうと他の寺に指導に行ったり努力しましたが、指導する私自身正直のところどうもこれだというものがはっきり掴めない状態でした。

その当時は、各種パンフレットも作製し、教学部にも気張ってもらいましたが、なかなかブームを起こすまでには至りませんでした。しかし、今でも平塚の蓮光寺（中谷興瑞師）では毎月一日午前五時から阿字観を行い、最近では人数がぼちぼち増えているそうです。ここに、当時C院で作ったパンフレットを参考までに転載しましょう。

密教一字禅

天地《てんち》の誠《まこと》

阿字観《あじかん》は阿字を観ることである。阿字を観ることは人生の根本をみることである。人生の根本をみることは天地の誠をみることである。天地の誠は万物の根源であると同時に自己の本心である。

人の心の奥底には尊い仏《ほとけ》の種《たね》即ち仏性《ぶっしょう》が宿っている。仏性とは人間の本性に内在する天地の誠、仏教の専門語で言えば真如《しんにょ》そのものであって、阿字観は心の眼を開いて真如《しんにょ》の月をながめ自身の裡《うち》の仏性をみることである。

阿字観はただ阿字の一字を念ずることである。最も簡易で最も深い宗教的意味のこもれる一字禅である。その一字は梵語の字母の𑖀字であって、天地の誠を直指する一字の真言である。

山房の静けさ

阿字観は何時でも何処でもできるが、初心の行者は静かな処で夜間または早朝に行うのがよい。ことに山房の夜は静かである。初夜も静か、更けゆく夜半はいよいよ静かであり、まだ明けやらぬ後夜《ごや》もまた静かである。この静寂の中にあって独り静かに人生を思うとき、深い寂しさの底から言い知れぬ悦びが湧いてくる。何という静けさであろう。早暁の気は情塵を洗い心の水はおのずから澄んでくる。

床の一軸

阿字観の行者は天地の誠を本尊と崇《あが》め、これを描いた軸物を床の正面に懸けて置くのが古来のならわしである。それは円い月の中に白い八弁の蓮の花を描き、その上に金色の阿字を梵字で書いたものであって、阿字は天地の誠即ち本覚の仏性（真如または浄菩提心とも名付けるもの）をあらわし、月は仏性に具われる明るい智慧の徳を、蓮の花は浄い慈悲の徳を象徴したものである。

合掌礼拝

天地の誠を本尊とあがめて恭しく礼拝し奉る。

静坐調息

本尊さまの前に姿勢正しく静かに安らかにすわって、息を調え心をしずめる。

坐り方には平坐と半跏坐と結跏坐との三とおりあるがどちらでも差支えない。息のしかたは各自の自然の息に任せて不自然な無理な息をしないこと。心の持ち方は是非善悪の分別の心を放ち忘れて、すなおな心になりきること、取捨の念を捨てきることが肝要である。

阿字の息

一字入臓万病不生

出る息、入る息と共に、一息ごとに心に阿阿《ああ》と唱えてその唱える阿の声を余念なく念ずる。出る息、入る息がおのずから阿の声と一つにとけあって阿字の一念になりきる。その念ずる阿字は天地の誠である。三世生き通しのいのちである。我なきまことの我である。無我の大我である。宇宙の大生命である。おのが生命の根源である。

かくて、阿字を念じ、阿字を呼吸することによって、生命の本源に帰入し合一する。

阿蓮月《あれんがつ》を念ずる

阿字の子が蓮の臺《うてな》に法《のり》のふね

月のみやこにいまかへるなり

まんまるい清い明るい心の月の中に、白い清らかな八弁の蓮の花が開いており、その花のうてなの上に梵語の字母の阿字が金色に照り輝いている。本尊さまの心の阿字、蓮花、月輪とわが心の阿字、蓮花、月輪と衆生の心の阿字、蓮花、月輪、と一体不二である。

かように思念してから、鼻端に阿蓮月を観じ、次に眼を閉じて自身の胸中に阿蓮月を念じ、次にこれをだんだん大きくして十方に窮まりなき全宇宙に拡げる。そのとき本尊を忘れ自己を忘れて阿蓮月と一つになり、天地の誠と一つになって、絶対無碍の魂の古里に安住する。

最後に全宇宙に拡大した阿蓮月を次第に縮少して再び自己の胸中に収める。そのとき身も心も忘れて何事も考えないで暫く静座をして、それから徐ろに禅定の世界を出る。

阿字の子が阿字のふるさとたち出でて
　またたちかへる阿字のふるさと

讃《さん》頌《しょう》

心月輪《しんがちりん》の中に八葉《よう》の蓮《はす》あり。蓮華台《れんげだい》の上に一つの阿字あり。内外明浄《ないげんみょうじょう》にして紫磨金色《しまこんじき》なり。五智の光を放ちて九識の闇を破る。心より体に遍《あまね》くして無明跡《あと》を削《け》し、自より他に至るまで迷暗影を止む。光の出入《しゅつにゅう》に随い字は内外に通ず。外に出でては他を度し内に入りては自を度す。阿は是れ字母、能《よ》く多字を生ず。法は即ち仏種にして妙《たえ》に諸仏と成る。一々の種子法界に周遍《しゅうへん》し彼彼《ひひ》の諸仏虚空《こくう》に等同《とうどう》なり。各々本誓《ほんぜい》を以て光を放ちて説法し、同じく囊願《のうがん》を顧みて現神利生《げんしんりしょう》す。三身《じん》は唯だ阿字の一乗《じょう》を説き諸経は広く此の法の衆徳《しゅとく》を讃《さん》す。名を聞き耳に触るるも衆罪氷の如くに消え、声を唱う字を見れば万徳《まんどく》雲の如くに集まる。浅観但信《せんかんたんしん》も直に浄土に遊び、深惨円智《じんしゅえんち》は現に仏果を証す。

一見阿字《いっけんあじ》　五逆消滅《ごぎゃくしょうめつ》　真言得果《しんごんとくか》　即身成仏《そくしんじょうぶつ》

祈　願

願わくは
万物ことごとく遍照無碍の霊光に照らされ
万人もろともに金剛不壊の真生を楽しまん

起　座

恭しく本尊を礼拝して座を起つ

この一文は中井龍瑞大僧正が口述されたものをまとめたものです。

阿字観の世界

大元密教の教師に阿字観というのはどういう観法なのですかと尋ねられたので、一口で説明するのは難しいのでパンフレットを読んで下さいと、数日後にいくつかのパンフレットを渡しましたら、次に会った時に、どうもパンフレットの方は肝腎のところが抽象的過ぎて判り難かったのですが、正座観法行中にそれらしいものを示してもらいましたので判りました、とこともなげに言われたのでいささか驚きました。

その御当人である馬場英治氏をわずらわしたのが次の一文です。

昭和四十六年三月十一日のことである。午前十時、本部道場にて正座観法を頂く。正座し閉目し軽く合掌する。ここのところ体調もよく精神的にも安定しているせいか、すぐに無念無想の境地に入る。やがて、正座して目をつぶったまま体が自然に前に倒れると同時に足が交差し、そのままもとにもどって半跏坐になる。手は左の掌の上に右の手をのせ、両方の親指の端をやっと接するかどうかに支えた法界定印を結んで半時間程経った頃、印がほどけ左右の手が上に上がって智拳印を結ぶ。そのまましばらくその境地に浸っているうちに、智拳印を結んだ手がそのまま下に下がって畳に大日如来と一字一字大書する。書き終わって三拝するとまた法界定印にもどる。すると今度は阿字観のことが盛んに頭に浮かぶ。阿字観のパンフレットに書いてあったのは心の中に丸い月を画き、その中に蓮の台を思い、花の上に梵語の阿字を画き、これをだんだん大きくして十方にきわまりのない全世界にひろげるということである。そこで、こんなに阿字観のことが頭に浮かぶのはその境地を味わってみろということかも知れないと思い、盛んに心の中に月を画いてみようとするがなかなか出来ない。自分の気持の方はその間にもどんどん深く静かに澄んで行く。その時、突然腹の底からアーという低くて大きな声が飛び出してしばらく続く。そのうちに、自分の肉体は半跏坐で法界定印を組んでいるのだが、その中にある心がその肉体をバリバリと突き破るかのようにものすごい勢いで広がり、ついには肉体を粉々にして吹き飛ばしてしまったような状態になり、自分の心が光の粒子になってはるかはるか彼方の世界に飛んで行ってしまった。

その時の境地は言葉では表現出来ないほど雄大でしかも安らぎの中に浸りきったものであった。何十分あるいは一時間を過ぎただろうか時間的な観念がまったくない世界にしばらく住していた。やがて、光の粒子となって大宇宙に飛び散って行ったものが、自分の肉体に凝縮され、ふっと気がついた時には霊肉一体の自分に返っていた。両眼からは法悦の涙が流れ、心から大聖師に御礼申し上げたところで正座観法行は終わった。阿字観と思われる体験はこの時一回であったが、その後、私が頂いている正座観法行の内容が大きく変っていった。

ここで、大聖師の教えに触れた真言僧侶、中谷興瑞僧正の阿字観における変化について述べてみようと思います。中谷僧正は先に記した平塚の蓮光寺のお住職で、まだ正座観法行は二十回程度しか受けられていないと思いますが、自房で行う阿字観法において禅定に入る時間がだんだん長くまた深くなっていくということをお聞きしました。

私自身も阿字観を指導するようにと大聖師の御命令が出れば、これは裏付けを約束されたことだから、今となれば自信をもってやっていくことも出来るでしょう。しかし、大聖師にお会いするまでは、日本におけるヨーガの足りない分を阿字観で補うのだと張りきってみたものの、どうにも指導者としての自信がなく、途中で投げ出してしまいました。これまた真の導師がいないということが致命傷であったといえます。ことここに至って、平田徹氏からかねて聞いていた聖者に、とにかくお会いしてみたいという気にやっとなれたのです。

大聖師との出会い

平田氏には、昭和四十年八月二十一日以来、横浜や東京で一、二回会い、その度に「この聖者はヨーガの出ではなく、市井の人でもと実業家である。どうも真言密教に根源があるように思われる。弘法大師の御意図にそって本質が開現されているようだから、一つ真言密教の立場からも研究の余地があると思う。ついては会があるから案内状をあげましょう」ということになって、昭和四十一年六月二十二日、後楽園涵徳亭で開かれた「神秘を語る会」に出ることになったのです。この神秘を語る会は、大聖師の弟子達が師の教えを弘めるための会であったため、大聖師に直接お目に掛かることが出来ず、拝眉の機会は八月八日に持ち越されました。

平田氏に伴われて私は始めて渋谷区松涛にある大元密教本部の門をくぐりました。この日は、外郭団体である男子会の八月例会が開かれていたのです。会は六時半から「信仰と職業」というテーマで話し合いが始められました。門弟信者方が教主様と申し上げておられるその方は、今小田原におられるが今夜お帰りになり、都合で御出席下さるかも知れないとの司会者の言葉に、心ワクワク拝顔の叶えられることを心秘かに念願していたのです。

夜八時頃、白衣を召されたそのお方に、私は始めてお目に掛かったのです。どこか違うお方だなと感じましたが、威厳もさることながら非常に親しみを覚え、慈父にまみえる子供のような気持で甘えさせて頂きたいという気持が自然に起きて来ました。お年は私よりはるかに召しておられるようにも思えましたが、お話しになる態度、お声、お顔の色艶などから、美事な白髪であられたにもかかわらず、壮年をもしのぐ覇気を感じて身の引き締る思いがしたのでした。

信仰と職業

司会者から本日のテーマである「信仰と職業」についての話し合いの模様について報告があり、それについて次のようなおことばを頂きました（この文章は男子会幹事により記録され、昭和四十六年三月『聞道録』として出版されたものから転載させて頂きました）。

土台を築け、土台即現実生活
現実から遊離した信仰はあり得ない

正しい認識ということは、流動しているものである。これを見極めることが、信仰する人には必要である。信仰には、実践と理論があるが、理論では本当のものをつかむことは出来ない。実践することによって把握出来るようになる。

世間には、往々にして、風呂敷と中身を取り違えている場合がある。「社会生活と信仰」という場合、社会生活の中に信仰があるといった考え方では、視野が狭くなる。自分が大きくなれば、神も大きなものになる。

現象は出ないまでも、信仰をもつ人は、自然に変って行く。人間的にということは、計らいを捨てろということである。

職業によって、信仰と対立することはない。これは禅定によってつかめばよい。いかなる職業であっても、その仕事には、全力をもってぶつかるべきだ。善悪の問題はそれからでよい。

自己の職業に対して、嫌悪感をもつとか、引け目を感ずるということは、個性の問題で、社会全般の問題ではない。個人の気持の弱さがあれば、それを是正して行かなければならない。損得というものは、流動しているもので、一つの機構の中では、得する者があれば、他方では損する者もあるわけで、これらの個々の感情にとらわれるべきでない。これが信仰をもつことによって、太っ腹な人間が出来てくる。目先にとらわれず、視野を大きく持つべきだ。質屋の存在というものも、必要から生まれたもので、人目をはばかって、こそこそ出入りすべきでなく、堂々とはいるべきであるが、これが出来るかとなると問題だ。一般には偽った生活が多い。自然さが人間には必要である。人のため、世のためということは、決して難しいことではない。低い段階から進めてみればわかる。

人間として生まれた以上、すべての人間と同じ生活をすべきで、例外であってはならない。天変地異があっても、宗教人の在り方として、信仰を持っているから助かるだろう、などと考えることなく、真先に死んで行く位の気特を持つべきだ。

土台を築けというのも、土台即現実生活を指しているのであり、現実から遊離した信仰はあり得ない。宗教人は常に言行一致でなければならない。言は人のためになるものであり、行また人のためのものでなければ宗教人とはいえない。

苦しい時の神頼みといわれるように、苦しい時は一心に念ずるものだが、楽しい時には神を忘れ勝ちになるものである。これを楽しい時にこそ忘れることなく、感謝の念を捧げることによって、多くの神々をよらしめることが出来るというものである。

人は誰しも、これでいいのかということを考える時がある。いわゆる人生の曲り角というものです。そこでどのようにすべきか、まず社会性を考える。自分の利益を考えないで、社会のために役立てることを考えるべきだ。

具体的な指図は簡単であるが、それではリモコン式の人形と同じで、個性というものがなくなってしまう。七転八起が人生であるとするならば、自己の判断で、自己の道を切り開いて行くべきだ。また仕事に対し、あと五年とか十年とか、目標をたてることがあるが、むしろ、その日その日を大事にすることで、一日の仕事を終えて、寝に就く時、ああこれで一日の人生は終ったと。翌朝起きて、ああ生まれた、悔いのない一日を送って死んで行こうと、そういった充実した一日一日にすることだ。計画などは、仕事をやる前か、やった後ですべきもので、仕事中は一心にやることだ。煩悩はだれしも持っている。これを少しずつなくしていかなければならない。これを信仰によって求めるべきで、ここにおいて、職業と信仰の問題が生きてくる。

以上はお話の要約であり、師のおことばの息遣いの中から私が始めて味わった感激は、ここに記すべくもありません。ただたんたんとしてありふれた人生論風に話を進められる中から、別に経文の文句を引用されるでもなく、生活感覚にぴったりくる現代の言葉で、社会人にとっての信仰をじゅんじゅんとお説き下さいました。まさに法を説くとはこういうことなのだと、一層感銘を強くしたのです。これは大変失礼ないい草ですが、宗門のお説教の上手な僧侶方は単なる経文解説者に過ぎないことをいやという程知らされた気がして、私としても初心に立ち返り襟を正して拝聴したわけです。

実業家から宗教家へ

この後に、私を伴ってくれた平田氏が私をこの方に紹介して下さったのです。するとこの方は、「よくいらして下さった」と労いの言葉を掛けて下さり、また、それでは真言宗の僧籍の方もおられることだから、密教の神秘性に触れてみましょう。と、過去に偉大な方と言われた日蓮、法然、親鸞、イエス・

キリストのような方々が神秘世界でどのような立場にあるかを、いろいろお話し下さったのです。

また、高野山を訪れた時のこともお話し下さり、奥の院に行った時に、多くの諸神諸仏が参道に出迎え、また、救われていない諸霊が多勢救いを求めて来たと、世間話をされるようにサラッと言われるのです。いわゆる新興宗教の教祖様であれば、神秘世界の極く一端を覗かせて頂いても鳴り物入りで騒ぎたてるのに、この方の話し振りを拝見するにつけ、頭に疑いをいだくよりも先に、自分の体というか心がなるほどこの方の言われることは間違いないと受け止め、神秘世界のすべてに通じておられる方だとの感を強くしました。

また、高野山では清浄心院に泊られ、金剛峯寺にも足を運ばれ、豊臣秀次切腹の間においては、秀次が切腹した場所に座って、成仏出来ないでいる秀次の霊にこんこんと諭して聞かせられたとのことでした。

その他、真言宗の事相教相にあまねく通じて、名実共に最後の阿闍梨といわれた高野山真言宗管長の金山穆韶大僧正が、戦後この方の許を訪れ、政治、経済など世の中の動きについて一週間毎日教えを請いに通われた話なども印象深かったことの一つです。

この方は敗戦までは実業家として活躍されておられましたが、敗戦を契機としてこの荒廃した国土を如何にして建て直すかと心を砕かれ、まず、正しい政治を行わねばと考えられて、働く者の政党造りを考えられたのです。戦後の食料が不自由な時に食事と会合場所を用意され、同じ志を持つ者を集めて大いに語られたということです。その人達が現在の社会党、民主社会党の幹部となっていますが、この方が政治家として活躍されておられれば、現在の革新政党はもっと違った形となっていたでしょう。

既に亡くなられた秋山定輔老とこの方がいろいろ話をされるうちに、話が宗教のこととなり、自分が余りにも宗教に無関心であったこと、過去の偉大な人物といわれる方々はすべて大自然につながる宗教的なものに裏付けられた大思想を持っていたことに気付かれ、政党造りよりも、己れを造り上げることに気持が変っていかれたのです。また、過ぎし波瀾多き半生を振り返られて、より自分の無明を正しく修めるべく神戸の山寺に入られ、やがて因縁のもよおすところ昭和二十七年十月十五日成道されたのです。この山寺に籠られる前後から僧侶との付き合いが始まり、それも真言宗の僧侶との付き合いが多く、この成道の日には不思議な御縁で神戸布引山瀧勝寺の住職東山諦恵師（私の最初の師僧岡田諦雅師の弟子）が同席されることとなったのです。

最後に、現代僧侶の堕落振りは憂うべきものがあるが、私は何とかこの惰眠を貪っている僧侶の方々に目を覚まして頂きたいと思っていると言われ、私に将来貴方にも出来るだけ相談に乗ってあげようとのことばを下さったのです。この日の会合は十時頃に終わり、私はこの偉大な方から出される神気というか霊気というか、その雰囲気に酔ったような気持のまま寺に帰りました。「また男子会の時には出席して、儂に会う機会を出来るだけ造りなさい」と有難いおことばも掛けて頂きました。

初めての正座観法行

昭和四十一年十月七日、夜六時より私は始めて大聖師（行を頂いた私にはこのようにしか呼びようがなくなってしまいました）の前で正座観法行を頂いたのです。正座観法行は正座し、金剛合掌印（両手を胸の前で軽く合わせる印）を結び、閉目することで始まりました。真言宗の行法と違い、口に真言を唱えることも、意中にその行法の本尊を憶い画くことも必要ではありません。そこで最初は頭の中に雑念ばかり浮かび、また、周りの人達の動きや、梵語や他の国の言葉で唱える経文や歌（これは本人の意志に係わりなく別なる力によって言わされている行中の現象です）に気を取られてしまいましたが、何時しか気持が実に静かになり、心が拡がって行くような気分を味わい、一時間も座ったかなと思われる頃に「上代常信よろしい」という大聖師のお声が掛ったのです。道場を下がって控室にもどり時計を見たところ三時間半経っていたのには驚きました。行が終わって、私を導いてくれた平田氏と道々帰りながら、「私は本物であると思う。すごい方だ」というような言葉を何時しか真剣に語っていたようでした。

神秘を語る会の不思議

大聖師にお目に掛かり、その後、正座観法行をつけて頂き、その行法が素晴しいものだと判りながらもひと月に一回か二回、時とするとひと月位抜けてしまう有様でした。それもたまには正座観法行に手引きしてくれた平田氏から電話が掛ってようやく腰を上げるといった有様です。どうやらこの方が自分の師事すべきお方らしいと判り、また正座観法行の行法も、その中味を少しずつ味わわせて頂きながらも、寺持ち坊主の悲しさで思うように修行に打ち込めず、だらだらとした道場通いのうちに初行を頂いてからほぼ一年経ってしまいました。その間、平田氏が正座観法行との縁を切らしてはならないという配慮からか、C院で神秘を語る会を催すようはからってくれたりしました。その中で特に印象に残ったのは次の二回の会合でのことです。

その一回はまだ夏の暑い時のことでした。自分の修行はともかく、この素晴しい教えを一人でも多くの人に知らせようと、檀家など百人位の人に出欠の返事付きの案内状を発送致しましたところ、集まったのは三十名位だったでしょうか。その時には講師として永井円空氏、若狭恵真さんに来て頂いて、会に先立ち本堂で永井氏により出席者一同に三十分間の祈願行（正座観法行の前提としての修行法で霊性開発、罪障消滅、所願成就を願うもの）をして頂きました。その後で神秘を語る会に入ったのですが、阿弥陀如来を信仰し宗教活動をしている人が大変な意気込みでこの教えを批判するところから始まりました。それに対し、私が反論しようかと思いましたが、若狭さんが受けて話をして下さいましたので、若狭さんにその時のことをふり返って頂きましょう。

あの時はいつもの神秘を語る会と違いまして、大聖師が永井先生に「今度は横浜に行って行をつけてやれ。その時儂が一緒してやろう」というお詞を頂いての会でした。ですから、会に先立ち永井先生が白衣、袴を付けて三十分間の祈願行をつけて下さったのです。師が、儂が一緒してやろうと仰せになられたのは勿論肉体の師ではなく別なる存在を示してやろうということです。

祈願行が始まって十分位した時のことです。私は出席者の一番後ろに座って行に入ったのですが、目が自然に開きますと、前に座っておられる永井先生の体が光り輝き、顔が実にこうごうしく仏様のような姿なのです。私は大聖師と一体となられた姿はこんなに素晴しいものかと感嘆すると共に心から礼拝致しました。

それからもう一度行に入りましたら、C院のすすけた本堂が金色に輝いて見え出したのです。仏像の飾りから何から何まで煌々と光り輝いていたのです。その光り輝く下にちょこんと座っておられる上代先生の姿を拝したのですが、その時、神の声（大聖師の声）が、「今、この者は、まだ未熟だが、儂の前に座って修行することによって、やがてはこのように光り輝くようになるのだ」と告げられたのです。上代先生は大聖師につかれ、修行を積んで素晴しい境地を身に付けられる方だなと行中に思いました。そうするうちに三十分が経ち祈願行が終わりました。

引き続き神秘を語る会になりました。すると、阿弥陀如来を信仰し宗教活動をしている人の大元密教に対する攻撃から話が始まりました。この人は祈願行が終わった頃みえて会が始まったところで早速攻撃し出したのです。それは大聖師が例祭の直会の席で、「阿弥陀如来を信じている浄土門の祖師方もいまだ救われずして儂の前に来て修行している」といわれたことは仏教破壊だというのです。それはすごい語調で、顔面蒼白、額に青筋を立てたその姿は殺気があふれるようでした。しばらく経ってもその人の気持はなかなかおちつかないようでした。確かに世に名を残した一宗の開祖方が救われていないと言われれば、その宗旨を信ずる者にとってはこれ以上の侮辱はないことでしょう。神秘世界が判らない人にとっては当然の怒りと言えます。

そこで、私がその人に尋ねました。私は開祖のような立派な方が救われていないということは行中で見せられてはおりませんが、修行させて頂いておりますと大聖師のお詞がすべてその通りであると確信を持って言い切ることが出来ますと話をした後で、その人に、「貴方は阿弥陀如来を御覧になったことがありますか」と聞きましたところ、「ハイ、知っております。私は極楽の世界も知っております」と、今更何を言うのだ、自分は何でも知っているんだと言わんばかりの様子でした。そこで、「ああそうですか、私は修行が未熟な者で御座いますけれども、大聖師の前で正座観法を受けさせて頂いておりますうちに、阿弥陀如来も見せて頂きましたし、極楽の世界も見せて頂きました。そのような私の心境からしまして、阿弥陀如来を知り極楽の世界を知っておられると仰せになられる貴方が、何故私達未熟な者の前にそのような憤りや暴言を吐かれるのでしょう。これが貴方の真の姿だとしたら、貴方が体験された極楽の世界は私には信じられません。貴方が本当に極楽世界を知り、自分のものとされておられるのでしたら、私達は貴方を拝むでしょう」と申しますと、その人の態度がガラッと変ったのです。

するとその人は、「それでは、上代さんは大聖師の前で修行されて三昧にお入りになるんであったら、どのような心境になるんですか」と聞かれたのです。そこで、私は行中の現象を一つお話しました。

私が行に入り大聖師のみ光りに触れましてしばらくしますと大自然の中にたった一人置かれ、大自然と一体となった喜びの中に浸り切っておりました。そこで私は大空に向かって精一杯の大声をあげたのです。するとどこからとなく自然の中から素晴しい音楽が聞こえて来たのです。辺りには大きな木や雑木林があり、足許には野の草花が咲きほこり、底がすけて見えるようなきれいな川が流れているのです。その景色が実に素晴しく、何ともいえない気持で声を張り上げましたら、その雑木林や大木に皆顔が現われて来たのです。また川の流れがリズムになって、お目出度う、お目度とうと言ってくれるのです。この様に素晴しい世界を私は味わわせて頂きました。

この話をしますと、この方は学者ですから、「ああ上代さんその話は大無量寿経、観無量寿経、阿弥陀経という浄土三部の経典の中に詳しく書いてありますよ。昔にもそれを感得した人があるのですね。素晴しいことです。それでは上代様はもう大聖師の前に座る必要はないですな」と言われたのです。

私はそこで、「貴方はそのようなことをかるがるしく仰せになりますけれども、一日のうち大聖師の前に三時間座って修行させて頂く、そのうち二時間なり、一時間なり短い時間だけその境地に入ったとしても日常生活すべてにその境地が身につくというところまではなかなかまいりません。そのようになりましたら大聖師の前に座らせて頂く必要はないかも判りませんが、それは到底不可能なことです。ですから私は生涯師の前に座り続けながら人様に大聖師のみ教えをお伝えして行きたいと思っております。それが弟子としての道ですから」と言ったのです。

するとまるっきり態度が変わって、私は宗教家として日本中を説法して歩いておりますが、一度その方をお訪ねしてみたいものです、ということで話が終わりました。その他にもいろいろと話が出て一時間半位で神秘を語る会が終わったのです。

宗教人としての目覚め

もう一度は、阿字観の道場として建てた建物を、私自身が阿字観を指導する自信がなくなったために他に転用していたのですが、それを使用しているグループの一つに少林寺拳法の人達がおりました。このグループの指導者が正座観法行に大変惹かれ、私が指導している若者達に是非行をつけて欲しいということで、大元密教から二人の教師が来られ、辞退する私をこの二人の教師の間にはさんで、一同に行をつけた時でした。若くて純粋な人達が多いせいか、全体の三分の一程の人達がこの第一回の行から霊性開発され、それぞれに霊動が起きたのです。お辞儀をする者、柏手をする者、手を動かす者、喜びのあまり泣き出す者、そうして、これ等の若者すべてが顔に実に美しい笑みを浮かべ、動きのない者でも浄められて行く有様がありありと感じられました。ヨーガ、阿字観と比べ如何にも自然で喜びにあふれたものでした。この二度の神秘を語る会の体験を通じて、私自身がまず修行をしなくてはと思うようになりました。

それまでの私の正座観法行にかける修行態度は、行き当たりばったりというか、何か徹底したものがなく、行の内容が連続しているのだと聞かされても、ひと月に一、二回では、それが繋がっているものやらいないものやらさっぱり判りませんでした。それに、本部道場の門を一度くぐると、三時間半から四時間の間、ヘビー・スモーカーの私がタバコを吸えないのですから、道場から出たとたんにタバコを吸ってしまい、行中にせっかくよいものを頂いたにしてもそこで割り引きされ、その上手引きしてくれた平田氏と帰りに必ず一杯やるという状態でしたから、寺に帰りつくまでにほとんど落としてしまうのではないかといったありさまでした。

そこで、昭和四十二年十一月一日から二十一日間道場の近くに寝泊りし、断食でもしながら行を受けたいと思い、願い出ましたところ心よく引き受けて下さいました。しかし、私の方の都合で一日の予定が三日になってしまい、お許しが出ないのではないかと思いましたが、特に大聖師から断食する必要はない、こちらでせいぜい御馳走してやろうという有難いお詞を頂き、二十一日間の修行をさせて頂いたのです。寺の方には、交通事故にあって入院したと思って何事があっても電話も掛けるなとまできつく申しつけて出て来ました。

最初に正座観法行に座らせて頂いたのは十一月三日（金）午後六時から九時半までです。初めの日は額の上を誰かに指で軽くさわられたような感じを受けました。行の時間以外は本部に詰めている各教師方の話を聞いたり、教団本部で出版されている『元密』や『正観』を読んだり、あるいは大聖師から教師に賜わったお詞を写させてもらうなど、いろいろ学ばせて頂きました。これらのことは私にとって真の密教の世界を求めて国内留学しているようなもので、見るもの聞くものすべてが新鮮で生き生きしており、現代人の日常生活とその生き方に対する多くの示唆を含み、大学で学んだ時よりはるかに真剣に勉強させてもらいました。

翌四日は午後六時から教師会があり、大聖師が出席されて、

「真言宗の僧籍にある上代《かみしろ》常信さんが昨日から二十一日間の修行に来られた。弘法大師の教えと儂の教えとは最も深い法縁を有するものであるが、現実面ではかけ離れている面が多い。上代さんがこの両者の懸け橋をしてくれたら何らかの形で真言宗にプラスすると思う」

と私の紹介を兼ねておことばを掛けて下さいました。さらにことばを続けられ、

「私は僧籍にある人には、心から敬意を表しているが、余りにも至らぬ僧侶方が多いので涙をのんで悪口を叩いている。仏教伝来以来、僧侶方は仏教的な実践をしていない、のみならず、終戦後は特に生活に追われ、他に職を持ちながらお経だけをあげている者が多い。こんな者は僧侶を辞めてしまったらよい。真言宗と大元密教で共通したものとして、即身成仏ということがあるが、即身成仏とは、その身そのままの姿で仏になるということである。千二百年前に弘法大師が説かれたこの思想を、私はすべての人に体験させようとしている。すなわち弘法大師の言われたことを裏付けしようとしているのだ。

仏には釈迦如来、阿弥陀如来、薬師如来等沢山おられるが、これらの仏は大自然の何かを体得して仏になられたのである。では、その何かとは何か。行中に印を結び微動だにしない時のあの境地、この時は人間的欲望もなく、ただ大いなるものに抱かれた安心感、いやそれすらもなくなった境地を行がすん

でも持続出来たとすれば、これを仏体ということが出来るし、即身成仏体ともいえる」とお話し下さったのです。

教師会にはこの日始めて参加させて頂いたが、これも二十一日間の修行をさせて頂いたために得た喜びの一つでした。この時に賜わったおことばを嚙みしめれば嚙みしめるほど味わい深いもので、大聖師にして始めて言えることばであると感じました。

さて、再び正座観法行のことに話をもどすとしましょう。額の上を指で軽くさわられたのを始めとして、二十一日間を通じて、日によっては肩を、頭を、あるいは耳をまたは足をなでられたりしました。他の多くの人達と共に行を受けた時には、誰か隣りの人の手が触ったのではないかと思っていましたが、大聖師が私独りに行をつけて下さる単独行の時にもそのようなことが起こりますので、隣りの人ではなさそうだと気付いたのです。それにしても不思議だなあと思っておりました時に、大聖師が私に、

「儂の手は都合によっては何処までも伸びるんだよ」

とふいにことばを掛けられ、自分の胸の中に思っていたことをすべて見透かされた思いでハッとしました。それと同時に、これは大聖師によって浄めて頂いているのではないかと感じたのです。

十二日になって頭上に何かポンと置かれたように感じました。合掌のまま手を伸ばしたり、また手が左右に拡がって行ったりして、それと同時に心もひろびろと限りなく拡がってかつてない境地に入れさせて頂きました。

十三日には四時間位座りました。心が澄み切ってくると、自分の意志とは関わりなしに手が動き出し、大日如来智拳印を結びながら、人間感情を超えた不思議に透明な世界へといざなわれて行くのでした。

この間、約三十分位でしたでしょうか。あるいはもっと長かったかも知れません。正直言ってこのまま何時間でも座っていたいという気持でした。これは私の一生の思い出となるものでした。

その後も智拳印は最後の日まで続き、その境地に入る時間が段々と長くなったように思います。二十一日間の修行はかくして終わりましたが、第三章にも触れたように、一週間位して気がついたことですが、四十年間吸い続けて来たタバコが修行を開始したその日からピタッと止まってしまい、そのまま今日に至るまでタバコを吸わなくなったこと、毎晩少量ではあるが飲んでいた酒が特別欲しくなくなったこと、食生活も動物性食品が食べたくなくなるなど数々の変化が起きてまいりました。

私が止めようと特に思ったわけでもないのに自然に悪い習慣がなくなって、何の執着もないということは、明らかに行を頂いたお蔭であると感謝致しております。禁煙、節酒、食生活改善と修行者本来の姿に立ち帰りつつあり、身心共に清浄になりつつあることを身をもって感じさせて頂きました。これはすべて、神仏の加護のしからしめるものであると共に、目に見えない力をお示し下さる偉大なる聖者にお遇い出来たお蔭といえましょう。

今になってみれば何十年か前にお会いしておればと思う気持もありますが、今からでも遅くない、この法悦を胸一杯抱いて忘れることなく、出家者として、宗教人としてその本分を全うし、己が使命の達成に直進することだと堅く決心しました。そうしてこの大聖師の偉大なる御力の一端を我が力として頂いて僧侶本来の道を貫き、自ら悟り自ら行い、更に多くの同志に呼びかけ、日本の仏教は生まれ変わるべきであるという敗戦の日の決意実現に一身を挺して行くことを心に強く誓ったのです。

真夜中の一人行

この二十一日間の行を頂き、新たなる決意に燃えたもののしばらくは寺務などに追われて、修行も思うにまかせないありさまでしたが、この日を境として私の身辺が徐々に整い、最近では出来る限り、よんどころない場合以外は寺の仕事は人に頼んでも行を受けるようになって来ました。

もっともこのように変化したのは二十一日間の修行のためばかりではありません。二十一日間の修行が終わり、しばらくすると夜中に別なる力によって起こされ行をするという、いわゆる深夜行をさせられたからです。正座観法行の場合は原則として一人で行をやることを許されておりませんが、この深夜行は否応なしでした。自分で起きるというのではなくして起こされるというのが、その時の模様を伝えるのに最も的確な表現です。どんなに遅く、たとえば十二時過ぎに寝ても必ず目を覚まさせられ、時計を見ると必ず二時なのです。そのまま眠ろうと思っても頭がさえて眠れませんので、しかたなしに手を合わせて一時間位座ります。一時間程座りますとまた眠れるようになるのです。

このようなことが何日も続きました。私はこの深夜行がどのようなものか何も考えずに、毎日では体がもたないとばかり、二時過ぎまで起きていてそれから寝ましても朝五時頃にもう一度起こされるのです。朝方行をすることが何日間続いたでしょうか、そのうちに深夜行も終わりました。後で教師方に聞いてみましたところ、こちらから時間のことは何も言わないうちに、「それは二時でしょう。深夜行は非常に深い意義のあるもので人によって違いはあるようですが、二十一日間とかそれぞれ決まっているようです。この二時という時間は大聖師が神々と語られる時間なのですよ」と教えて下さいました。

この深夜行がなくなってから何年か経って、やはり夜中に大聖師がその弟子達に〝諭し〟として与えられた教師訓を覚えさせられたものです。私は本部道場に参り控室に掲げられた教師訓を見て一番最初に感じたことは、これは立派なものだということです。この十ヵ条は我々真言宗の僧侶にもってこいだと思ったのです。このような素晴しいものを誰が作られたのだろうと思っただけで、平素でしたらすぐメモしますのに自分では覚えようとも手帳に控えようともしなかったのです。

長男・次男・三男・夫よ早く大人になってくれ‼（震え声）二十一日間の修行中に覚えておけばよかったものを、夜中に起こされてこれを覚えるべく特訓を受けたのですから皮肉なものです。一、教師は、天地宇宙一切の根源に位し、とか何回も唱えながら途中でつまる、それを繰り返し覚えるまでやらされるのです。今夜は九条と十条だとか、今度は十条から逆に言ってみろとか、次は、飛び飛びに言わされたり、自由自在に言えるまで続けられました。とにかく、覚えなくては実践出来ないのでこのように示されたのでしょう。この教師訓は、多くの僧侶方にも参考になると思いますのでここに記載しましょう。

教師訓

一、教師は、天地宇宙一切の根源に位し、教祖神にまします大元太宗大神に、絶対帰依し奉ること。
二、教師は、教祖神の応身として、立教宣布し給う教主に、至誠をつくし奉ること。
三、教師は、根本神の分身として、教導守護し給う諸神諸仏を崇敬し奉ること。
四、教師は、御教えの奥義の一端を悟得したるものなれば、神格具備の身なる自覚をもって行動すること。

五、教師は、教主の立教開顕し給える御教えを宣布するに当り、上求菩提、下化衆生の精神をもって衆生を度すること。

六、教師は、三毒五慾を断ち、布施心をもってわが身上とし、衆生の苦をわが苦とすること。

七、教師は、自我を通すことなく、衆生と和し、偏することなく、その声を聞き、己が楽しみを世に頒つこと。

八、教師は、規律正しき生活を営み、服装を整え、言行を慎み、徳をもって弘法の任に当ること。

九、教師は、人格を磨き、人徳を備え、使命達成のため進んで難におもむき、世の師表たるべきこと。

十、教師は、神意に基く立場にあることを自覚し、御教えの宣布済度に自信をもって当ること。

以上

我神と共にあり

真言宗で言う「同行二人」の実感を大聖師の教えを受けるようになって始めて自分のものとしたのです。このように深夜に目に見えない力によって起こされ、修行するということが続くということになると、常に自分以外の存在と共にあることが否定しようにも否定出来ません。深夜行は私が高野山に行って泊ればそこでも起きるので、自坊だけあるいは教団本部の道場だけのものでなく、時間空間を越えた密教の世界にして始めて可能な出来事であることが判ります。この同行二人については次の祈りの詞の中によりはっきりと示されております。

祈りの詞

我　神と共にあり
神　我を護り給う
我　人にして人の子なり
人の子にして人の親なり
人の親にして神の子なり
神の子なる故神とならん
清く　気高く　浄らかに
正しく　真直ぐ進みなば
神の御許に到るべし
帰命頂礼大元太宗大神

我神と共にあり、神我を護り給う、これぞまさしく、同行二人ということが出来るでしょう。真言宗の場合には「同行二人」は言葉のわりに影のうすいものになりかかっていますが、この「我神と共にあり」

は現実の姿であり、信ずる者にとっては実感なのです。また、人間は神の子であるゆえ神となるべく努力しなくてはならないとはっきり示されております。これほどはっきり人間とは何かを規定し、その目標を与えた言葉は有史以来始めてだと言っても過言ではありません。

かつて釈尊も人間は比丘、比丘尼、優婆塞、優婆夷を問わず、誰でも仏陀になれるし、仏陀になるべく励まねばならないと説かれました。しかし、長い年月の間にこれが忘れられ、今やまた再び「神の子なる故神とならん」というお示しを頂いたことは、我々眠っている僧侶を目覚ますための鉄槌であると同時に、人間の行くべき道をはっきり示されたものとして実に意義深いものと言えます。

私自身、以前は朝晩きちんと鐘をたたいて理趣経などをあげていましたが、最近ではその時間を本尊の前で行の時のように静かに正座して過ごさせてもらっております。役僧さんなどにしてみれば、本堂からチーンと鐘の音が聞こえてくれば住職さんやっとるわいということになるが、瞑想三昧に耽ったのでは本堂にいるのかいないのか張り合いのないことでしょう。しかし、意味のよく判らないお経をあげるより、この方がどれ程自分のためになるか判りません。朝は同行二人の精神で正しく今日一日を生きることを誓い、夜は今日一日神仏と共にある者として恥ずかしくない自分であったか否かを反省する。これによって如何に充実した一日が送れるかを判らせて頂きました。

生臭坊主、糞坊主

二十一日間の修行を始めとする大聖師の許での修行は、私を大きく変えてしまいました。このことは私のＣ院入りのきっかけを作って下さり、仲人をやって下さった上田天瑞大僧正も認めて下さっております。私は酒を飲まない家系だということで僧侶になったのに、結婚して何年か経つうちに毎晩飲むようになりました。しかも外で飲むものですからあれをなんとかしてくれなければと僧正には大分言われたものですが、今はお金をやるから行ってこいと言われても行きませんよと申しますと、不思議だなあと言っておられました。タバコにしても、大聖師の教えに接することがなければ絶対に止められなかったと思います。私のようなヘビイ・スモーカーが人間の意志だけで止めるなどということは絶対に出来ないことだからです。

高野山の人達も以前の私をさしてタバコの吸い過ぎであんなに顔が黒いのだとまで蔭口をたたいていたほどですから、並みのタバコの吸い方ではなかったことがこれでもお判りでしょう。ところが、タバコを止め、酒を節し、正しい食生活をしている今では、色も白く健康色となり、つやつやして、以前よりかえって若返ったようだとよく言われるまでになったのです。ですから最近ではコップ一杯のビールを飲んだだけで真赤になってしまう有様です。こうなりますと、私の体の細胞の一つ一つまでがきれいになったとしか言いようがありません。大聖師の教えについては判らないまでも、私を知っている人は私自身が多少変ったことは認めざるを得ないようです。

各会の役員、委員など外部の仕事をいろいろやるようになりますと、東京に出る機会が多くなり、その会合が終わった後は銀座等で食事、それも酒を伴った席に出ることが多くなりました。殊に、各委員会、役員会では私だけが僧侶であり、他の人達はいずれも会社の会長、社長あるいは重役という立場の人達ですので、お坊さんは心配しないで飲んで下さいとばかりあちこち引き廻わされ、銀座の一流の店ではいささか顔になってしまいました。

私自身、酒はあまり飲める方ではありませんが、その雰囲気は嫌いな方ではなかったものですから、いろいろと金を工面してまでも通ったものです。それに、社長さん方とのお付き合いは別としても親しい知人と楽しく飲み、くだらぬおしゃべりをするのは実に愉快なことでした。それに頭を丸めている役得からか、どこに行っても早く名前を覚えられるのと、信用されるのかママさん方の相談相手になることが多かったのです。このように金を工面しても飲みに行ったものですが、大聖師の前で修行をするようになってからは、百万円を積まれても昔の様なことはしたくないと思うようになってしまいました。

もっとも、このような付き合いの中からも、私自身いろいろと学ばせてもらった積りです。私はその頃観世流の謡を習い始めていました。謡は読経の発声練習にもなるということで、僧侶の中には習っている人も多く、私も一年位やってみたものの費用と時間が掛かるので止めてしまったのです。しかし、その頃に宮城千賀子さんを紹介されました。

私の先輩のダイニチ映配の松山英夫社長が「映画界、芸能界を通じてこれほど心のきれいな人はいない」というように、付き合ってみるとなかなか素晴しい人でした。そこで本人は勿論のこと、その家族ばかりかそのグループの清川虹子、丹下きよ子、水の江瀧子さんらとも心易くなりました。しかし、この人達と付き合う時には「生臭坊主、糞坊主、エロ坊主、プレイボーイ」と呪文のように唱えないと仲間に入れてくれません。声が小さいと、もっと大きくなどといってはキャーキャーはやし立てられるのには往生しました。しかし、こんな言葉を唱えさせるのと裏腹に、私に対して多少は尊敬の念を持ってくれたのか家族の問題などもよく相談を持ち込んで来たものです。この人達は皆テレビなどで忙しかったので四人が全部揃うことがなかなかなく、時間がずれてではあったが二人、三人と集まっては楽しく騒ぎました。

私が権大僧正になったお祝いの時なども、横浜までわざわざ馳けつけて来てくれ随分と手伝ってくれました。四人のうちの誰かの誕生日などには必ず呼んでくれるといった付き合いを何年か致しました。これなどは、生臭坊主時代の素晴しい思い出の一つです。

管長選挙と私の願い

権大僧正の申請は、C院がかつて三十六ヵ寺の親寺でもあり、準別格本山の住職でもあるということで、私自身は辞退したにもかかわらず薦める人があって具申されてしまいました。私は十四年間日本を離れ、その後も総理大臣官房に勤めたことから空白期間が長く、権大僧正を受ける資格はなかったのですが、本山の仕事を次々と歴任した関係からか特例ということで許可されたのでしょう。昔の私でしたらこのような位を受ける気持もありませんし、引き受けなかったでしょうが、大聖師の教えを受けることによって私なりに最善をつくせば必ずや神仏の加護があるのだという自信が湧いて来たのです。

この大聖師の裏付けを特に強く感じたのは、前回の管長選挙の時のことです。私がまだ宗会議員であった時に、前管長が管長になられて一年位で肺ガンか何かで急に御遷化されました。この方は管長になる時に全国各地を訪ねて皆に頼んで廻り、随分無理をしてなられたようでした。随分とお土産をはずんだのではないかなどという話まで出た位でしたから、そのまま今回も同じようなことをやったのでは泥試合になってしまうからと、宗会の懇談会で今度の管長をどうするか話し合おうということになったのです。

その席で、私はあまりふだんは発言したことがなかったのですが、その時はまず真先に発言を求め、宗会が全員一致で一人の候補者を推薦し、全国の有権者に信任投票のような形でやってもらえばよい。そうしてその人は堀田大僧正をおいて外にいないと強く言い切ったのです。それは自分が言ったというより別な力によって言わされたといった方が正しいかも知れません。その時は堀田大僧正を管長にしなければ私は真言宗を辞めてもよいという気持でしたし、事実、矢でも鉄砲でも持ってこいという心境でした。この時は私の体に何か乗り移っているようでもありました。

私が冒頭にそのような爆弾発言をしたものですからこの会では結論が出ず、とにかく候補者のその後の成行きをみることになりました。後であそこで名前を出すべきではなかったとか、上代は誰に堀田大僧正のことを聞き、誰に頼まれたのだろうなどと随分いろいろと言われました。実際のところ私は誰に頼まれたのでもなく、また堀田大僧正とは直接お会いする機会もなかったのでよくは存じ上げてはおりませんでしたが、お山の人達の評判などからも人格者であること、また名誉欲のない高潔な人であるということが想像出来たので、この人でないと選挙がみにくい争いになると、ただヒラメイタというより外に言いようがありませんでした。

堀田大僧正はその当時、専修学院の門主をやっておられましたが病弱で、健康上の理由で近く門主も辞めたいと漏らされているなどという者も出て来ました。お金もなく、健康状態もよくないし、本人自身が管長などになる意欲があまりないことだし、どこから見ても立派な人だけれど、誰もあの人を推す人はいないのではないかと山の住職達のほとんどの者ですらそう言う始末でした。堀田大僧正は山から出られた方ですから、山の住職達の考えがこのようではまったく問題にならないというのが正直なところです。しかも、予備投票で三十票ずつ取った他の二人の候補者に対し、堀田大僧正は十五票を取り、この三人で決戦投票をやったらという話が持ち上がっての宗会の懇談会だったのですから、私自身、票の上からも見る人は見ているのだという気はしていたわけです。

それが、何日かするうちに私のところに偉い人が訪ねてみえたりして、上代さん、あんたのおミクジ通りになりそうですよといってくれたりして、結局、予備選挙で三十票取った二人の大僧正がおりて、十五票しか票数がとれなかった堀田大僧正が全員一致の推薦を受け管長になられたのです。その間、私は大聖師に実に真剣に祈りました。金の力で管長が決められるようになっては真言宗が崩壊しますので、何とぞ私が是非出したいと思っております堀田大僧正を管長にして下さいと祈ったものです。

三人の侯裸者の中で本来なら可能性の一番少ない堀田大僧正が管長になられたのですから、この時ばかりははっきりと大聖師のお力の裏付けを頂いたのだと今でも信じております。しかしながら、二人の大僧正が宗門の将来を考え争うことなく身を引かれ、堀田大僧正に道を譲られたことは実に立派な行為であったと言うことが出来るでしょう。

北海道の宗会議負が、後日語りに「上代僧正はおとなしい人で日頃発言もしたこともなかったのに、あの時は二人で堀田大僧正でなければ駄目だと頑張り通して、その通りになったのは摩訶不思議だ」と言っておりました。堀田大僧正は管長になられてからは、心に張りが出来たのでしょうか健康になられ、全国各地を飛び廻り、インド等海外にも足を伸ばされるなど幅広い活動をされて、近来まれにみる名管長として在家の方々からも尊敬されておられます。今では次期管長もお願いしましょうとか、終身管長になって欲しいなどという声も一部では聞かれるようになりましたが、種々な都合でそうとばかりはいかないでしょう。ともかく管長は今後共平和裡に推薦され、またゆずり合い、争いだけは避けたいものだと思います。

鉄から純金の人間へ

話はちょっと飛びますが、前に触れた宮城千賀子さんから突然電話が掛かって来て、ＴＢＳで禅の特集をやるのでどうしても私に出て欲しいと言うのです。私は禅宗ではないので、禅の話なら禅宗の人に出てもらえばいいじゃないかと言ったところ、私に是非出て欲しい、知った人がいいのだと大部ねばられたのです。真言宗やヨーガのことなら私なりに多少話してもよいが、禅はゼンゼン判らんよと言ったところ、とにかく局の人が訪ねて来たのでいろいろ話をし、禅宗の人を紹介しました。その時ヨーガのことでも私に話をしてくれというので、ヨーガは話をしただけではなかなか判らないだろうから、テレビでやるならヨーガのポーズでもやればよかろうと、ちょうどインド人のＳ師が日本に来ていたので、彼と日本の女性で岸本さんを紹介しました。

テレビの方は坐禅の模様を紹介する合い間に、ヨーガのポーズを入れたりして「慎太郎のスパルタ教育」は上手に構成されておりました。禅宗の人達から坐禅の説明などがあり、ひと区切りついたところで、石原慎太郎氏が「今までいろいろな禅僧に会ったが、いずれもなっていない」、ということから、禅僧達の在り方をさんざんけなす話が出てきたのです。しかし、私が禅宗とは関係がないからということを抜きにしても、いちいちもっともなことを言って下さっており、現代日本の僧侶方に対する苦言として、私は受け取らせてもらいました。

その夜、宮城さんから早速電話があって、「ひどいことを言ってどうもすみません。お坊さんをあんなにけなすとは思ってもみませんでした」と謝るものですから、私は、「いや、けなしてもよいのです。本当に禅宗というか、仏教のことを思って言ってくれているのですから」と言ってなぐさめました。

何時の間にかこのような言葉がすらすらと出たのです。このようなことを自信を持って言うことが出来るようになったのも、私が大聖師の教えに触れたからにほかなりません。

私自身、タバコが吸えなくなり、酒もあまり飲めなくなる。食生活は変る。そればかりでなく自分の物の見方考え方が変る。性格が明るくなり、いざという時は自分の信ずることが堂々と言える自分になったというこの変化は、どうして起こったのか疑問に思っておりましたところ、ある会の席上で大聖師がこの点に触れ次のように解説して下さったのです。

上代常信僧正からこういう質問を受けたことがあります。「大聖師の前に座ることによって自然に性格も変るし、嗜好も変るのですが、どうしてでしょうか」と。

これについて今ちょうどいい機会ですから、説明を加えておきましょう。鍍金《メッキ》をする場合、金なり銀なる物体から他の物体へ、その純成分を移動させて被膜が出来る。そしてあたかも金か銀の如く見えるようにする。が、これはどこまでも被膜であって物体の組織変えではない。したがってある時間が経てば被膜ははげてしまう。そこで最近は合金技術が進歩して合金にしている。が、この場合変化を持たす理は自ずから明瞭であるが、私の場合だと、その理が不明確なために変化は認めながらも得心のいかないもの、いわば割り切れないものが残ることになる。鍍金《メッキ》や合金技術の説明が充分でなかった時代と同じで、判って見れば何ということなしに終わるかも知れませんが、私には私なりの理があるのです。

鍍金《メッキ》や合金に電気を要するように、私は神気を用いている。だが、私の場合は、被膜でもなければ合金でもなく物質そのものを根本的に組織変えする。いわば、鉛や鉄の人間を金の人間に変えるのです。しかしこれには時間がかかる。一回や二回では完全とまでは行かない。しかしながら、ここに永遠性に通ずるものがあるのです。

このおことばのように私は大聖師から発せられる「神気」によって現在のように変えて頂き、今後も修行を続けることによってより以上純度を高めさせて頂けることを判らせてもらいました。

七、秘密宝蔵の開扉

宝蔵の鍵

大聖師の声咳《せいがい》に接することによって私の人生観は大きく変り、師の許で修行させて頂くことを心に誓ったのですが、やはり、何と言っても私を大きく変えたのは、正座観法行によってだと言えましょう。

釈尊は、大悟正覚によって得たものの中から人々に教えを説きすすめ、神秘世界の一部を示されましたが、当時の社会状勢などから、時期未だ至らずとして神秘宝蔵の扉を閉じてしまわれました。

弘法大師は恵果阿闍梨によって秘密灌頂を授かり、密教教主としてのお立場におられながら真言秘密の法を遺されるにとどまり、清涼殿における大日如来の顕現などを除いては、神秘宝蔵の世界を一般大衆に示されることなく、神秘宝蔵の世界へ至る道のみを示されて入定されてしまわれました。

大聖師は神秘宝蔵の世界を正座観法によって我々衆生のすべてに開顕せしめ、即身成仏、神人一体への道を開かれたのです。物質文明の異常な発達と精神文化の停滞からバランスを失なって、人類滅亡の危機に向かって突走っている我々衆生にとっては、地球創世以来始めてにして最高の救いの道を与えられたのだといっても過言ではありません。

正座観法は易入難解といわれます。私如き者にはこれを解説する資格がありませんので、昭和三十六年九月十日の集会説法にて、大聖師御自ら易しく説かれたものをここに御紹介し、皆様方にこの行法の一端なりを理解して頂けたらと思います。

正座観法について

一

今日は正座観法についてお話しましょう。正座観法とは行《ぎょう》の正式の名称であります。行とは、神の境地を得るための一定の修行方法をさしています。行と呼ばれるものには古来多くの種類があります。古くはバラモン教にも種々の行がありました。仏教の行としては瑜伽の観法や座禅が代表的なものです。神道には鎮魂帰神というのがあります。新興宗教では神想観だの転象だの開魂だの、いろいろな名称を用いて行っているようです。

行の種類ははなはだ多いようですが、基本的な行となると、瑜伽の観法をおさねばなりません。これが密教行の基本になっております。真言宗の阿字観は瑜伽の観法から分かれたもので、これは一貫した教義論もあり立派な行法といえるでしょう。御嶽行者の行だとか、修験道の行などは山嶽宗教の見本的な行法ですがこれは時代遅れだし、日蓮宗の唱題行は行の基本からはるか縁遠いものであります。

わが教えの行は、正座観法という四つの文字であらわしております。正座観法とは、読んで字の如く、正しく座って法を観ずる、ということですが、この簡単な言葉の中に非常に深い意味が含まれているのです。この正座観法の意味がはっきり解れば、行中に生ずる千変万化の現象にいちいち驚くこともなく、また他人の現象にとらわれることもなくなります。

密教は、顕教と異なり非常に厳しい教えであり、且つけわしい道でもあるのです。厳しく且つけわしい道を踏み登ってこそ、はじめて安楽世界—涅槃に到達することが出来ます。ただ今日のようなスピード時代になると、結果を早く得たいという要求が強くなり、また、安易な生活の中から大きな結果を得ようとする気持が強くなります。それで密教といいますと—密教は昔からあった教えですが途中久しく忘れられていたので—耳新しいものに感ずるらしく、殊に、大元《だいげん》密教となると嘗て聞いたこともないだけに、何か特別な秘法を用いて短時間で大きな結果の得られる教えだと期待する向きも多いようです。大元密教の行にそのようなインスタント式な期待をかけることは心得違いというものです。行の結果というものは、銘々が持って生れた持ち味、その方の器《うつわ》により早くもなり晩くもなり、また会得する神秘さも銘々違ってくるのです。

そこで、行をやる目的は何か、といいますと、終極的には神の意思を知ることであります。

しからば神の意思とは何か、ということになりますが、それは自然の摂理、または真理、または法という言葉であらわしております。行を修めることにより宇宙の大真理を知る。これが行の目的ですが、個人的な立場からはどういうことになるかといいますと、自分自身の縦の線においては因果を知り、横の線においては縁起を知るということになります。各人は行を修めることによって今世に生まれて来た使命も知るでしょうし、また、過去世においてどういうことをやってきたか、ということもわかるようになるのです。これが重点です。行を修めることにより、大きな意味では神の意思を知り、小さな意味では自分一個人の縦の線と横の線を知ることが出来るのです。仏教用語に因縁という語がありますが、縦の因果を知り、横の縁起を知ることによって、因縁の理を知ることが出来ます。

さて、その因縁の理の中で一番問題になるのは何か、といいますと、それは苦というものです。その苦をどう処理すればよいか、釈尊が悟りを開いたのは、この苦の解明から出発したのですが、今日においても依然としてこれは大問題です。よくよく考えぬいたつもりでも、なかなか結論の出てこない問題です。即ち生と死の問題です。生れてこなければ死というものはない。生れて死ぬまで、いろいろの苦の出発点である生から、苦の終点である死の間にある最も大きな苦は何かというと、それは病気をするということと、年をとるということです。まことに生老病死は、人生苦の代表的なものです。

しからば、生老病死苦の源は何か、それは愛であります。キリスト教あたりでは、神は愛なりと説いているようですが、苦源は愛なりとするは、欲望の意味を待つ愛であって、専門的には渇愛の語を用いています。この渇愛に三種あり、とするのです。その三種の愛というのは、欲界における愛、色界における愛、無色界における愛です。これはあまり専門的になりますので、何れ機会をみて解説することにいたしましょう。

苦源は愛なり、まことに味わうべき言葉です。愛するものと別れるということは非常な苦です。戦時中にはよくあったことですが、許婚者が出征していくとなると、国の為とはいえ感情的には、たまらぬ気特だったと思います。愛し合っているものが別れるという惜別の苦ほど苦しいものはありません。金をもうけようと一生懸命努力したが一向にもうからない。これも苦しみですね。金を愛して苦を知るわけです。このように欲愛がもろもろの苦を生み、その苦が積み重なっていきます。苦集滅道という言葉がありますが、その苦集がこれです。

人は苦しみを作っていく、作っていくというより自然にそのようになっていく。人間に感情がある以上、いくら優しくしていこうとしても、そういうものにぶつかるものです。どんなに優しい人でも、どんなに強悪な人でも、好きな人が出来たり、嫌いな人が出来たりすると感情が乱れて苦しむのです。聖人君子といわれた人の中にも愛情ゆえの苦しみがあったのです。こうして説法している私にも苦があるかも知れない。ただそれを気にするかしないか、また気にして苦にするかしないか、の違いだけです。それなら、いやな奴の顔を見ないように努めたらよいだろう、という人があるかも知れないが、努めるということは気にしていることだし、気にしていることは苦のもとだから、そう考えていくだけでは苦から逃れられない。気にしないように、苦にならないように、自然にその境地に入ってしまわなければならない。

自然にその境地に入っていくにはどうしたらよいか、これが問題です。今の苦集滅道の滅することを考えなければならない。考えねばならぬといっても、さきほども話したように人間的な考え方で、強いてそうしよう、そうしようと思うとノイローゼになってしまう。眠れない人が眠ろうと努力すると余計眠れなくなるように……。

苦集を滅するには、どうしたらよいか。苦源は愛であるから、愛の集まってくる気持、或いはその形から離れればよい。愛集を離れる、これを専門的な、言葉では寂滅捨離といっています。つまり解脱することです。これは実情の説明であって実際そうなるかというと、これはなかなか難しい。苦集滅道とはこういうことだと朝晩説法しているお坊さんが、なかなか解脱出来ない。苦というものは説法だけで消えるかというと、なかなか消えないで、それどころか増に結びついていくものです。

そこで問題は苦集滅道の最後の道です。この道に、どうすれば自分が乗ることが出来るか、ということになります。これを正しい道というのです。その正しい道を得るにはどういう風にやっていくか、それは三学というものによってはじめて正道が開かれる。三学とは何か、戒・定・慧の三つです。戒は戒律のことで正しい人間になるための戒めです。定は禅定のことで静かな境地に入ることです。慧は智慧のことですが、人間的な小智慧でなくて禅定の境地から出てくる叡智のことです。この戒・定・慧によって、はじめて正しい道に乗ることが出来ると説いています。ここまでは顕教的な説き方で一向さしつかえありません。ただそれを身につける方法によって、結論が出るか出ないか、空説法に終わるか或いは実のある説法になるか、分かれてきます。

そこで戒・定・慧の目的はどういうことか、戒めを守って身心を清め、禅定によって心身を統一し、叡智―知見を開いて、苦集滅道の四諦《したい》の真理を解するようにならなければなりません。このようにして無明―愚かな煩悩を消すことにより涅槃に入ることが出来ます。これが三学の根本教義です。戒・定・慧によって知見を開き、知見を開くことによって四諦の真理を体し、無明煩悩を滅して涅槃に入る。こういうことになってきます。この涅槃に入ることによって、どういうことになってくるかというと、三学を究めたことになります。三学を究めることによって正道が開けるとするのです。

正道は八つの部分から成り立つ聖なる道でこれを八正道と呼んでいます。正見、正思、正語、正行、正命、正進、正念、正定即ちこれです。正見とは、ものごとを正しく見ること、どういう風に見れば正しく見れるか、間違った見方をしない、間違った見方をしないということは、行に通じていくことになります。

正思とは、正しく思議すること、正しく考えること、正しく決意することです。正語とは、正しく語ること、正しい言葉です。正しく考え、正しく語ることも正見によって可能なことです。正行とは、正しく行うこと、正しい行為です。正命とは、正しく生活すること。正進とは、正しく精進すること、正しい努力です。正念とは、正しく専念すること、他のことをすべて忘れて専念することです。正定とは、心を一点に集中すること、精神を統一することです。真言宗の阿字観というのもこれに通じます。瑜伽瑜祇の観法というのもこれに通じます。自分自身で努力して精神を統一し、心を一点にしぼって他の雑念の一つも浮かんでこないように努力する形です。

心を一点に集中すること即ち知見を開くことになり、それによりはじめて求むる道が開かれます。このことは猫が鼠をねらう姿を思い浮かべれば一番理解し易い。穴から出てくる鼠を待って睨んでいる猫には雑念が微塵もない姿です。これです。この姿が心を一点に集中して知見を開くということになります。行の経験のある方は、心を一点に集中して知見を開くという言葉を聞いただけで、なるほどな、とピンとくるものがあると思う。行を余計積んだ人ほどわかりが早いと思います。

そこで漸く正座観法という、言葉を使えるところまできました。正座観法の目的とする段階の一歩、又は全部というものが、今の心を一点に集中し知見を開くところにあるのです。私が以上説明したことは、釈尊が六年間苦行されて悟得されたものです。ついでにふれておきますが、釈尊が六年間修行して悟りを開いたというのは、悟得されたものをまとめる期間を含めて六年間かかったのであって、おそらく悟りというのは三日か四日、或いは、一日たらずで悟り得たものと思います。

これは私の体験からして、言えることであります。人間的な智慧をもって悟得しようとするならば、おそらく八十年の全生涯をかけても、なかなか出来るものでない。真理というものは、自分のいれものが出来さえすればどんどん入れてもらえるわけですから、いれものが出来ているかどうか、その人が、どういう使命でそのいれものを持って生れてきたか、そのいれものの中に、より以上のものが充たされることにより、使命が果たされるものであることがわかってくれば、もうそれで即悟りを開いたわけです。つめこんでくれるといえば、一ぺんでつめこんでくれなくても、必要によってつめこんでもらえるならば、つめこんでおいて腐らすよりも、時に応じて新しいものをつめこんでもらえるわけだから、その方がより尊いわけです。それで釈尊が、六年間修行して悟りを開いたというのは、悟ったものをまとめるために六年間の歳月を要した、というのです。私はそれがよくわかる。私の悟得というのは瞬間でしたが、悟得したものをまとめるとなるとやはり時間がかかる。まとめるということ自体が時間的な行動ですから……。釈尊六年、達摩九年、大玄何年、ということになると、私には年限がないといいたい。釈尊とも達摩とも別な境地におかれている面があるだけにこう言えるのです。

今までお話したことは、釈尊が御自分で悟得した中から皆に、このような方法でやっていけば、こういう風になるんだということを顕教として説いたものです。同じ境地を大勢の方に、直接或いは間接に秘密の方法を用いて知らせることは、釈尊には当然出来た筈です。それを何故やられなかったか。思うに当時の情勢をしてそのような方法を用いたとすれば、バラモン教の出発に逆もどりして、奇蹟や不思議のみを追い求めることになるので、人間的な教育、人間的な訓育をより以上やっていかねばならぬというところから、顕教的に説かれたのです。

釈尊の顕教的な教説を簡単にまとめてみますと、人の世は因縁によって成り立っている。その因縁の中から生ずる一番大事なことは苦しみである。その苦しみの中の最たるものは生老病死の四つであるが、その苦をなくするにはどのようにしたらよいか。それには四諦の法によらなければならない。四諦の法の最終の道というのは、八つの正道のことであり、この八正道を得ることによってはじめて苦から逃れることが出来る。こうなります。

ところが、釈尊自ら予言された末法の世となり顕教的な教えでは世の中が救えなくなりました。説教では苦はなくなりません。そこではじめて神自らその苦を祓い浄めるべく、この秘密の教えを世に現わしたという論法になってきます。これは私が私の口をもっていうのでなくて、神自ら人々にあわれみを感じ、これを救わなければならないという立場から秘密の教えを世に現わされたのがこの大元密教なのです。大元密教の正座観法はかくして世に現われたのです。

二

正座観法の正は、八正道の正に通ずる正であります。座は八正道の正見、正思、正語、正行、正命、正進、正念、正定のすべてに通ずる座なのです。ですからあなた方がこの道場に来てただ座るということが、苦から逃れることであり、悟りを得ることであり、まことの人間になることです。座れない方はあぐらをかいてもよい。あぐらもかけない人は足を投げ出してもよい。足を投げ出しても腰の定まらない人は横になってもよい。最初の形はどうでも構いません。正座は、人間が正しく座ろうという気持でなくして、最後は、神が正しく座らせてくれるものです。体を横にしていたものも一定時間が経つとちゃんと起きて正しく座るようになります。足がしびれて座れなかった人もだんだん無我の境に入っていくにつれ、足がしびれなくなります。

最初十分と座れなかった人が何時間も座れるようになる、これは自分の意思だけではこのようにいかないことは、既に皆さん体験ずみのことと思います。ですから正座というのは八正道の正であり、座は、八正道を体—形で現していくものです。ここが一番肝心です。今後あなた方がやっていくこの行の現象に通ずることですから、正座観法の正座というのはどういうことであるか、くどいようですがもう一度繰り返します。正座の正は、正道を得る正で、その正は、八正道の全部をこの中におりこんだものであります。

正座の座は、八正道を体に現わしたもの、立体的に現わしたものと理解して下さい。八正道の八つのものを一つの塊としたものが座であり、その八正道をまた総合したものが正座観法の正であります。正座というのは、八正道のすべてを入れてこれを立体的にもってきたものであるから、正座することにより八正道が縦横にわが体を通じて現われてくるのです。たとえば、ものを見る場合でも、ものを考える場合でも、喋る場合でも、行う場合でも、心を一点に集中するということも、すべてこの正座の中から出てくるということを、全面的とは言えぬまでもおぼろげながら、或る程度には理解出来たことと思います。

次に、観法の説明に移ります。さきほども一寸ふれましたが、真言密教の観法の基本的なものは阿字観であります。この阿字観をまねて日想観、水想観、空観などさまざまの観法が樹てられております。

さて、観法の観というのは、観世音菩薩の観、観自在の観で、みると訓じますが、この眼でものを見るのみるとは違います。ただの眼でみるのではなく、耳で聞いてみる、舌に味わってみる、手で触ってみる、鼻で嗅いでみる、心で考えてみる、という具合に心で観ることです。この観はみると訓ずるより観《かん》ずると音読した方がよいようです。

法というのは、神様の意思、大自然の摂理（実在）です。だから時によってさわってみてわかる場合があり、眼でみてわかる場合もあるし、耳で聞いてわかる場合もあるし、なめてみてわかる場合もあります。だから観ずるという中には、人間の感―識感（視、聴、嗅、味、触）のすべてが織りこまれて観ずるということになります。その識感のすべてが織りこまれて観ずるということは、人間の本能的な最低の観であって、清浄観ということになると未《いま》だしであります。ただ人間の五感六識の観だけでは清浄観にはならない。

清浄観というものはどういうものかというと、人間的な本能、人間的な感情によって観ずるものでなくして、人間的な感情を解脱した境地から観ずるものでなければ本当の観法にならない。人間的な本能、人間的な智慧をもってみることもいけない。人間的な考え方をもってみるのもいけない。人間の眼でみたものもいけない。人間の舌で味わってみたものもいけない。人間の手で触ってみたものもいけない。そうすると人間というものは三文の値打もないものかという疑問がわくでしょう。正にその通りです。人間自体というものは三文の値打もありません。正直なところ、牛一頭殺せば何万円かになるが、人間一人死んだとて誰も買いにくる人はありません。屍体を原価計算してみたところでそれこそ三文の値打もありません。ところが、この霊体というもの、身心の心のシンには値打があります。そこで心のシンに値打づけることが清浄な観でなければなりません。

人間の感情、人間の本能で考えることは、本当に値打のないことであります。他家の花園に咲いた綺麗な花を、人間の本能的な気持からすれば、折って自分の家に持って帰りたくなる。持って帰るうちにしおれてしまっても何か満足するような気特になる。このような気持は本能或いは感情だけであって、清浄観に通ずるかというと通じない。だから人間的な本能、汚い人間的な感情というものを捨ててかかった観法でないと正座に通じないということになります。ですからこの観法というのは人間的な感情、人間的な本能を超越した観法でなければなりません。

この正座観法という四字の中に含まれている意味というのは、正は正なり、座は座なり、観は観なり、法は法なりに非常に深い意味があります。法といっても、法を広げるとこの地球のようなものが何億かその中に入ってなお且つ余りある位ですから、法というのは話にならない位奥が深くて広い。観ずるということでも、人間的な考え、人間的な本能で知見し得る程度には限度がありますが、人間的な感情と本能を超越した清浄観ということになると、村井教師のように、ここに座っているだけで地球の裏側に住んでいる人間のことまで見通せるということになると、この観たるや実に深遠なものだということがわかります。座の中に含まれている八正道の立体的な体、正しいという正、それを八つに分けただけでも意味が深い。

皆さんが正座観法を行ずることにより、正座観法の四文字の各々の文字の中に含まれている千理、有理、あるいは億兆理にわたっての義なり法なりをわがものにすることになるのだから大変なことになります。私は常々わが教えは〝行に始まり行に尽きる〟といっているが、ただここに来て座って、手を合わせて拝む、その拝んでいるうちに現われる現象、もうそれだけで天地間一切のものに通ずるのです。正座観法を行ずることにより、その人によって時間的な差異はあるけれど、或る時期がくれば一切の真理というものがわかってくるのです。

早く悟る方は瞬時でしょう。私は悟道に入ったのはほんの瞬時、五分かそこらしかかかりませんでした。しかし人によっては、一年、二年、三年、五年、十年かかって悟道に入る方もあるでしょう。あるいは、一生人の驥尾に附し、腰をまげ足をひきずりながらついていっても悟道に入れなくて次の世に繰り越す人もあることですから、誰が何時間、誰が何年して悟道に入れるという風には説明出来ません。しかし、この正座観法を行ずることによって何人も真理を悟得することが出来るのです。機根の未熟な者は、この行を行ずることによりその熟する時期を早め、また機根熟することにより真理を悟得することが可能になるのです。このことは逆に言えば、真理を悟得するには正座観法以外に方法がないということにもなります。

さて、正座観法について今まで説明したことは、欲界、色界、無色界に通ずることです。仏教ではよく三界のことが説かれていますが、仏教で三界の結論が出ているかというと結論は出ていない。その欲界、色界、無色界の三界の境地もわが正座観法行をやることによってわかってきます。

釈尊が顕教的に説いた因縁とか因果とか、或いは苦集滅道の四諦の法というものが密教的な修行によって皆さんが自らわかるようになります。即ち釈尊の説かれた因縁、因果というもの、或いは、苦集滅道の四諦というものの根拠が密教によって完全に裏付けされるのです。皆さんがこの正座観法を行ずることによって、因果因縁的なつながり――さきほど説明した縦の線と横の線がわかってくる。この縦横のつながりがわかることによって苦集滅道の四諦の法が明らかになり、釈尊が人間的に説かれた顕教の根拠もはっきりします。

密教的な根拠を有する釈尊の教えも、それを顕教としてそのまま用いた場合、人間世界にプラスする面がどれ位あるかというと、プラスする面は今日では全然ないといっても過言ではありません。これは釈尊自身が予言されていることです。自分の説いた教え（真理）は、自分が死んだ後五百年か千年はそのまま続くだろうが、その次の時代になると子供達が大人の真似事をするような真似事の時代―像法時代が続くだろう。その像法時代の次には自分の説いた真理が全然なくなる末法時代が来る。その末法の世になって秘密世界を知る道が開かれて、はじめて新しい正法時代が到来すると釈尊が予言されているのです。釈尊の予言された新しい正法時代は正に始まっています。

正座観法を行ずることによって秘密宝蔵の世界は万人の眼前に開かれることが約束されています。私が人間的な言葉を用いて恩着せがましくいうならば、「まことに倖せな諸君だ」とこう言いたいのです。

神に導かれて

正座観法を行ずることによって、受ける人による多少の遅速はあっても万人が神秘宝蔵の世界を示されております。ここに音楽大学を出て地方でピアノ教師をしていた若い女性と会社役員をされておられた方のそれぞれ神秘世界の一端に触れた時の模様を記してもらいましょう。

私が、この世にB子として生を授けられたのは、昭和十三年五月五日のことでした。生家は、福島市でも古い商家で、いつも泊り客の絶えないにぎやかな大家族の中に育ったのです。父は、常に「日々是好日」と「我が道を行く」といった言葉を愛して、それを生活信条に生きていた人でした。女学校時代から精神的なものを求めていた母は、結婚後の耐えるだけの生活にあきたらず、何とかして心にうるおいと支えと生きる喜びを得たいものだと、坐禅をしたり、お坊さんの説法を聞いたり、本を読んだりして、常に求める気持をおさえることが出来なかったようでした。

このような両親のもとに、物質的にも精神的にも何一つ不自由なく、実にのんびりと楽天的に過ごして来た私でした。体の方もいたって健康そのもので、病気らしい病気は、三歳の時二人の姉と一緒に疫痢にかかり、二十日間生死の間をさまよい、医者から見放されながらも神秘的な御加護によって救われたということが、ただ一度あるだけです。このような大きな御加護を賜わりながら、仏心が芽生えず、およそ精神生活とはほど遠い生活に満足しきっていたわけです。

そんな私が、尊師様のお名を耳にしたのは、昭和三十七年九月のことでした。当時父は、原因不明の皮膚疾患に冒されて、福島の医大病院に入院中であったので、母は、父の看病につきっきりで家を留守にしておりましたが、ある日、一人の婦人が行中「この婦人をなんとしてでも誘え」という感応を受けて、一面識もない母を訪ねて見えたそうです。母は、九月二十三日、父の許しを待て修法会の会場にあてられていた、福島市内の旅館に出かけました。

白い衣を召された尊師様の御前に、何が何やら判らないまま母は手を合わせたそうです。そして不思議な現象を体験し、「これこそ求めていたものだ」という強い信念をもったということです。自分の意識外の何者かによってゆすぶられた母の魂は、求めていたものに巡り合えた喜びに湧き上がり、後から、

後から、あふれ出る涙をどうすることも出来なかったとのことです。

御法座の尊師様から、「汝の夫の病、医薬では治らず、汝の信仰によって治るべし」とのおことばを賜わった母は、「どうして自分の夫が病気であることを、御存知なのだろうか」と不思議に思ったものの、素直におことばを信じ、ひたすら行に励み、み教えに徹して行きました。そのような母の行動に、家族の中でももっとも強く反対した私でしたが、母は、家族の誰よりも私に入信を強く勧めるのでした。それ程反対していた私ですのに、母が頂いて来た尊師様のお写真には、私の感情とはかかわりなくひきつけられ、五分でも、十分でもすい込まれるようにみつめているのでした。そんなことが重なるうちに、私を引きつける原因を知りたい、という願いが生まれてきたのです。

み教えに触れる機が熟した、というのでしょうか、母に連れられて初めて、御本部の門をくぐり尊師様の御前で行を受けさせて頂いたのは、忘れもしない昭和三十八年二月二十四日のことです。道場に入る前に「二柏三拝すること、閉目合掌すること、よろしいと、おことばがあるまでどのようなことが生じようとも逆わないこと」などを御注意頂いて、第一回の行に入ったのです。

正座した私の耳には、周囲のいろいろな音や人の動き廻る気配が伝わって来て、なんとも落着けませんでした。不安定な気持の上に加えて、正座になれない足がしびれて来たのです。合掌しながら「大変なところに来てしまった。早くよろしい、と名前が呼ばれますように」と念じていたものでした。ところが、足の痛さを我慢しているうちに、合掌した手がひとりでに少しずつ、少しずつ上がって行くのです。私の手に糸がついていて、それを誰かが少しずつ引張り上げているような感じでした。しかし、私の意識はあくまでもはっきりしていて外を走る車の音や、隣家のラジオの音などよく判るのでした。

初めて体験した不思議な現象に、私の抵抗していた気持は、すっかり消えてしまったのです。立膝になりどこまでも、どこまでもという感じで引き上げられた両手は、今度は左右に分かれて、大きな、大きな円を描くのでした。実に、爽快で雄大な気持を味わったのです。

やがていろいろな動作を続けていた私の両の手が、いつの間にか合掌の形でピタッと静止し、行に入った時の正座合掌の姿にかえったのです。そのうち私の両眼から涙が、静かに、静かに流れ落ちました。感激の涙か、感謝の涙か判りません。み教えに触れるまでの二十四年間、一度も味わったことのない敬虔な気持からあふれ出る清らかな涙でした。初めて知ることの出来た、神への敬虔な祈りと感謝からこぼれ出る涙でした。このような体験で、第一回の行が終わったのです。そして道場を出る時の私は、いままでの私と違って身も心も洗い清められたような、すがすがしさを感じたのでした。

その後で、母と一緒に、尊師様のお部屋にお通し頂きました。何の飾りもない質素な四畳半で、私の頭の中に描かれていたきらびやかなものとは遠くかけ離れた室内でした。それなのに、小さなお部屋全体から、言い表わしようのない、何かが感じとれるのでした。尊師様は、にこやかな笑みをたたえて、私達を迎えて下さいました。

「B子さんと言ったかね。貴女は、福島の家に帰ったら、どうしてもわしの写真の前に座りたくなるよ」このおことばが、尊師様からの私に与えられた第一声だったのです。この日を境として私の人生は大きく変っていきました。

まず、家に帰った私は、尊師様の仰せの通り、御神影の御前に手を合わせずにはおれなくなりました。そこには理論も、理屈もなく、ただ尊師様を拝みたい、手を合わせたい、という無心な気持があるだけでした。初めの一週間は、体操ばかりさせられました。神仏から遠く離れていた私の心を目覚めさすには、まず動的な強い力をじかに体験させ、見えない世界における神の存在を認識させることが、一番だったのではないかと思います。それは第一回の行を受けてから十日ばかり過ぎたある日の午後のことでした。いつものように御神影の御前で行に入りますと、百面相のような顔の動きをし、やがて、腹の底から突きあげるようにして、ものすごい大きな声が「アー」と出て来たのです。アイウエオから始まり最後のンまで、実に、力強く全身の力をすべてしぼり出すようにしての発声練習が続き、やがて言葉でいろいろに示され始めました。このような経過をたどるうちに、どうしても再び尊師様にお目にかかりたい、という気持が湧いて来ておさえることが出来なくなりました。

行中のお示しから、不思議な体験をしながら、三月十七日東京に出てまいりました。尊師様は、私の行が始まってしばらくすると、

「そばへまいれ」

とのお声をかけて下さいました。私は仰せの通り尊師様のお膝許へ進みました。自然と頭が下がり、尊師様のお膝に涙で汚れた顔をおしつけて、

「ありがとうございます」

と繰り返すばかりでした。いつのまにか私の両手は尊師様の右の御手をしっかりとにぎりしめ、力の限りにぎりしめるのでした。それが終わると今度は左の御手におすがりし、尊師様のお膝の中に上半身をうずめて、後から後からと流れ落ちる涙をぬぐいもせず、涙声で、

「ありがとうございます。ありがとうございます」と言い続けるばかりだったのです。

尊師様は、その御手をやさしく私の背におまわし下さり、泣きじゃくる子をあやすようなおやさしさで、静かに静かになでて下さいました。しばらくたつと私の気持が落着いてまいりました。すると自然に私の口が開き、今までの過程をいろいろ申し上げたのでした。尊師様は、私に対して、
「お前の行中に示された神のお告げは、すべて正しいのだ。お前は〝神の子〟なのだ。安心して行を続けるように。そして、人を憎まず、人を恨まず、人をけなさず、すべての人を愛し、感謝の気持で、お前の身内は勿論のこと、すべての人を喜ばせるようなお前になることだ。そのように修行してこそお前は正しい〝神の子〟といえるのだ。お前の望むことはなんでもかなえてやろう」
と仰せになられたのです。

尊師様のお膝に泣き伏し、尊師様のおことばを賜わった私は、今までの不安はすべて消え去り、いいようのない安心感に満たされたのでした。私の頭のてっぺんから足のつま先まで、全身くまなく、すみずみまで安心の衣にすっぽり包み抱かれた安らぎの中に、大いなる喜びが後から後から湧き上がるのでした。このすばらしい気持を、大切に胸に抱きながら帰福したのです。

この頃から私は、行日記をつけるようになり、いろいろと行中の現象なり、それを体験した感想なりを書き始めました。

昭和三十八年四月十六日

いつものように座っていたら、私の体が、何かに乗せられたようにして高い高い世界へ連れて行かれた。そこは何もなく、ただ深々と静まり、私の全身にその奥深さと静けさがしみ込んでくるようであった。ちょうど深山幽谷のだれ一人としていない小さなお社の中に、私一人が座して音一つ聞こえない静

けさの中に、融け込んでしまったような感じだった。いつまでも、いつまでも座っていたい気持だった。どのくらい時間が過ぎたか知らないが、ふっと我に返った時、自動車の走る音、隣の小母さんが子供達を叱っている声が聞こえるいつもの部屋であった。不思議な、素晴しい世界を体験させて下さったことに感謝して行を終えた。

私は、毎日、毎日行をするたびに想像すら出来なかった世界を示され、私の別なる姿を少しずつ教えられていったのでした。しかし、まだ確固たる使命感をつかみ得るところまでには至りませんでした。昭和三十八年四月二十九日、それは私にとって忘れ得ぬ日としての強烈な印象を私の魂に刻み込んだ日でもあります。神々は、この行において、漠然と生きて来た私の中に、確固たる人生観を築き上げるための大切な礎を、がっしりと植え付けて下さったのです。それは、次のようなおことばで、実に判り易く、一つ、一つはっきりとお示し下さいました。

物は、目でばかり見るのではない。声は、耳でだけ聞くのではない。言葉は、口でだけ話すのではない。真実を見極めることの出来るものは清浄な心だけなのです。形は、目で見ることは出来ても、本当の姿は心の眼でしか観えず、真実の声は、心の耳だけが聞き、真実の言葉は、心の口だけが話せるのです。あなたは、まだ心で物を観ることが出来ないようですから、先ず、心の眼で物を観ることを勉強するのです。あなたの心には、二十五年の垢がどっさり積っているので、心の垢を正しい食生活によって洗い落とすのです。あなたは、もう肉も、魚も、米も、糖分も、塩分も必要としないのです。野菜をなるべく生のまま味を付けずに食べることです。そうすれば、あなたの心の垢は少しずつなくなります。それから「神の心はまるい心」ということを学ぶのです。一口に〝まるい心〟と言っても含まれている内容は沢山ありますが、そう一度に勉強しようとしても無理なことですから、今日は、そのうち六つだけ教えましょう。

一つ、どんなことがあっても決して人を憎まないこと
二つ、どんな人にでもすべて愛の心で接すること
三つ、どんなことがあっても人を羨んだり、けなしたり、さげすんだりしないこと
四つ、どんな時にでも心を常に平静に保つこと
五つ、どんな時にでも進んで人のためにことをなす人になること
六つ、どんな時にでもおだやかな心を忘れないこと

物は、目で見て、声は、耳で聞き、言葉は、口で話すことしか知らなかった私は、この行中に始めて、心で話すこと、心で聞くこと、心で歌えることを知ったのです。

そして、修行が進むにつれて食べ物の好みも自然に変り、金銭欲、物に対する執着などがだんだんと薄れて行きましたが、最後まで残ったのは、結婚したいという願望でした。そのために神から試されるようなお示しがありましたが、これも我欲が生み出したものと判らせて頂きました。

八月下旬に二日間にわたって四回の行を受け、最後の行で自分の行くべき道をはっきりと示されたのです。これによって結婚したい、という欲望から完全に離脱出来ました。結婚欲から離れた私の行は、大きく変化し、飛躍しました。そして今までにはなかった現象を体験するようになりました。

普賢菩薩による開眼

私は、導く人もなしに、ただ伝え聞いてみ教えの門を叩いたのです。至極簡単な方法で、極めて安易な気持で、日常あるがままの姿で、命ずるまま、師の前に坐ったのです。そして正座し閉目合掌することと暫時、不思議なことが起き始めたのです。私の体は、私の意志とはまったく無関係に、自然に何者かに支えられるようにして軽く倒れるのでした。すると右側から金色の光が、サーッと射して来て、まわりが明るくなりました。眼はつむっていたのにあたかも限を開けているように明るく感じて来ました。しばらくすると横になった体が、自然に動き出して何者かに援けられるようにしてまったく無理なく起き上がり、もとの正座の姿に戻るのでした。これで第一日目が終わって、家に帰りこのありさまを家族の者に話しましたが、誰も信ずる者がなく、かえって寝言を言っているのではないかと笑われる始末でした。それもその筈です。話をする本人の私が、ただ不思議に思うだけで、そのわけを知らないのだから無理はありません。

やがて行を続けて行くうちに、行中に印を結んだり、ほどいたりさせられて、まったく門外漢である私がこのような所作をさせられることに驚くと同時に、その印相の変化の多いのには、また驚かされました。その上、この変化が実にスムーズに、しかもきれいに運ばれるので、不思議でなりませんでした。師の御説明によりますと、この印を結ぶということはなかなか難しいことで、練習を要するものだそうですが、行中に神の御指導によって自然に指が動いて結ばれるので楽しい限りなのです。これは私だけでなく他の方々も同様のようです。また師のお話によると、この印というのは、神の相を示現する他、神の世界の信号とか合図とかに相当するものだということで、この印を示し合うことによって神との交流が出来るとのことでした。

ある日私は、道場の畳に両手を突いた途端、右手の親指の腹の方から手首の方へ突然強い電流に触れたようにピリピリと衝撃を受けました。そして、その親指を左手の親指の爪の上に当てると、爪から親指の腹まで大きな穴があいたようで、ジーンと通り抜けた如く感じました。そして、左手で右手の親指をさすってやりながら、これは神が汝に加持力を与えるものであるから、この親指を大事にするようにと、何度も何度も親指をなでたりこすったりして行は終わりました。

行が終わって、この現象を繰り返し繰り返し考えてみても、私にはこのことの意味が解せないのです。畳のどこにも電流は通っておらず、仮に電流が通っていたにしても、あれだけ強い電流に触れたとすれば今頃はあの世行きであった筈だし、本当に不思議の一言につきるのです。私は試みに、翌日会社に出勤して、社の人にこの話をすると共に、誰か体の悪い人はいないかと尋ねたところ、寺井という人がそれではお願いしますというので、私は、心に、帰命頂礼大元太宗大神と三度唱えて、寺井さんの背中に右手の親指を当てますと、中程でピタリと止まり、変った感じを受けたので、ここが悪いのですと言ってそこを加持したら、非常に気持が快くなったと喜んでくれました。その他の方々にも、このような方法で病源を探しあて、加持して治してやって喜ばれたりしました。

神のお示しによる加持力というものが、このように功徳顕著なことを身を以て知ることが出来ました。また、神の教え賜わるすべてが、いままでの習慣的で形式的なものと違って、真実がこもっており、柏手の音など如何なる手練を積んだ本職の神官も及ばぬほど正確な、しかも美しい、あたかも柏子木を打ち合わせたような音を遠くまで響かせる柏手を打つのです。他の信者がこの相手の音を聞いただけで、あれは永井が行をやっているのだとすぐ判るぐらい特徴を示しているのです。また礼儀作法も正しく、お辞儀一つでも心をしめつけるような緊張感を持ってさせられます。いままでの自分と変った自分のように日常生活までよく変っていくので、神の教えは実に有難いものだとひたすら行に励むようになりました。

このようにしていくうちに、心眼が開かれ、美しい色彩が見えたり、師のお姿に金色の光背が浮き出されたり、不思議な現象の連続でした。ある時は、丸い円の中に明るく神の姿が現われ、人間世界では想像も出来ない美しい色彩で彩られた真中にお姿を見せられました。しいて説明すれば、朝日の昇る前の空色と雲の美しさか、夕陽の沈んだ直後の残光の美しさ、とでも申しましょうか。とにかく美しい色彩に彩られた世界が毎晩のように写し出され、我ながら驚き、かつ喜び、そして、法悦そのものを味わって、神の教えの尊さと、師の神格の高さに感泣し、有難さを噛みしめました。何物にも替えられない思議すべからざる心境なのです。

このことを師にお話し申しましたところ、師は笑いながら、

「永井さんは、大海にたとえれば、浅瀬でヂャブヂャブやっている程度だから、より以上行に励みなさい」

と言われました。その後、このような現象は現われなくなり、手に印を結び、その印相のまま空中に大元太宗大神と書いては、立ち上がって四方拝、八方拝をしたり、端座合掌したり、数分間呼吸を止めたり、あるいは、深山に入って荒行をやる境地になったり、千変万化の行を積みながら、一歩一歩前進して一つの段階からまた次の段階に登って行くのが私自身判って参りました。

こうして、昭和三十四年五月二十二日、私の記念すべき日がまいりました。私自身が、私の霊体が浄

化した日とでも申しましょうか、普賢菩薩によって開眼されたのです。行中手に印を結び、両手を以て両眼を強く押し、しばらくして両手を左右に引いて、限を開けてから、重々しい厳かな声で「帰命頂礼大元太宗大神」と唱え、さらに大声を発して、「大神の神力により普賢菩薩汝を開眼せり、ここに宣言す」と言い出したのです。

私は、仏像の開眼供養ということは聞いたが、人間が、そのままの姿で開眼を受けるということは、想像もしなかったことだし、またその意義も知らず、それにその当時は仏教に対する興味がなかったのと知識も乏しかったので、普賢菩薩がどういう働きをされる菩薩かはっきり知らなかっただけに大いに戸惑いました。この事実、この現象をどう説明してよいものやら、私はただ、大神の神秘力と師の偉大なるお力に感激し、御神前に三拝九拝して、この行を終えました。

同月三十日の行において、再び、声高らかに「帰命頂礼大元太宗大神」を唱え、更に「大神の神力を以て普賢菩薩の加護により衆生を救い賜うべし」と言わされました。翌三十一日には「大神の神力により普賢菩薩の開眼を得、文殊菩薩の智恵を授かり汝栄えるべし」と示され、次に「天上天下唯我独尊、神を敬い、我を尊べ」との神の教えを受けました。次いでこれより頭の改造を行うと言って、印を結んだ手で額を何回となくこすり、頭部全体をなで廻した後、両手の拳固を以て自分の頭を強打し、これを幾度も幾度も繰り返し汗だくになるまで行いました。この行為は自分の意志とはまったく関係なしに別なる力によってさせられるのですから自分でも驚きましたが、行が終わってから頭が軽く、実にすがすがしい気持で、あれだけ強く打ったのに少しも痛くないのも不思議でした。

六月五日にはまた声高らかに「帰命頂礼大元太宗大神」と唱えて、「普賢、文殊汝を援けて衆生を救うべし」と言って印を結んで、前の時は右の親指だけに加持力を授けられたのだが、今度は両手に加持力を賜わる旨のお示しを頂きました。加持とは、「神の力を、行う人が授かって、果を求める人に施す」ことだと教わりましたので、私も、神の力を正しく我が力として、人に施したいと念願致しております。

即身成仏神人一体を目指して

この二人の正座観法による神秘体験の幕開きは、これを読む人の状態によって評価がいろいろに分かれると思います。文中の大聖師のおことばにあるように「浅瀬でヂャブヂャブやっている程度」であっても、現在心霊科学とか心霊研究などと称して問題にしている次元よりはるかに高い段階であり、普賢菩薩の開眼を得たり、文珠菩薩の智慧を授かるなどは、我々修行者にとってもなかなか体得出来る境地ではありません。また、欲がなくなり、執着が薄れて行くということは解脱への道を一歩一歩進んでいる状態と言えましょう。大聖師は正座観法行を段階的に次のように分類して示しておられます。

(1)単純な霊性開発の段階
(2)罪障消滅の段階
(3)所願成就の段階
(4)真理探求の段階
(5)求道済度の段階
(6)成道不動の段階または無上菩提安住の段階

(1)の単純な霊性開発を求めて古来から修験道あり、また難行苦行をする者ありで、世間で行者と言われている人達はほとんどこの段階にあると言えます。⑵の罪障消滅と⑶の所願成就は⑵の段階が終わってから⑶の段階に移るのではなく⑵と⑶は平行して起こる動きなのです。釈尊は、人間が生まれ変り死に変って、輪廻転生を繰り返す存在であり、その過程において身に付けた罪と障りは後の世までも持ち越すものだと示されました。この長い年月にわたって人間が持ち続けて来た過去世からの業苦を抜い浄めること、これが罪障消滅と言えましょう。また所願成就は人間がこの世において満足したいもろもろの願望です。

いずれにしても、この二つの願いを満たすために人々は信仰を求め、宗教を求め続けて来たと言えましょう。しかし、偉大なる大正覚者の法話に接したり、直接言葉を掛けて頂いた極く少数の人達を除いては、この願いは叶えられなかったのです。確かに、このようなことをすれば罪となり障りとなると教え示した高僧方は沢山いたでしょう。そうしてその教えを守って罪、障りを重ねることの少ない一生を送った人も沢山いることでしょう。しかし、過去世以来持ち越して来た罪、障りとなるとそれを消滅することは、完全にお手上げに近い状態であったというのが過去の修行法です。ところが、正座観法行を受けることによって、簡単にこれがなしとげられるのです。自分の願い、つまりその目標が正しかった場合、心に念ずることによって自ずからよい方に方向づけられ、自分が決めた目標が神から見て適当でなかったならば、はっきりと方向換えして頂くという、実に自然の動きの中に⑶の段階に至っていることを示されるのです。

所願成就の段階に至る間には、行を通じて人間の行動を決定づける誠心の浄化が行われることは言うまでもありません。雑識、悪識の世界を離れて良識に至り、さらに浄められて浄菩提識心に近づいた境地に立って、初めて真理探求の段階に到達するのです。次の求道済度の段階は、菩薩の位に向かっている段階とも言えます。この間にいろいろと示されて悟って行くのです。従来の修行ですと、行、学合わせ修めて完成を見るとされており、修行と同時に経文の研究を義務づけられておりましたが、正座観法の場合には行の中に教えがすべて含まれており、行中に般若心経の世界、法華経の世界、また法華経のさらに奥の世界である神秘宝蔵の世界、つまり密教の世界が示されるのです。(6)の段階は最終段階であり、即身成仏、神人一体の段階であります。大聖師は、正座観法行を修することによって誰でも時間の差はあれこの段階にまで到達出来ることを断言しておられるのです。

釈尊は、永遠の法（宇宙の真理）を悟ることが出来れば誰でも仏となることが出来ると説かれ、弘法大師は即身成仏の実現が密教の実践目標であると示されました。仏への道は八正道を極めることによってなされ、即身成仏は、手に仏の印を結び、口に仏の真言を唱え、心を仏の悟りの境地に置くところの「三密行」を行ずることによって、人は誰でも現世においてこの身このまま仏となることが出来るとするものです。しかし、不幸にして大聖者の教えを受けた者の中から、多くの仏が輩出されたということは聞いておりません。

その当時はこれが最高の方法であるということで示されたものでしょうが、ある意味では空手形だったのだといっては失言に過ぎるでしょうか。それは手形を受け取った人が、その額面だけの金額（修行によって高まった境地）をすべて自力で用意しなくては、落ちるにも落ちないという仕組であったからです。それが正座観法を修することによって、貯金額が零に近かった人も急速にその額をふやさせて頂き、その上に神の側からも各種年金などと同じように自分の掛金（自力）に合わせて分担金（他力）を出して下さり、非常に早く貯金額をふやすことが出来るわけです。そうして、やがて満額になることによって釈尊が示され、弘法大師が約束された仏となる道が開かれたのです。「釈尊は因縁を説いたが、儂は因線を示す」と言われているように、いわば過去の聖者方が振り出された約束手形を、現代に至って始めて大聖師が落とされたとも言えるのです。

それでは、正座観法行の素晴しさの一端を判って頂くために更に幾つかの行による体験談を記してみましょう。従来、弘法大師の「般若心経秘鍵」を始めとして数多くの人達によって解説された般若心経について、古屋行信氏は正座観法行中に次のように感得されています。

般若波羅蜜多心経と空

行中の実相体験

本部道場における、昭和四十二年十月十九日（木）の夜の正座観法行中の体験について、まず述べてみましょう。その時の行日記をひもといてみますと「観自在智と大自在力を附嘱される。般若心経を読誦。空の境地を感得」と、ごく簡単に略記してあるだけですが、その時の行は、四年近く経ちました今日もなお、昨日のように明瞭に思い出されます。四時間にも亘りましたその時の行でしたが、行日記が簡単なように、その行中の動きはまことに変化の少ないものでした。しかし、何も想わず、何も考えず、何ものにも捉われないところの澄み切った深い境地に、私は導かれていきました。そのうちに、合掌の手が静かにほどけると、左手は外縛の拳を、右手は内縛の拳を結び、観自在智仏と大自在力神の絶対境に溶け入って行くのが感得されました。このような行中には、現実界の相対的時間観念などは消滅してしまって、どの位の時間が経過したのか計りようがないものです。

やがて両手の拳はほどけて膝の上に降りて、左手の上に右手を上向きに重ねた法界定印を結び、無我の極地である真空無想の境地としか言いようのない世界に没入して行きました。このようにして現実意識が消滅してしまって、ただ〝空〟なる境地にひたり切っている中から、この境地はそのままに、もう一つの私の意識が分かれたと言ったらよいでしょうか、予測もしなかった現象が展開されました。白でもない、黒でもない、不思議な微光に包まれて無限に拡がる大スクリーンの上に、ちょうど映画の字幕が流れるように、左から右へ向かって

般若波羅蜜多心経

観自在菩薩

行深般若波羅蜜多時

照見五蘊皆空

度一切苦厄

…………

と一行、また一行と、かなりの間隔をおいて、ゆっくりゆっくり流れて行くのを、行中の私の中から分かれた現実的な私の意識が、これを静かな心境で黙読していると同時に、現実意識を超越したもう一つの私の意識は、この般若波羅蜜多心経なる経文の文字の背後にある無始より無終に続き、無限に拡がる世界に溶け入りながら、ちょうどこのお経をお説きになられた仏陀の御境地の中に包まれて、その御境地を深く深く味わわせて頂くのでした。

釈尊が、どのような悟りの世界に住されながら、このお経を通じて人々に何を教え示そうとなされたのか、文字の紙背に秘められたその秘密の世界を一方で味わいながら、大スクリーンの上に写し出されて流れて行く一字一句を噛みしめるようにして読解して行くことは、何とも言いようのない不思議な悦びでした。

私の中の別なる私は「舎利弗よ」と呼びかけながらお説きになる釈尊の御心の中にすっぽりと包まれて、おことばの深い意味を観じ味わいつつ、もう一人の人間なる私は、一字一句を熟読しながら、文字と文字の間に秘められ、行と行の間に隠された悟りの秘密を味わって行くのでした。今までこの経文の意味するものを、人間的に理解しようとして会得しきれなかった疑問や不審が、一つ一つ氷解し、そして全部が得心されて行くのでした。不思議な感動であり、言い知れない法悦でした。

それ以後、十月中の四回の行で再三再四繰り返して心経の世界観を観じさせて頂くことができました。この字数わずか二百六十二文字のお経の中に、万古不易《ばんこふえき》の偉大な真理が哲学的に体系づけられていることを確信しておりましたが、それまでの私の理解は、はなはだ漠然としたものであったと申せましょう。それがこの五回の行中に〝空〟の何たるかを深く観じさせて頂くことによって、この経文の一字一句がまことに整然としてゆるぎなく、美事に体系づけられて一大真理を喝破していることがよくわかり、驚倒したものでした。

教主尊師の御著『立教示帰』の中で、このお経におふれになった個所があります。

「般若心経は経義を味わわずに、ただ棒読みを続けるだけで修行を志す人の力になるものがある。なお、一歩を進めてこの経に含まれた真理の一端を味わうようになれば、一層有難さを感ずること疑いない」

とあります。

まことに味得できました喜びは法悦そのものでした。しかしまたその反面、根本神自らの御教えであり、法身如来直々の荘厳秘密教を信奉し修行する私達に対しましては、

「この般若心経に心とらわれることは決して利益するものでないことも特に付記して置く」

とお誡め頂いておりますだけに、このときの行中の体験も数限りない神秘体験の中のほんの一駒として喜び味わっただけで、更にそれを人間的に追求し研究しようというような気持にはなりませんでした。

したがって、己れ一人が内観的に味得しただけで、その観じた内容を他者にわかるように説明することなど考え及びもしませんでした。

それでも強いて説明を試みるならば、行中醇化し昇華した意識は、神秘世界の実相である〝空〟なる相を観じ、それから分かれた中のもう一つの意識は、これもまた澄み切った境地に導かれて、現実界に展開するありとあらゆる現象を仮の相として徹見し、この二つの意識がそれぞれ神秘実相界と現実仮相界を同時に観じながら、般若心経の一字一字を裏と表の両面から対比して読みつつ解して行ったと言ったらよいでしょう。

この時の一連の行でわかりましたことは、〝空〟は思弁哲学では絶対に理解されるものではなく、ただ真空無想の境地体得によってのみ観じ得られるものであるということでした。

心経解説図表のお示し

それから四年近く経ちました昭和四十六年六月二十五日（金）、夜の行中において、突然再び同じような現象を繰り返し味わいました後、現実界の仮相と神秘実相界の空相とが、次元を異にしながら表裏一

体である関連と対比について、巻末に添付しました別表のような般若心経の図解を行中に示されました。

再び『立教示帰』を引用させて頂きますと、

「即ち、空中真理であって、この真理は、一心浄化が絶対条件となって得られ、この絶対条件によってはじめて功徳も顕われるべきであり、また顕われるのである。この絶対条件とも称すべき行が即ち般若波羅蜜多の修行であると解すればよい」

とお示しになっておられます。正座観法の中に、この般若波羅蜜多の修行の全部がすっぽりと織り込まれていることが、実践体験として理解されました。すなわち正座観法を行ずることによって、私共の輪廻転生の過程において無始の昔より我が一心にまつわり付いている塵垢、煩悩、観念等が祓い浄められ、ここにはじめて絶対条件である一心の浄化が果たされて〝空〟が証得されるのです。

この時の行中には、不純物一切を取り除いた溶液が熱せられ、蒸発するに従い、蒸発皿の上に次第に結晶体が析出して行くように、私の澄み切った想念の中から湧き出るようにして、心経の一字一句がそれぞれ如何なる次元の世界を示しているものか、一つ一つ位置づけられて図表がまとまったものです。そしてかつて私が内観した真理が明確に体系づけられて、他者に示すことが出来るようになったものであります。

ですから、この般若心経解説図表は、私の人間的研究労作によって構成したものではなく、正座観法の行中に、ある面は神の啓示によって示され、ある面は神の境地に溶け入った中からまとめ上げたものと言えます。とにかく、秘密教ならではの教え導きの中から感応感得させて頂いたものであります。このことを絶えず念頭において、図表を参照しながら読んで頂きたいと思います。

般若波羅蜜多心経解説図表

区分	大綱	般若の空	諸法実相	空中無相	空中無法
叙述部	観自在菩薩	舎利子 亦復如是	舎利子、是諸法	是故 乃至	亦 乃至 亦
神秘実相界	行深般若波羅蜜多時 ↑照見↓ 空	空　不異 空　即是 （〃）（〃）	空相 不生不滅 不垢不浄 不増不減	空中 無 無 無 無 無 無	無 無 無 無 無
現実仮相界	五蘊—皆 度一切苦厄	色 色 受想行識	（仮　相） （生　滅） （浄　垢） （増　減）	（仮相上） 色 受想行識 眼耳鼻舌身意 色声香味触法 眼（識）界 意識界	無明 無明尽 老死 老死尽 苦集滅道
備考	五蘊皆空	色不異空、空不異色 色即是空、空即是色 受想行識、亦復如是		五蘊 六根・六境 → 十二処 六識 → 十八界	十二因縁の流転門と還滅門 四聖諦（八正道）
区分	人法総通分	分別諸乗分			

陀羅尼	真実不虚	究竟涅槃		畢竟空
故説 即説呪曰	故知	三世諸仏	菩提薩埵	亦 以 故
般若波羅蜜多呪 羯諦羯諦 波羅羯諦 波羅僧羯諦 菩提娑婆訶	般若波羅蜜多 是大神呪 是大明呪 是無上呪 是無等等呪 能除一切苦 真実不虚	依般若波羅蜜多故 得、阿耨多羅 三藐三菩提 （一切解脱）	依般若波羅蜜多故 心無罣礙 無罣礙故 無有恐怖 遠離 一切顛倒夢想 究竟涅槃	無智 無得 無所得
			現実界の行果 実相界の行果	
秘密真言分	総帰持明分	行人得益分		

本部道場において、昭和46年6月25日（金）夜の“正座観法”行中に、般若波羅蜜多を修得し、神秘実相界と現実仮相界の二界を照見して、二界の対比と表裏一体の関連を悟得す。これを図表として示した。なお、上下に区分を配して解説の便宜に供したが、上段の区分は大元密教教主の御著『立教示帰』、下段の区分は弘法大師の御著『般若心経秘鍵』によるものである。この区分と備考は、行中のお示しによるものではなく、後から筆者が人間的配慮によって付け加えたものである。

図表の構成について

最初に図表の構成について説明いたしましょう。縦には、上より区分、叙述部、神秘実相界、現実仮相界、備考、区分と、六つの欄に分けました。最上段の区分は『立教示帰』により、最下段の区分は弘法大師の御著『般若心経秘鍵』による区分を示しました。そこで横には、上段の区分に従って、「大綱」より「陀羅尼」までの九つに分け、下段の区分に従っては「人法総通分」より「秘密真言分」の五つに分けて示しました。これは解説の便宜を計るために付したもので、この区分と備考欄は、行中のお示しによるものではなく、後から私が人間的配慮によってつけ加えたものであります。

この図表の特徴をお話し致しますと、般若波羅蜜多心経というお経を文章的に構成しております字句がそれぞれ何を意味しているかという点を、視覚的理解の助けを借りて判り易いように表現したところにあります。

私共が現に生きながら、自他の生命現象を認識できます面と共に、その生命現象の裏に秘められていて普通の認識力や認識方法では知ることのできない面とがありますが、この二つの面に亘って真理が説かれているのがこのお経です。それですから、この生命現象の表に現われた面を現実仮相界とし、その裏に秘められた面を神秘実相界として示し、経文中の字句がどの世界に属する言葉か、またはどの世界を示している言葉かに従って、その該当する欄に挿入しました。

またこの二つの世界にまたがって両界に関与する言葉として「般若波羅蜜多」と「照見」および呪についての説明部分と「羯諦」以下の真言陀羅尼とは、境界線を消してしまって両界にまたがるように表示しました。

もう一つ、現実仮想界の〝色〟と神秘実想界の〝空〟との関連を示す言葉として「不異」と「即是」を両界の中間に配しました。更に文意の底に秘められている言葉を（　）の中に示して、理解の助けと致しました。それから、この両界に属さない説明的字句を叙述部に配しました。

図表は原則として、上の欄より下の欄へ、右の行から順次左の行へと読み進めて行けば、経文の通りになるように配置しましたが、どうしても上下が逆さまにならざるを得なかった部分として「五蘊皆空」と「受想行識、亦復如是」とがあります。また〝色〟と〝空〟とを「不異」と「即是」によってその関連を示しました二行の部分は、図表では省略して示しましたので、以上四行は経文通りの原文を備考欄に書き記しておきました。

心経の理解と密教

般若波羅蜜多心経は、釈尊が弟子の智見が開かれるに従って、阿含、華厳、方等の教えをお説きになった後、般若の智恵すなわち正覚に基づく英智についてお説きになった数々の教えを、後になってわずか二百六十二文字に集約して示したところの顕教の経典であります。顕教（言葉を用いて大宇宙の真理を間接的に説いた教え）ではありますが、その内容をよく読みとってみますと、神秘実相界の相について説いた神秘的な教えです。

この神秘実相界こそ宗教の根元的世界でありますが、この世界は密教によってのみよく教え示されるものであり、また密教修行によってのみ体得できる性質のものであります。それ故神秘実相界を言葉で説くことは非常に困難なことですので、このお経では現実仮相界を引き合いにしながらその関連と対比を以て間接的に説き示しているものであります。

そこで先ず第一に〝般若波羅蜜多〟の修行についてですが、現実仮相界に捉われた人間的意識（此岸）から解脱して悟道に入り、神秘実相界を観じて智恵の完成（到彼岸）を計る修行が〝般若波羅蜜多〟ですから、必然的に密教的でなければなりません。顕教的な修行者のよく理解できるところではありません。現実仮相界の捉われから脱して、神秘実相界に悟入する意味を明示するために、図表ではこの両界にまたがって〝般若波羅蜜多〟を表示致しました。

ところで神秘実相界と現実仮相界の両界を図表では上下の欄に示しましたが、実際には立体的に裏と表の関連であります。私共が認識する面からこれを見ますと、観の世界と識の世界ということになります。神の英智、仏の悟りの世界と、人間的知識の世界の相違であって、この二つの世界は全く異次元の世界と言えます。このように認識の可能性という点からみれば、全く異次元の世界でありながら、その関連的な働きをみますときは、表裏一体の世界なのであります。

釈迦仏教（仏教というと今まではすなわち釈尊の教えというように受けとる人がほとんどでしたが、大悟正覚を成じた仏陀の教えを仏教と呼ぶべきであります。釈迦仏教があるように、大玄仏教なる大元密教も仏教であります。そこで区別するために釈迦仏教と申します）が、顕教として説いております五蘊、十二処、十八界、あるいは縁起説、四聖諦、八正道等の教えについて、このお経でも触れておりますが、このお経が説き示そうとしている事柄はこのようなことではありません。先にも申し述べました通り、神秘実相界の相を説明するための引き合いとして用いていることですから、これ等の解説はできるだけ触れないことに致します。それよりこのお経の真髄であり、悟りの秘密である〝空〟に重点をおいて述べることに致しましょう。

経文の文脈に従って解説をする前に、もう一つ〝照見〟について触れておきましょう。経文のはじめに「照見五蘊皆空」とありますが〝照見〟とは、心にかかる無明の雲を祓い除け、大いなる光明に浴して現象の根底までを心眼によって見透すことで、密教的用語を用いれば〝観ずる〟と言えましょう。観自在菩薩は、その神秘的自在力によって、迷い、苦しみ、悩み、もだえる衆生のありさまを見抜いて現実仮相界の相を照見すると共に、その苦しむ人々の永遠の実体なる、生命力の本体が住する神秘実相界をも同時に照見してみて、ここに因と縁との結合によって人間の心身を構成しているところの五蘊は自性のない仮の姿であって、この五蘊がその本体においては皆空であり、この空の裏付けによって現われる現象が五蘊であると照見なさったのであります。

そこで〝照見〟とは、五蘊が皆空であるということを照見しただけではなく、その前に現実仮相界と神秘実相界の両界の諸相を照見したことが文底に秘め隠されているものと解します。その理由は「諸法空相」の段で〝舎利子、是諸法空相〟と森羅万象の神秘実相界における相に触れていることに注目すればうなずけるでしょう。このような意味合いから図表では←照見→と両界に向かって矢印を付しました。

このように解してみますと、神秘実相界の〝空〟なる相を〝照見〟するということは、密教的修行であり、密教的境地によってはじめて可能になるのであります。したがって般若心経をはじめ、般若系の諸経典も密教修行によってはじめてその真髄が味得されるというものです。心経の末尾の陀羅尼によるまでもなく、このお経が如何に密教と密接な関連があるか想像出来ることと思います。

しかし密教の立場から般若心経をみますと、このお経で説き示しているものは密教世界の導入部に当たるものであって、一大哲理であることに間違いはありませんが、密教教義のほんの一部を説き示しているに過ぎないものであります。それ故密教の修行者は、このお経に心捉われてはならないとお誡めを受けているのです。

仮相の〈有〉と空中の〈無〉

行中お示し賜わった比喩です。〝色〟を〝波〟と考え〝空〟を〝海〟と想ってみて下さい。

私達は海岸に立ったり、あるいは舟の上から、海を眺めるなどと言いますが、実は〝海〟を見ているのではなく、〝海〟の表面に現われている現象としての〝波〟を見ているのであります。しかし〝波〟はそれ自体として独自に存在するものではありません。〝波〟には自性がないと言うのです。〝海〟の水面の上に現われて、刻々に変化する現象に過ぎません。これを仮相と言うのです。

〝波〟は〝海〟あっての現象でありますから〝海〟は〝波〟の〈体〉であります。実体であります。〝波〟そのものには自性なく実体がありませんが、〝波〟の背後には〝海〟なる実体があるのです。この実体があるからこそ〝波〟なる現象が現われるのです。すなわち〝波〟は〝海〟の〈用〉（作用、はたらき、あらわれ）であります。繰り返しますと、〝海〟は〈体〉であり実相であります。〝波〟は〈用〉であり仮相であります。そして〝波〟の側から〝海〟との関連をみますと〝波〟と〝海〟は表裏一体であります。故に〝波〟は〝海〟に異なりません。また〝波〟を離れて〝海〟は在り得ません。この関連において〝海〟

は〝波〟に異なりません。同じように〝波〟は即ち是〝海〟であり、〝海〟は即ち是〝波〟であります。このことを私共は先験的に了解していますから、〝波〟を見て〝海〟を眺める、などと表現するのです。千波万浪帰一水の理でありまして「波不異海、海不異波、波即是海、海即是波」となりましょう。「色不異空、空不異色、色即是空、空即是色」をこれに照らし合わせてみて下さい。

次に〝波〟の現象を考察してみましょう。〝波〟は常に動いています。恒常不変のものではありません。すなわち「諸行無常」の仮相の存在であります。また常に動いておりますが、不規則、不条理に動いているのかと言うと、そうではありません。因縁によって動いております。

〝海〟の水なる本性を〈因〉とし、地球の引力と自転、月や太陽などの引力、風の影響、地震などを〈縁〉として生起し、消滅するものであります。すなわち「諸法無我」であります。因縁生起のものであります。〝波〟が〝波自身〟として存在し得ないが故に「無自性」であります。そして〝波〟の本体を照見致しますと〝海〟であります。これをもう一度整理して列挙しますと〝波〟は、

仮相の現象です。

因縁によるものです。

自性がありません。

本体は〝海〟です。

この四つは〝波〟の性質を並列的に示したものであります。それを「〝波〟は、仮相の現象で、因縁によるものですから、自性がありません。自性がなく、実体がないから〝海〟と言うのです」と縦に列ねてしまってはおかしなことになります。

同じように〝色〟あるいは〝五蘊〟は、

仮相の現象です。

因縁によるものです。

自性がありません。

本体は〝空〟です。

これを「〝色〟あるいは〝五蘊〟は、仮相の現象で、因縁生起のものですから、自性というものがありません。無自性故に実体なく、実体なきことを〝空〟と言うのです」と誤解して〝空〟を解釈したところから〝空無〟のような観念が誤って生まれました。

どうしてこのような誤解が生じたかについて、もう一度触れておきましょう。〝波〟にも〝五蘊〟にも自性がないことは間違いありません。しかるにこの「自性がない」ことと「実体がない」こととは、決して同義語ではありません。それを、同義語のように思い違いしたところに大変な誤解誤読が生じたのです。二元的なものを一元的にみたための錯誤であります。

〝波〟には自性がありませんが、〝海〟なる実体がないとしたなら、どうして〝波〟があり得ましょうか。これと同じように〝五蘊〟にも自性がありませんが、生命力の本体である根元的な実体がなければ、人間の生命現象はあり得ないのです。故に自性はないが実体はあるのです。〝波〟と〝海〟の関連のようにして、実体はあるのです。ただこの実体が、形なく、容なく、姿なきものとしてあるが故に〝空〟と言うのであります。

〝色〟〝五蘊〟の無自性なのをみて、実体なしと錯誤して、それを〝空性〟と言い〝空無〟とみるのは〝仮空〟をみるものであります。〝波〟を透して、実の充満せる〝海〟を想像するが如く、〝色〟を徹して神秘実相の〝空〟を照見することが〝空〟を悟ることであります。

〝海〟の中には海藻もあれば魚もいろいろいるように、〝海〟中には〈有〉があるのです。これと同じように〝空〟中にも〈有〉があるのです。「真空妙有」なる秘密相として〈有〉があるのです。このことについては〝色〟や〝五蘊〟を〝仮有〟とみ〝空〟を〝空無〟とみ、この〈有〉〈無〉を綜合して〈中〉という観念を生み出し、「空仮中の三諦」を説いた〝天台教学〟などは全く観念的理論の遊びだと申さねばなりません。何れにしろ釈尊の滅後、釈尊に到底及ばない者がいたずらに論をもてあそび説を成して、煩瑣哲学を作り出し、仏教の宗教的生命を犯し、損なうと共に、大自然界の中にひそむ神秘性を見失わしめるに至ったのであります。

さて、次は〈体〉である〝海〟そのものの実相を調べてみましょう。無始の昔より無終の未来に至るまで、大海には生滅がありません。〝海〟は万河の終極です。清い流れも、濁れる水も共に流入します。浄垢共に併せ呑む〝海〟は、浄を呑むが故に不垢であり、垢を呑むが故に不浄です。〝海〟は浄垢を抱容して超越したところの「不垢不浄」であります。また万河流れ入るからといって増すこともなければ、また虚空に蒸発するからといって減りもしません。

このように大海の実相を時空両間に亘って巨視的に眺めてみますと「不生不滅、不垢不浄、不増不減」となります。「諸法空相」も同じであります。

〝海〟の実相を知悉した上で〝海〟の側から〝波〟を対比的に眺めてみましょう。〝波〟はあくまでも、無限にして永遠なる〝海〟の表面に起こる有限仮相の現象であって、〝海〟の中には〝波〟はありません。

「海中無波」であります。全く同じ理で「空中無色」を理解して下さい。

ここで特に注意して欲しいことは〈無〉だからと言って〝海〟や〝空〟の中には何もないなどと言っているのではありません。また〝波〟という海面の現象や〝色〟〝五蘊〟という現実界の存在〈有〉を否定しているのでもありません。海面の〝波〟現実界の〝色〟を〈有〉と認めればこそ、その前提の上に立って〝海〟の中には〝波〟がなく〝空〟の中には〝色〟がないと言っているのであります。

仮相の中の〈有〉を肯定しながら、しかし「空中」には〈無〉と、対比的に否定している文章構造が、解説図表によれば一覧して解ることと思います。ところがこの理を弁えずに〝般若経〟（般若波羅蜜多と空の思想を説いた諸経典の総称）は「無の哲学」を説いているとか、仏教は「虚無的な諦観の教え」であるというような見方は、まことに馬鹿げた浅薄皮相の見解であります。

本論に戻りまして「空中無色」と同じく、人間を構成している〝五蘊〟と、認識の主体である〝六根〟と、またその対象である〝六境〟と、およびこの主客を結ぶ認識作用の〝六識〟等すべては（現実界に仮の相として現われている〈有〉であって）神秘実相世界の空中には認められません。空中〈無〉です。すなわちこれらを総括してみますと「空中無相」であります。

このように〝空〟なる実相世界には、執着すべき身心もなく、執着すべき対象もなく、ただ真空の世界があるのみであります。「真空妙有」の世界があるのみであります。

「空中無法」の段では、大変な否定がなされていることに注目して下さい。一般には、釈尊大悟正覚の真髄とみなされております十二因縁が否定され、また苦からの解脱の教えであり仏道修行の実践道である四聖諦、八正道までが否定されております。しかし、ここでも「空中」における〈無〉を示す否定であることは、前段と変りありません。

般若心経は、梵文も漢訳文も、実に論理的であり、また首尾一貫したその論理は、寸分の隙もなく明晰極まりない文章によって構成されております。それにも拘らずほとんどの心経解説書が、この段においては論理性を失い、いたずらに因縁を説き、四聖諦、八正道の解説に力をそそいで、肝心の「空中無法」と、法を否定した重大意義に触れておりません。それと言うのも〝空〟に対する皮相の見解が矛盾を生んでしまって、肝心な点に触れることを許さないのであります。

〝波〟と〝海〟の比喩をここでもまた引用してみましょう。〝波〟は〝海〟が空気と触れ合う境界面の現象です。だからと言って、空気に属するものでもなければ〝海〟と空気の両方に属するものでもありません。あくまでも〝海〟に属し、その水なる性を〈因〉（根本原因）として成り立ちます。それでは空気とは無関係かと申しますと、そうではありません。風吹けば波立ち、風強ければ波は荒れ狂い、風が凪げば波穏やかと、このように接触する空気の影響を受けます。

〝波〟にとって空気は〈縁〉（副次原因、条件）の働きを致します。また、月や太陽の引力によって潮の満ち干が生じ、地球の自転の影響を受けて潮の流れが生じます。船が通れば航跡によって新しい波が生じ、波が更に波の上に重なります。これ等は皆〝波〟の移り変る現象に〈縁〉として作用するものです。また波と波も相依相関的に作用して、また〈縁〉となります。このように〈因〉と〈縁〉が結ばれて起こる〝波〟は、決して不規則、不条理のものではありません。

流体力学の造波理論という物理法則に従って生滅致します。この造波理論が〝波〟についての因縁説と言えましょう。しかしこの造波理論はあくまでも海面の現象である〝波〟に適用されるものであって、

〝海〟の中では成り立ちません。〝海〟中では無意味であり、無意義であります。

これと同じように〝空〟中には十二因縁が〈無〉いのであります。すなわち、過去世の因縁を以て現在果を招き、現在の因縁を以て未来果を結ぶとする「無明」より「老死」に至る順観理法としての十二因縁の流転門も、現実仮相界に現われる動きと変化について理論づけたものであって、実相界の〝空〟中には無いのです。また苦果である「老死」を滅するにはさかのぼって「無明」を滅尽するものであるとした逆観理法としての十二因縁の還滅門もありません。苦集滅道の四聖諦の教えも、道の道たる八正道の教えも、すべて方便であって、大智によって真空を悟った上にはことごとくないのであります。

私共の一生の動きを眺め、人生苦について考えてみますと、広い海面に浮かび、波にもてあそばれて苦しんでいるようなものです。因縁の理法に昏《くら》ければ、次にどのような波が襲いかかって来るかも知らず、潮の干満に一喜一憂し、風凪いで波静かであれば一時の安逸をむさぼり、風荒れれば狂乱怒涛にもまれて、悩み、苦しみ、もだえるといったふうに波に翻弄されています。〝浮き世〟と言い〝憂き世〟と言うも、むべなるかなであります。

ここで苦を滅することを考えてみましょう。それには〝波〟をなくすことです。と言って〝波〟は因縁の理法による必然果の動きであれば、これをなくすことは出来ません。そこで私共の方が〝波〟のある海面から離脱して〝波〟のない海中に移り住むことであります。

この理が四聖諦の教えであり、潜水技術の習得が八正道だと言えましょう。〝波〟から離脱するには、迷いを断つことです。執着を断つことです。煩悩から離れることです。すなわち〝解脱〟です。この修行が〝般若波羅蜜多〟であります。

このようにして〝空〟なる海中に至ってしまえば〝五蘊〟なる〝波〟に翻弄されて苦しむこともなく、涅槃という静謐寂定の境地に安らぐことが出来ます。悟りの大智によって真空を知り、この真空無想の境地に自在安住するに至れば〝波〟立ち騒ぐ現実界に煩わされることもなく、縁起説もなければ四聖諦もないのです。

すなわち「空中無法」であります。

大元密教開顕の秘義

教主尊師は常々、

「儂は骨格を示す。その肉づけは門弟諸君がなせ」

「教義は、儂から直接伝受すればよいが、正座観法行によっても得受出来るものだ」

「儂が説いてしまっては、その説は顕教の教義となってしまう。門弟諸君が、行中に感応感得して、あるいは啓示により、あるいは悟りによって教義を把握し、それを記してこそ、密教教義と言えるのである。諸君がそれぞれに行中の体験をまとめて教義体系をつくるべし」

と御教示下されております。

この小論は、このような意味合いをもってまとめましたもので、微々たる断片であり、極く初段階の一節に過ぎません。しかし、このみ教えに入門する以前には宗教的知識の皆無にひとしかった私にとりましては、まことに神秘極まりない御教示であり、法悦そのものの体験でありました。

なお誤解を招かないために付言致しますと、

「日頃、本を読むな、と戒めるのは、他人の意見にとらわれない人間を造るためである。自分で考える人間になれということである。自分で苦しんで結論を出すことが一番尊いので、そのようになるために本を読むなというのである」

と戒められ、特に宗教書の乱読は正誤を弁別しない観念意識をつくり、この観念が災いして、行中における真空無想の境地開拓をさまたげるのである、と諭されて参りました。しかし一切他書を読んではならない、と言うのではなく、

「自分で真髄を掴んだなら、こんどはいろいろのものに目を通してみよ。その説の正誤を正しく判断出来るであろう。しかし、それまでは控えよ」

と仰言っておられます。

おことばの通り戒めを固く守って来ました以上、私の行中に示されたものが、他人の説によって培われた観念意識によるものでないことが理解してもらえるでしょう。

稿をここまで進めて参りました時、弘法大師が書かれた『十住心論』を手にして大変な発見をし、驚嘆驚喜致しました。それというのは、次の文に私の目が触れたからであります。

「それ大虚寥廓《たいこりょうかく》（大空がひろびろとしてしずかなさま）として万象を一気《たいき》（天空を貫通する一気）に含み、巨壑泓澄《きょがくこうとう》（大海が澄みたたえているさま）として千品《せんぴん》を一水に孕《はら》む。誠に知んぬ、一は百千が母たり。空はすなわち仮け有うの根もとい。仮有《けう》は有《う》にあらざれども有有《うう》として森羅たり。絶空は空にあらざれども空空として不住（無相の意）なり。色は空に異ならざれば諸法を建て、宛然《えんぜん》として空なり。空は色に異ならざれば諸法を泯《みん》じて宛然《えんぜん》として有なり。この故に色すなわち是れ空、空すなわち是れ色な

り。諸法もまた、しかなり。何物か然らざらん。水波の不離に似たり。金荘《こんそう》の不異に同じ。不一不二の号な立ち、二諦四中《にたいしちゅう》の称顕《なあら》わる。空性を無得に観じ、戯論を八不に越ゆ」

とあり、また同書において〝大日経疏〟から引用しています一文に、

「たとえば大海の波浪は縁より起こるをもっての故に、すなわちこれ先にもなく、後にもなし。しかも水性はしからず、波浪の縁より起こるとき、水性はこれ先になきにもあらず、波浪の因縁尽くるとき、水性はこれ後になきにもあらざるがごとく云々」

実に先聖は易々担々として〝空〟の真理を水波の喩えを以て喝破されておられたのです。しかるに真言宗門をはじめ、後世の僧侶や仏教学者のいずれもが、般若経典における〝空〟の真意をつかむことなしに終わったことは、大師が説かれたものを含め顕教による説示の限界を示すものと言えましょう。

一方わが教主尊師は、一言も発することなく、一紙も用いることなくして〝正座観法〟の行により、私をして真空無想の浄境、悟境に導き賜い〝空〟の実相を秘授伝授し賜うたのであります。この超絶した大自在の神力と観自在の仏智を想像してみて下さい。讃美讃嘆するのに言葉がありません。証し示される行中の神秘現象のことごとくが、教主尊師御一人の御境地に包蔵されるものであり、その無尽蔵なる宝蔵の一端にふれて得受致しましたものがこの小論であります。

教主尊師の御境地の深秘にして高遠なること、量り知るを得ません。諸人刮目して襟を正し、敬仰跪拝して速かに帰依し、根本神自らのみ教えなる〝荘厳秘密教〟の恩寵に浴すべきであります（この文は十二項に亘る長文のものを四項までと九項と最終項を記載し、また一部省略させて頂いたため、不充分な点のあることをお詫び致します）。

法華三昧

般若経の「空」は、弘法大師が説かれた『十住心論』によれば、第七位に位置づけられており、密教の前提経たる法華経のそのまた前提経というか、密教の導入部に位置しているものです。弘法大師が「即身成仏」つまり、人は誰でも現世においてその身そのままで仏になることが出来るという思想を持っておられたことは広く知られたことですが、当時、弘法大師と対比され、二大導師の一人としてあがめられていた伝教大師最澄も同じく即身成仏を唱えていました。しかし、弘法大師が三密の行を行ずることによって即身成仏することを説いたのに対し、伝教大師は、法華経提婆達多品に出てくる龍女成仏の段を取り上げて、次のように説いておられます。

提婆品には、龍女は「須臾《しゅゆ》のあいだにおいてすなわち正覚を成じ、………変じても男子と成り、………すなわち南方無垢世界に往く」とありますが、このところを伝教大師は、「能化の龍女も歴劫の行く、所化の衆生もまた歴劫なし。能化所化ともに歴劫なし。妙法経力即身成仏す」すなわち龍女は何の修行もせずに妙法の力によって成仏したのだと説いておられるわけです。のちに一時は叡山に学んだことのある日蓮聖人も、この伝教大師の考えを受けて、「妙一女御返事」の中に、「今本門の即身成仏は………一代諸教の中にこれなし」と、ひとり妙法蓮華経のみを評価されています。

要するに、伝教大師は体験によってではなく、法華経という経文の文証を通して、更には円頓大戒を受戒するという発菩提心を通して、即身成仏することを確信されたのだということが出来ましょう。しかし、伝教大師のこうした考えは、慈覚大師円仁、智証大師円珍、阿寛大師安然などの台密の大成者達には必ずしも受け継がれないで、日蓮聖人を始め、道元、親鸞などの各宗祖方にむしろ深い影響を与えました。

日蓮聖人は、この「妙法蓮華経即身成仏す」を更に進めて、妙法蓮華経とは単なる経名ではなく、「われら衆生の仏性と三世の諸仏の解《さとり》の妙法と一体不二なるを妙法蓮華経と名付けたるなり」（法華初心成仏鈔）といわれるような永遠なるものの力そのものだと考えられました。そうして、日蓮聖人は、「妙法蓮華経」と唱題行を通して永遠なるものに向かって呼びかけることによって、自己と永遠なるものが一つになって、即身成仏することを確信されたのです。ところが、そこに願ったものは、自己と永遠なるものとの感応道交であり、これはまさしく密教の世界なのであります。法華経が真に妙法たるか否かを知るには、まず神秘世界に通ずるような正しい修行をする必要があると言えましょう。

ここに、日蓮宗の僧籍にある釈玄虎師が、大聖師の許での修行によって唱題行について、また、法華経の世界についても示された体験談を紹介致しましょう。

「法華三昧は、法華経が説きあらわさんとした真実の世界を観ずる行であり、観妙法蓮華経をもってこれをあらわす」。私はこの言葉を行中に教えて頂いた時、全く何と言ってよいのかわからないほどの深い感動におそわれた。音のよく似た観と南無とたった一、二字の違いにすぎないが、その差は天地雲泥である。観妙は転法華であり、南無妙は法華転なのだ。「心迷えば法華に転ぜられ、心悟れば法華を転ず」珠玉のような法華の真理を転ずることが出来ないで、誤りも多い、法華の経文に転ぜられては、元も子もなくなる。念仏は無上であり、禅は降魔、真言は護国、律は国宝。諸宗有得道、生仏図の方便。法華亦一、成仏の顕道と。それぞれの立場を生かして絶対の肯定を許すのが、観妙法蓮華経の生まれて来た立場である。教主妙法蓮華大師（大聖師）に帰命頂礼するが故に、法華の世界は易易として観ぜられ、成仏の密道となる。まことに不思議な三昧行である。

すでに正座観法行という正式名称があるのに、何故わざわざ法華三昧などという特殊な名前を用いたかといえば、それは私自身の因縁による。後で記すように、華徳と呼ばれる仏子は、法華経第二十四章において、法華三昧を体得したことになっている。私は日蓮宗に所属する一僧侶であるから、ここに深く方便と真実との相即を思い、神の大慈悲がしのばれた。「大日経に曰く、菩提心を因となし、大悲を根本となし、方便を究竟となす。と」このことは、南無妙法蓮華経についても言い得る。南無妙が法華転であり筋の通らぬものであっても、すでにお題目として普及している以上は、そのままでもよいから何とか救いの道を開かねばならぬ、というのが神のおぼしめしであったのだろうか。

私は尊師の御前において、思いもしないのに「南無高祖日蓮大菩薩、南無妙法蓮華経」と（心で）唱えながら病者に加持している自分に気づき、如来大悲という文字通りの広大なみ心に感激したのをおぼえている。何故なら、高祖日蓮という伝統的な唱え方を先にすることによって、一般的に唱えられているお題目を、神たる「日蓮がたましい」の真言として、見事に生かしておられたからである。そこで「念仏も唱題も大して問題とすべきではありません」という尊師の偉大さを、あらためて知らされる思いがした。

私は尊師にお目にかかる前、『立教示帰』などを読み、この人は「使」ではないかと想像していた。「使」というのは如来の使であって法華経文第十六章に「使を遺して還って告ぐ」という役目がある。尊い方にはちがいないが、資格はあくまでも菩薩であって如来の次である。ところがお会いしてみると覚者すなわち仏陀であることを直感した。しかしながら、尊師が法華系統の教団に御縁がないところから、これを余仏と判断した。

余仏というのは他の仏陀ということで、法華経文第二章に「若し余の仏にあわば、この法の中において、すなわち決了することを得ん」とある。その余仏である。今からみれば、何と法華経にこだわった判断をしたものだろうかと冷汗三斗の思いであるが、当時としては止むをえなかったとせねばなるまい。ところが、その次にお会いしてみると、尊師は余仏ではなく本仏である相《すがた》を現わされ、お前は何某であると言われる。尊師が本仏であることはすぐにわかったが、私が何某であるということは、姿が見えないだけに、どうしても納得出来ないで幾度か問答の末、「何某は本仏とは何かを問う者だ」という解釈のもとに無理矢理承認させられた。

今考えると何でもないことなのだが、何某について特別の想念をいだいていたことが災いして、なかなか承認出来なかったわけだ。これは個人的問題になるので発表する必要はないが、災いなるかな既成概念に毒されたる者よ！　と思う次第である。行がすんでから尊師はいわれた。「迹仏（この世にあらわれた仏陀）にして本仏ならざるはなし」と。まことにその通りであり、それが理の当然であるにもかかわらず教学に災いされた既成観念というものは、物の本質を見る上に、どうも妨げとなりやすく、質直意柔軟という白紙の状態でないと仏陀の存在（すなわち尊師の人格）すら疑いかねない。

世間虚仮で世の中はますます急迫して見える。しかしながら、その虚仮の世間からどうしても逃れられない私どもであってみれば、唯仏是真と取りすましてばかりはおれない。是真の真なるただ一つのさとりを、世の中に投げ入れることによって、無数の方便智としてあるがままに行じてゆかねば、菩薩行というものは完成しない。私が観妙法蓮華経なる法華三昧を行ずるのも、如来の神の一切に障礙なきことを証さんがためなのである。

ではここに、昭和三十六年九月十七、十八日の両日、尊師の御前において法華三昧のうちに示された内容の一端を披露してみよう。

その時、私は、大衆の一員として尊師の御前にあって説法を聴聞していた。尊師の御名前は、雲雷音《うんらいおん》宿王華智《しゅくおうけち》、多陀阿伽度《ただあかど》、阿羅訶《あらか》、三藐三仏陀《さんみゃくさんぶっだ》と申し上げた。

「華徳よ！」

という尊師の呼び声に思わず立上がると、何処からともなく、天の彼方より飛来した蓮華の一茎が私の両手に握られていた。これはきっと仏様のおめぐみにちがいないと思うと、自分一人で私するにしのびず、花びらの一片一片、葉、茎とちぎられるだけちぎって、周囲の人々に分かち与え、それでも足りないので夢中になって自らの衣服をも施与し、とうとう褌一つの丸裸になってしまった。己れにかえってあたりを見廻し急に気はずかしさを覚えた私は、いたたまれなくなって坐を立ち、ていねいに拝礼して戸口の所から外へ出ようとした時に、

「待て」

というお声あり、仕方なく両手をついたまま動かずに待っていると、続けてことばあり、

「汝、自身の声を聞け」

という。心を澄まして我が声を聞けば、おお何たることよ、

「我は神なり、我は神なり」

と叫んでいるではないか。輪廻幾度、時に「我神の子」の叫びを挙げたことはあったが、「我神なり」という叫びは今生初めての経験である。我と我が耳を疑い、幾度か聞き直してみたが、いよいよ間違いないことを知ると、私の感動は何ともいえない激しいものとなり、胸うちふるえてしばらくは頭を挙げ得なかった。

我が心の鎮まりを待つかの如く、やがて尊師は口を開かれ、

「来たりて宣言せよ」

と言われた。頭を挙げて見れば、驚くべし、先程の大衆ことごとく消え失せ、衣冠束帯に身を正したる八百万《やおよろず》の神々居並び給いて、我がために大神の御前への道を開かれるではないか。恐懼して身のおく所を知らざるも、導かれるまま大神の御前に伺候して、帰命頂礼大元太宗大神を三唱、柏手三拝すれば、莞爾として微笑み給う大神の応身たる尊師、生々世々の導きを示し給いて慈顔殊の外うるわしく、退下して席につく我を見守り賜うた。

これで、ようやくみ弟子の一員となることが出来たと安堵の気持も手伝って、只今の感激を繰り返し繰り返し味わっていると、後方より我が右の腕をつかむ者あり、誰かと思って振り返り見れば、日蓮大聖人なれば、導かれるまま従って行くと、み弟子方や大衆の後方を通り、右傍の方から尊師の御前に伺候する。聖人曰く、

「これは私の弟子です。どうかよろしくお願い致します」

と。尊師は黙々として納受したもうたが、その時の尊師の御名前は、大導明無上法師と申し上げ、神にあらず、仏にあらず、大聖師そのままの人であった。

現実と幻想が混交したような表現で、あるいは、誤解されるかも知れないが、尊師を信じようとなさる方々に少しでも参考になれば幸いである。私はこの時の体験を「法華三昧」と名付け、今後更に「本仏とは何か」を行によって追求せんとするものである。

神秘実相の世界

釈尊が、言葉をもって表わし得なかった世界、神秘実相の世界を示す方法の一つとして、密教ではマンダラを用いて来ました。マンダラは神秘実相の世界を写真にしたようなものだということが出来ます。一方大聖師によって示された正座観法行によって現出する神秘実相の世界は、あたかもカラーテレビで示されるように動きがあり、立体感あり、音のある世界であると言うことが出来ます。

マンダラは、字義的にはマンダとラによって構成され、マンダとは、宇宙一切、眼に見えるもの、見えないものすべてを包含し、包蔵したという意味なのです。そうして、ラは完結を意味した言葉です。つまり、宇宙一切の実相を示し現わした完結体、または完結図というのがマンダラです。このマンダラも、信仰の対象ともなれば、神秘性がなければなりません。つまりただの字であってはならないし、また、ただの絵や像であっては無意味で、字なり、絵、像なりが意義を示す動きがなければなりません。真理世界と相通ずるものがなければマンダラとは言えないのです。

正座観法行を頂いているうちに、刀剣、宝珠などを頂くことがありますが、これは真言宗的に言えば、四種マンダラの一つ、三摩耶マンダラの世界を示されたものと言えます。ここに、かつて立正佼成会で活躍し、大聖師の許に来たって神秘実相の世界の数々を示された本庄マカサさんの行中の体験談を紹介致しましょう。

ある日の行中にいつもの様に白髪の神があらわれて、私に一張りの弓と一本の矢を下さいました。そして、

「汝、法の真髄、はっしと得たり、如何なる困苦にもめげず真一文字に突き進むべし」

とのおことばを賜わりました。私は有難く弓矢をおし頂きました。白い弓に白い矢、私は一礼して立ち上がり、弓の作法も存じませんが、両足を揃えて立ち、ついで右足を半歩引いて満身の力で弓を引きしぼり、

「エイッ！」

という気合いのもとに矢を放ちました。

「道は一筋なり、その心その意気を忘れずに汝の使命を達成せよ」

とのおことばにひざまずき神に御礼を申し上げました。そしてその日の行は終わりました。

また次の日の行中にも私を指導して下さる「白髪の老人」の神があらわれて、いろいろと力をつけて下さいました。神は岩に腰をかけ、汗をビッショリかいている私に、

「これより汝に今一段と力を与うべし」

とのおことばを下さいました。おことばに従い無言のまま神の後について一歩二歩と山深く入って行き

ますと、ほどなくして滝の音が聞こえて参りました。滝つぼの傍に参りますと、神は足を止められて振りかえり、

「これより汝に示さん」

と滝つぼの中に入り、一丈程もあるかと思う様な滝の下に立たれ、はじからだんだん中央に進み、するどい気合いと共に頭上から滝をかぶられました。私はそのするどい気合いに打たれてしばし呆然としていました。しばらくして神はニコニコ笑いながら滝から離れられ、

「よく見よ」

といわれながら、するどい気合いとともに滝に向かって九字を切られました。すると不思議や、ゴウゴウと音を立てている一丈もあろうかと思われる滝が真二つに割れてしまいました。そして神は私にも、

「滝に打たれよ」

と命ぜられました。

　私はおづおづと滝つぼに入りましたが、氷水のような冷たさに思わずガタガタとふるえました。これではならぬと下腹に力を入れて神を念じながら、

「エイッ」

という気合いのもとに頭上から滝をあびました。冷たいのか熱いのか分からぬ様な力をガンと身に受けて夢中でした。そのうち、

「もうよろしい」

との神の声があり、滝から離れて神の前にひざまづき御礼を申し上げますと、神は、

「立て」

といわれて次の行動をうながされました。私は神様のなされた様に手に印を結び全身全霊よりふりしぼる気合いもろとも滝に向かって九字を切りました。すると不思議や、私の場合も神がなされた時と同じように滝が真二つに割れたのです。

「善哉善哉。この秘法は水火の術と申して、水火の難に会いし時用うる秘法なり」

とのおことばに私は感涙し、

「私如き者に有難う御座います」

とひれ伏して御礼申し上げました。そしてその日の行は終わりました。

次ぎの行には「汝（昭和三十六年）二月二十二日午前一時白衣着用にて行に入るべし」との御神示がありました。私は有難いやらまた恐ろしい様な気がして、早速白衣を作り二十二日の午前一時に身を浄めて待っておりました。すると手に大日如来の印を結んだ神様が現われました。そして、

「余は大元太宗大神なり、汝使命重大なるによって本日より二十一日間の行を授くべし。汝の師は応化の身なり、汝よく仕え、よく励み行学二道を学びて悟りを開くべし。しかして汝衆生済度の使命を達成せよ」

とのおことばを湧いてその日の行を終えました。

二日目の行中に、

「汝他宗にはばかること勿れ。汝、また周囲にはばかること勿れ。汝の位上なるぞ。汝今までその位得ずして世の隅にありしは、下々の体験をなさしめんがためなり、その身に受けし数々の苦難の体験を生

かし、法の道に専念せよ。汝が師に会わせしは神の所存なり。手となり、足となり、よく仕え、法を弘め、最高の悟りをひらくべし」

とのおことばを賜わりました。

三日目の行中に、何時もの様に神様に力をつけて頂いた後、

「汝に与うべし」

とて白扇を賜わりました。私はその扇を頂いて開き、舞いを舞い、謡曲をうたいました。

「舞えや舞え、人の世に、凡夫に喜びを与うる我がつとめ、これぞ大いなる使命なり」

と十分近くも口ずさみながら扇片手に仕舞いを舞いました。仕舞いの下地一つない私が手さばき、足さばきたくみに鮮やかに舞いました。そして神の前にひざまづき「パチリ」と扇を閉じて前に置き、作法正しくお辞儀申し上げました。すると神様から、

「汝、人を救うに、舞いを舞うが如く、おおらかな境地と、威厳を保ちてなすべし。物の判断、けじめをはっきりとつけて人に接すべし」

と種々細かく御注意がありその日の行は終わりました。

四日目の行は、扇についての御指導で御座いました。冠をつけて、神様より頂いた宝珠を首につけ、そして刀を腰に、右手に弓を持って、しずしずと神の御前に進み、座して、腰より昨日頂いた扇をとり出し、前に正しく置き、うやうやしく一礼しました。神様からは、

「昨日汝に与えし扇は八方寿という名の扇なり。凡夫の世に四方八方の人々に喜びを与える使命なり。凡夫の世の苦にあえぐ人々に宇宙自然の理を悟らせ喜びの境地に導くは汝の使命なり」

その他数々の有難いおことばを頂き、その日の行を終わりました。

五日目の行は、彫り深き長柄の杓子にて神様から御神酒を頂きました。気高き香りがあたりにただよい、口に含むとジーンと体にしみ渡りました。その時、

「汝、身の不浄一切を清めるためなり」

とのおことばを頂きました。すると間もなく神様の合図により青い中国服を身に着け、髪を真中より分けて両耳の所に束ねた可愛い童子が、黒い壷をうやうやしくささげ持ち、神様に一礼した後私の前に進み、それを下さいました。その壷を頂き中のものを口に致しましたところ、それは甘く、そして香り高き霊薬で御座いました。神様からは、

「汝、本日より人格向上し神格具備せるものとして、衆生済度の道に専念せよ」

とのおことばがありました。そして神は両手をもって私の体に手を触れて下さり力をつけて下さいました。私はただ有難さに涙にむせびひれ伏してしまいました。

六日目は道場においての行で御座いました。再度神様より御神酒を頂き「汝の使命重大なり」と細かに人の道についての教えを頂きました。

七日目の行において、神より秘密曼荼羅を頂戴致しました。

八日目の行は、神より頂きし八方寿の扇を開いて舞いを舞いました。この時は何語であるか解らぬ言葉で、しかも十七、八歳の少女の様な声で二十分程歌を唱っておりました。リャンファイシーミーファシー、リャンファイシ、ファシーナ……言葉は忘れてしまいましたが、行中はスラスラと実に美しい声で歌い、そのメロデーに自分自身がうっとりとしてしまう程でした。それから神が数人のお供を従えて

現われ、私に（神社で神主がする様に）お祓いをして下さいました。そして神が、
「マカサよ、汝にこれ（幣束）を授くべし。凡夫の世の罪、汚れを祓い浄め、清らかな寂光土の建設をせんがためなり」
と言われました。私はその幣束をおし頂き、使命の重大さに、かつまた、神の御慈悲に胸が一杯になりました。

九日目の行は、神は金の縄の様な打ちひもで髪を束ねて現われ、無言で進まれました。私はその後に従いました。山際に沿った崖を一歩づつふみしめ、絶壁の合間をくぐり抜け、山を越えつつ頂上にたどり着きました。息をつく間もない程神の足は早いのです。おくれてはならぬと私はその後に続くのです。見渡す限りの山また山、足下には薄紫の雲が光に映えたなびいている。山頂に立たれた神は、「雄大なるこの眺め、山頂に立ち、只今味わいたる境地、ここに達するまで多くの苦難はあったが、一歩一歩の前進、不退転の信念をつら抜いてこそはじめて得られたる境地である」
と厳かにおことばを下さいました。

それから神と共に山頂に立ち、腰に下げていたホラ貝を思う存分息の続く限りに吹けば「ウォーウォー」と山にこだまして壮絶にして神妙、この時の境地は筆舌にいい表わし様もありませんでした。

十日目（三月三日桃の節句）は、部屋の両側に白衣を着た神々の大勢居並ぶ中を、私はしずしずと進み神前に玉串を奉奠し、三歩後退して二柏三拝。白衣の胸にはさんだ誓詞を取り出し次のような宣誓をしました。

「大神の御前にかしこみかしこみ申す。本庄マカサ、人の世に生まれ教えの道を求めること久しかりし

が、神の恵みにより昭和三十五年二月十七日大聖師に師事するを得て真の教えにふれ、神の使命を深く悟れり。マカサ必ず命に替えて衆生済度の道を大神の御前に誓い奉る」

その時、神のおことばあり、

「今の汝にあるは行、行あるのみ」

と。私は印を結び多くの神々のお姿を拝しました。

十一日目、行に入ると不動尊の印を結び全身全霊の力にて九字を切る。威儀を正して神の前にひれ伏す。神殿造りの庭があり彫刻が細かくおごそかである。中央の扉が開かれ中から白衣の童子が中国服を身に着け、両手でうやうやしく捧げ持って来た物を頂きました。それは長寿の霊薬で神より下されしものであり、何十何歳までの寿命を神が護って下さるとのことで御座いました。神の御慈悲のかたじけなさに感涙にむせびながら、

「マカサこの世に身の終わるまで、大聖師の手足となり、衆生済度の使命を果たし、法の道に専念致します」

と誓った次第です。

十二日目、行に入り九字五回切る。神より、

「大聖師に宣誓せよ」

とのおことばにて行中席を立ちてうやうやしく師の御前に進み、玉串を捧げ二柏三拝し、次のごとく宣誓しました。

「本庄マカサ昭和三十六年二月十七日、我が聖なる師の許に参りてより早や一年余、師の寛大なる御慈

悲により教えの道に入り、深く悟り、神よりの使命として衆生済度の道に専念すべきことを知りました。不肖ながら慈悲深き師の御指導の下に今後共一所懸命精進させて頂く覚悟で御座います。何卒よろしく御願い申し上げます」

十三日目の行は、白衣に太古じめの姿で幣束を持ち、大広間を通り、敷石伝いにしずしずと進む。山に囲まれた静かでおごそかなお宮が前方にあり、私は中央階段を昇って格子戸を開き、中央に座って神前にひれ伏しました。「大神はじめ十方の諸神諸仏何卒我に智慧と力をお与え下さい」と両手を開いて神に願いました。願っている間に次第に頭が下がりひれ伏してしまいました。しばらくして、両手が頭に上がり力一杯自分の頭をなぐりつけます。頭がかーっと熱くなったなと思ううちに無我の境に入ってしまいました。ややしばらくして高僧が現われ私の頭に灌頂して下さいました。そうしてその高僧は私に、「汝に舜海の名を与うるなり、澄覚院舜海と名のるべし。これ大僧正に値す。霊界との交流により生きた人を救う力を持つものなり」

とことばをかけられたのです。私は、

「在家にありながら、僧籍における最高の位を頂き真に有難う御座います。これからその力を頂いて世の多くの人を救い、この世ばかりでなくあの世に参りましても神より与えられた使命を達成させて頂く覚悟です。何卒私に智慧とカをお与え下さり守り給え」

と伏して願いました。

十四日目の行、まず神よりお祓いをして頂きました。私に本日まで数々の力を与えて下さった神が今日は純白の長い着物に羽織袴で正装なされておりました。

「汝の使命重大なるによりて神直々の指導なるぞ、深く深く胸に刻みて行に入るべし」
とのおことばを頂き、種々の御指導がありました。

一、宇宙の真理唯一つなり、凡夫は教えを求むれども真理の教えを求め得ずしてさまよい苦しむ。真理の教えによりてのみ神秘の門は開かれ、神秘の墳に入ることを許されん。我この世の使命を知れり、使命の道に入るも苦難あり、しかれどもその極に至りて真理の悦びはあるなり。

一、世の人、宝求めて宝の山に入りたるも宝求め得ずして探しさまよう。宝庫の扉開かれ秘宝の蔵に入りたれど宝の何たるかを知らざる者は得られず、悟りし心こそ真理の宝なり。我尊師のみ手により求めし宝授りぬ、この悦びぞ喩えようなし、しかれどもその責任ぞ重し。

これがこの日の行中に感得した境地でした。

十五日目の行、白衣を召された神が茶の湯の指導をして下さった。次に活花、梅の古木に菜の花の根〆め、立活の儀でした。

十六日目の行、鐘をつく、余韻八方に打ちひびいた。

御堂にて鐘つく我ぞこの良き日いでや進まんみ教えの道

山々に囲まれた緑こい深山の頂上に神は黒塗りの横笛を手に持って立たれ、一吹き二吹き調子を合わされました。美しい音律は清く澄んだ奥山の空気をふるわせて流れてゆきました。神はやがて私にその笛を下さいまして、

「吹いてみよ」

とおおせられました。私は生まれて初めて手にした横笛を口に当て、一心に吹きました。わが吹く笛ながら音色冴え冴えとして身は宙に浮いてとけゆく感じで御座いました。

十七日目の行、白衣に袴をつけられた神が静かな部屋で琴をひかれる。その曲は六段、そしてまた千鳥の曲、風雅な琴の音、ひとしお胸にしみる。

「苦難の境地に陥りても、この静かなる清らかな境地を忘るること勿れ」

との神のおことばがありました。身なりについて細々と注意を頂き、また、化粧について御指導頂きました。

十八日目の行、根本神の御指導。昨日に続き寿真美清智、そしてまた泰山の如き信念をもって雄々しく正しく行う。書道を習う。字一つ一つ細々と御指導を賜わる。
一、汝、師を敬い従順であれ。
一、汝、夫に対して貞節であれ。
一、親に対して孝であれ。
「信仰に無知なる親でも今日まで育成された恩に対しては従順素直になり下がるべし」「兄弟始め周囲の者に対して和を図れ」等字を書きながら細々とおことばを頂きました。「神々様私は必ず神のおことばに従います」と誓い、そして師に対しては「足りない者ですが何とぞ御指導をお願いします」とひれ伏してお願い致しました。

十九日目の行、神と人間とのつながりについてお諭しがありました。

「神仏の寿命は永遠不滅なり。無量寿なり。無限であり、神仏は常にこの世のあらゆる場所におられ一切の人間を導く。そして、やがては人間を神仏の境地までひきあげる。二生、三生、やがては八生と……」。

二十日目の行、神より「本日神眼を与うべし」とのことばあり。行に入ると金色の蓮華台の上にお釈迦様の姿が現われ、印を結ばれ坐られた。金色の色は勿論、体全体からバラ色の光が輝き、何と口や筆に現わしてよいか分りませんが、ただ有難さにひれ伏してしまいました。しばらくして私は印を結び、無我の境に入りますと、神様が「マカサよ」と申され、頭を上げますと私の頭に瑞鳳の宝冠をのせて下さいました。

「衆生済度の道は苦難なり、神格具備せる汝の使命は重大なるぞ、めげずたゆまず前進せよ」

とのおことばを頂いた。また次のことも示された。

一、法はみだりに用いるべからず、求むる者にのみ与うべきなり。

二、その人の機根に応じて法を説くべし。

三、その人の良い点を見出して伸ばすべし。

四、間違った思想の人に正しき法を説き、人格完成の道へ導くべし。

二十一日目の行中に、聖なる我が尊師の前に進み出ていねいに一礼して玉串を捧げ、二十一日間の行の御礼を申し上げる。不肖なる者にかくまで親切に細かく御指導下さり、また神秘なるみ教えを給わり、神の力を授けて頂き有難う御座いました。不肖マカサこの世に命ある限り神のみ教えに従いまして、師の手となり足とならせて頂き、私の使命を達成させて頂く覚悟で御座います。

闇の世に明るき光照らさんと神の使命をおびて生まれつ

このようにひれ伏して御礼言上申し、頭を上げますと、一瞬尊師のお体より無量無数の色の光が放たれて、遍く十方世界を照らしました。さながら「宝樹下の獅子座上の諸仏も亦かくの如く無量の光を放ち給う。釈迦牟尼仏の宝樹下の諸仏神力を現じたもう時百千歳を満す」との経文の如く。

そのうち空海上人が現れて私を荘厳この上ない大殿堂に導いて下さいました。大理石の床に大勢の神々が居列んでおられる中を進んで行きますと正面に御簾が下がっていました。上人がしづしづとその御簾を巻き上げられますと、そこに展開された世界の神秘さ、私は一瞬声をのんで呆然としてしまいました。

耳に妙なる音楽が聞こえ、一段と高い金色蓮華台の上に坐し給う釈迦牟尼仏のお体より発する光、眉間より放つ何ともいわれぬ光明、また小蓮華台の上に坐し釈迦牟尼仏に恭敬礼拝している大勢の神々の身より発する紫金の光明、その荘厳さはどの様に申して良いか解りません、周囲の光景はバラ色に輝く園、その中に宝樹が生い茂り、えも言われぬ果実の香気がただよっています。

美しい鳥が緑の葉蔭にさえずり、池に咲く蓮華の紅色、白色の美しさが何とも言えません。これを観ている私の眼には自ずと歓喜の涙があふれてきました。そして私は有難さのあまりひれ伏してしまいました。やがて現象の消滅と共に私は頭を上げて大神に二柏三拝して深く御礼を申し上げました。

私は今更の如く神秘の世界の不思議に驚きました。我が使命の重大さを思い、思わず衿を正しました。

そして今一度大神にこみ上げる熱い涙の中に厚く御礼申し上げ、御神示による二十一日間の行を終わらせて頂きました。

神の子なる故神とならん

この章では、大聖師が神秘宝蔵の世界を、我々僧籍にある者ばかりでなく在家の人達に対しても体験させる方法として「正座観法」行を示され、即身成仏、神人一体への道を開かれたことを記しました。大聖師はよく「釈尊は因縁を説いたが、償は因縁を証し示す」と言われておりますが、正座観法行を行ずることによって万人が因縁を示されるのです。この章の中に出て来る「正座観法」行による体験は、読んだだけではそんなことがあるものかと言われる人が大部分でしょう。釈尊が説かれた経文や、イエスの説かれたバイブル、これらの諸教典でさえ幻想的な物語としか見ない時代ですから無理はないかも知れません。このような時代であるからこそ、言葉だけでなく自分の体全体で感じ取る体験の宗教が必要となるのです。私は密教は体験し、体得する教えだと常々言っております。それは、正座観法行を修することによって我々人間の考え、人生観が大きく変り、神への道を歩むことが出来るようになるのです。祈りの言葉に「神の子なる故神とならん」とあります。地球上の人類のすべてが神の子なることを自覚し、神となるべく修行しようではありませんか。

八、仏陀の再現

智泉大得と私

昭和四十四年四月二十五日のことです。夜の正座観法行を頂き、道場を出て控室に戻りますと、そこにおられた永井さんが、「上代さん、上代さん、ちょっとここへ来なさい」と呼ばれるので参りますと、大聖師からですよと、一枚の紙片を下さいました。私は一種独特の風格のある筆致で書かれたメモを拝するようにして見せて頂きました。それには次のように書いてあったのです。

昭和四十四年四月二十五日午後八時、

「僧チセン、常信僧を通して救いを求めて来た。彼は高野僧にして空海の甥なるか?

彼の建立した寺を調べて浄めてやるべし」

その時私は午後六時から九時までの三時間の行を頂いていたのです。しかし、私自身はこのことを知る由もなく、神秘実相世界を手に取るようにして指導される大聖師にして初めて御承知のことだったのです。後で大聖師に直接お目に掛かる機会を頂いた時に、

「智泉は細面で顔があおじろく、若い感じだったが幾つで死んだのかね」

とお尋ね下さったので、病を得て三十七歳の若さで亡くなった、と。また、智泉大徳は弘法大師の姉の子で、九歳の時に大師がその非凡さを見抜かれ、三論宗の学問寺で国立大学的存在であった大安寺の勤操の許へ連れて行き勉強させ、唐から帰朝後自分の処に引き取って密教の秘義を授け、画技に秀でたところからマンダラの製作に当たらせるなど、非常に可愛がられて、弘法大師十大弟子の一人にあげられていたことを申し上げました。また、智泉大徳が亡くなられた時の大師のお嘆きははなはだしく、達嚫《たっしん》文《もん》を草され、文中に、

「吾飢うれば汝も亦飢え、吾楽しめば汝も共に楽しむ、所謂孔門の回愚、釈家の慶賢、汝即ち之に当れり云々」

と記されていることも申し添えさせて頂いたのです。その時師は、

「法には、情はない」

と、ぽつりと言われ、しばらくして、

「弘法大師の人間的な嘆きが災いしているのかも知れぬな」

と申されたのです。

メモを頂いて早速、智泉大徳の建立された寺というのを個人的に調べたのですがなかなか判らず、上田天瑞先生のところに電話して高野山で調べて頂くなどして、やっと京都市右京区梅ヶ畑槇尾町にある槇尾山最明寺（真言宗大覚寺派）であることが判ったのです。そこでその旨を大聖師にお通ししましたところ、

「それでは次に京都に行く時に一緒に行きましょう」

というおことばを頂き、五月二十三日随行させて頂いたのです。

弘法大師の御入定

当日、発車少し前に東京駅に参りますと、洋服をお召しになった大聖師が随行員も連れず、上代君こっちだよと言われんばかりにニコニコと私の方を見ておられました。私はいろいろな意味でビックリしてしまいました。まず第一に日頃大聖師に接しさせて頂いた時は、何時も白衣を召され、それに被布などをお着けになっておられるお姿であったのに、洋服を実にスマートに着こなされておられること。第二に、私は真言宗を始めとして各宗の管長さんクラスの方々のお見送りなどを見て来ておりますが、実に大げさで余り感心したことではありませんでした。ところが尊師は随行員を一人も連れずに旅をされようとしているのです。

全く考えてもみないことでした。これが貴方のキップですよと渡して下さり、同じ車輛に乗せて頂きました。尊師とは二つ三つ離れた席でしたが、列車が走り出して私の隣の席が空いているのを確かめられると、ここに座ってもよろしいかと言われてその席にお座りになりました。すると、私自身慈悲の衣にすっぽりと包まれてしまったような安心した気特になり、平生は重い私の口から知らず知らずのうちに質問が出て、いろいろお答え頂いたのです。こちらがお尋ねしている間にも、

「ちょっと待て、今行中でそこからサインが来ているから」

と言われ、しばらく経って、

「もうよろしい」

と話を続けられるのです。

ちょうどこの日は本部道場で正座観法行の指導のある日でしたので、大聖師の代座をつとめられる方から別なる通信とでも言いましょうか、そのサインに応えておられることが判りました。普通、師を存じ上げない方でしたら一体何事だろうという位で終わってしまうでしょうが、幸いに私が密教徒であったために、このことを充分理解させて頂いたわけです。それ故、大聖師が御法座におられなくとも、何時も変りなく神秘世界に触れさせて頂くことが出来るのだ、と判らせて頂いたのです。

この時にお尋ねした中で一番印象に残っておりますのは、当時弘法大師の入定観についていろいろな考えがあって高野山を中心にけんけんがくがくであったので、この点をお尋ねした時のお答えです。この弘法大師御入定についてはいろいろな記録がありますが、小野仁海僧正の作と伝えられる修行縁起に次のように述べられています。

「承和二年三月二十一日寅の時、結跏趺坐し大日の定印にして奄然として入定し玉ふ、兼日十日四時に行法し玉ひ、その間御弟子等共に弥勒の宝号を唱ふ、ただ目を閉ぢ言語なきを以て入定と為すのみ、自余は生身の如し、時に生年六十二、夏臘四十一、然りと雖も世人の如くに葬送せずして、儼然として安置す、則ち世法に准じて七々の御忌に及ぶ、御弟子しかしながら以て拝見し上るに、顔色衰へず、鬚髪さらに長ず、これに依て剃除を加へ、衣裳を整へ、石壇をたたみて例人《つねのひと》の出入すべきばかりになし、その上に石匠に仰せて五輪の率都婆を安んじて、種々の梵本陀羅尼を入れ、その上にさらにまた宝塔を建立して仏舎利を安置す、その事一向に真然僧正の営む所なり」

この入定の日について大聖師は、

「弘法大師は律義な方だったので、自分が予告された二十一日に入定されたのだ。そのまま息を止められたと言った方がよいかも知れない。儂も正座観法行をつけている時に、別な世界に行ってしまうが、そのまま息を止めてしまえば死と言うことになる。弘法大師の場合はだから入定入滅であると言える」と教えて下さったのです。弘法大師は御遺訓の中に、

「吾れ去んじ天長九年十一月十一日より、深く穀味を厭ひ、専ら坐禅を好む、皆是れ令法久住の勝計にして、末代の弟子門徒等のためなり」

と説かれておりますが、これを仰せ出された天長九年十一月から承和二年三月まで二年四ヵ月の間、穀類を断たれたのです。それにいよいよ入定の近づいた承和二年正月以後は、食事をやめられ、一週間前には飲物さえ断たれたと伝えられています。

大聖師のお食事も五年程前から豆腐を主体とし、精進揚、生野菜と季節の果物等を召し上がられ、しかも一日一食とお聞きしております。それに御成道なさる前には二十一日間の断食をされ、二日目からは水も一切口にされなかったそうです。断食、しかも水を一滴も飲まれない完全断食をこのように長い期間やられるということ、それも苦しみながらでなく淡々と一週間に何回かは垂水の山の中から京都の東寺まで出掛けられたということは、我々凡俗の到底なし得ることではありません。

弘法大師が八十日間の断食をされたことといい、大聖師の場合といい、神秘世界に常住なされる方でなければなし得ないことです。大聖師は二十一日間で二十四、五貫あった体重が十三貫位になられたそうですが、弘法大師の場合はどうだったのでしょうか。車中弘法大師のこの間の食事の話、入定される時には断食によって体が小さく軽くなった様子など手に取るようにお話し下さり、気がついてみたら京都

駅でした。

最明寺を訪ねる

この日はお出迎えした数人の教師、信者と共に、都ホテルまで同行させて頂きました。信者の他に当時京都家庭裁判所長で後に東京家庭裁判所長になられて亡くなられた宇田川潤四郎氏の訪問を受けられるなどして、その日はここにお泊りになられました。ちなみに宇田川氏は後日大聖師に救って頂いて亡くなられたのです。私は宿を予約していなかったので師が心配して下さり、都ホテルに掛け合って下さいました。しかし、この日ばかりは空室が一つもなく、師は儂と一緒の部屋に寝ないかと言って下さいましたが、おそれおおく、しかも師から発せられる神気によって同室では到底眠ることなど出来得べくもないと、私は早々に失礼して京都ホテルに泊ることに致しました。

それと言うのも、大聖師が十年程前に山口県にある高野山真言宗の神上寺に行かれた時の話を弟子方から聞いていたからです。横山某という久留米市の文房具屋の妻君がその時の会場に来ており、大聖師のことをちょいと力の強い行者位に考えていたのでしょう。師のお側に休ませて欲しいとお願いしたところ、師はよいとも悪いとも言われずに「ああそうかい」と答えられたそうです。そこで本人はお許しが出たものと思い師のお床の近くに休ませて頂きました。

翌朝になってみると床は藻抜けの殻です。そこで大騒ぎとなり、皆で探したところ、男でも上がるのが容易でない山のてっぺんのしかも大きな岩の上に寝かされていたのです。その女性の身の程をわきまえぬ行為に対し神々が怒られてみせしめのためにそのようにされたものなのでしょうか。

さて最明寺行きは翌日の二十四日のことでした。私が約束の時間に都ホテルのロビーにお伺いし、大聖師と御一緒しようとしてタクシーを呼ぼうとしましたところへ、ちょうどタイミングよく京都の信者夫妻が車で師を伺ねて見えたのです。師はちょうど今出掛けるところだが話は何だねとお尋ねになりますと、それではその場所までお送りさせて頂きますと信者夫妻が車で送ってくれることになりました。

最明寺は高尾山に近く紅葉の名所としても知られたところですが、真言宗大覚寺派に属し準別格本山の寺で、弘法大師が高尾山寺に入られた時に、当時一番弟子であった智泉大徳によって開かれた所です。徳川初期には戒律道場が設けられるなど積極的な活動をやっていたようですが、大覚寺本山の紹介を頂いて訪問した時は、御多分にもれず観光寺になっておりました。

私は高野山真言宗の者であり、この方は私が師と仰いでいる偉大なお方だと住職に大聖師を御紹介したにもかかわらず、約一時間程その寺にいる間中その住職は一人で寺の由来などをしゃべり続けました。初対面で大聖師の偉大さを知らないのは当然だとは言え、真言の僧侶であればおことばの一つも、かけて頂き、尊師の御境地の一端にでも触れて欲しかったと私自身はいたたまれない気持でした。ともかく大聖師は最後に重要文化財の御本尊釈迦如来像に御手を触れられてお浄めをされ宿に帰られたのです。私はホテルで大聖師とお別れし自坊に帰ってまいりましたが、この随行をお許し頂いたことは、私にとって実に有難いことでした。

十住心論について

天長七年（八三〇年）淳和帝の時に、当時の各宗各派がそれぞれに自派の教義をまとめて朝廷に提出したことがあります。弘法大師もこの時『秘密曼荼羅十住心論』十巻と、この書を要約した『秘蔵宝鑰』三巻の両著作を提出されました。「秘密曼荼羅」とは前章にも記したように、真理世界の実相を現わしたものという意味です。「秘蔵宝鑰」の秘蔵は秘密の蔵、つまり神秘実相の世界を言うのであって、「秘密曼荼羅」も「秘蔵」も結局同じことになります。住心というのは心の世界であり、「大日経」の住心品という章にちなんだものなのでしょう。鑰はじょうまえのことで、秘密の蔵を開く鍵を教えているという意味から「宝鑰」というようにつけられました。

十の心の世界は、人間以下の心、雄羊のようにただ性と食とのことしか考えない第一住心（異生羝羊心）から始まって、倫理的世界（第二住心）さらに宗教的目覚めの段階（第三住心）と人間の精神的な発展段階を十に分けて説くと同時に、当時実際に行われていたり、書物で知られていたあらゆる宗教や哲学思想に対する総合的な批判と位置づけを明確にしたものであります。

これはとりも直さず、青年時代に儒、道、仏の教えの中で仏の教えが一番だと説いた『三教指帰《さんごうしいき》』の発展したものと言うことが出来るでしょう。第八住心が法華経の世界であり、第九は華厳経の世界、第十住心が秘密荘厳心すなわち密教の世界、大日経の世界というわけです。

しかし、十住心論の第八住心と第九住心の順序については、考えようによっては問題のあるところです。当時の南都六宗では、華厳宗が最高の宗教的権威であったことですし、一方奈良仏教と反目し、法華経を拠所とする新興勢力の天台宗であってみれば、華厳、天台二宗の序列は自ずから明らかでありましょう。しかしながら華厳経と法華経の基本的な内容を考えてみますに、前者は善財童子に托して展開する釈尊の過去世の修行物語としての神秘世界における菩薩道の展開であり、後者はその菩薩道を完成された仏位（久遠成仏）のお立場から神秘世界を衆生に説示された教えであります。

私がこのようなことを軽々しく申し述べる立場にもなく、また自分の神秘体験に照らして断言するわけではありませんが、一切の派執を離れてありのままにみるならば、釈尊の自内証、すなわち神秘世界の展開は華厳経的世界から法華経的世界への展開であったと言えるのではないでしょうか。一般に華厳経の世界では普賢菩薩を、また法華経の世界では観世音菩薩を取り上げますが、これは菩薩の行願（普賢）から仏の慈悲（観音）への進展としてとらえることも出来ます。ここが第八住心と第九住心の順序について、なお一考の余地がありはしないかと考える理由です。

たしかに釈尊が入滅されてから、阿含、華厳、方等、般若、法華と仏典を編纂し後世に伝えていますが、釈尊の教えを忠実に伝えていると考えられるものの筆頭にやはり華厳経を置かないわけにはまいりません。それと対照的に秘密世界の説示という他の経典にない独自なテーマを持ち、経典の王といわれる法華経は、その素晴しさにもかかわらず、バラモン的なあるいは現世利益的な夾雑物が混入し歪曲されて伝えられているようです。

それともう一つ言えることは、華厳経と法華経は、そのまま華厳宗と法華宗（天台宗あるいは日蓮宗）にあてはめて理解することは出来ないという点です。何故なら宗門の教学は宗祖の解釈が権威を持ちますが、必ずしもその権威がそのまま経典そのものの生命とは考えられないからです。特にこれが著しく見られるのが、自宗の優越を誇示するための教相判釈であり、しかも皮肉なことには、その創始者は法華経を第一としてこれに煩瑣な解釈学まで作り上げた天台智者大師なのです。

法華経は釈尊滅後恐らく数百年経って、インドの奇蹟集的な記録が混ざったもので、釈尊の予言や教えも含まれてはいますが、あの経典全部が釈尊の説かれたものではないことは言うまでもないことで、この中から玉と石を選り分けることは文献的操作をもってしても恐らく不可能でしょう。更に十住心論も、教相判釈の意図をもって宮廷に提出されたものであることに留意して頂きたいと思います。こうしたことからも、十住心をめぐる法華経と華厳経は、興味ある問題を投げかけていると言えましょう。

密教の前提経としての法華経

秘密世界は法華経のように教典にしただけで判るものではなく、釈尊もこの点は十分認識されておられたことですから、いまの法華経文的な説法をなさるわけがないのです。つまり、法華経も普通の顕教の経文であることに違いありません。世間では「妙法」なる言葉を用いておりますが、妙法は蓮華経の中に在るのではなく、蓮華経は妙法の一齣に過ぎないことを知らねばなりません。しかし、蓮華経の中に盛られた神秘なる表現の箇所箇所や字句の一部は、妙法に通ずるものがあることは認めるべきであると言えましょう。そこで大聖師は法華経は密教の前提経だと言われているのです。大聖師は一法華僧との問答の中に次の様に答えておられます。

密教というと真言密教とか天台密教とかあるいは、大元密教だけが密教だと考えるから前提経という言葉にひっかかるのであって、神秘世界を教える教え、これを密教というのですから、前提経という表現は、法華経を根本的に非難する意味ではなく、むしろ高く評価していることで仮に大元密教が法華教を教範としたとしたら、そのようには考えないでしょう。しかし私は、法華経の根本精神である本仏の境地は、誰よりも認める立場ですが今の法華経経典なるものを全面的に肯定するわけにはいかない。

たとえば普門品第二十五にいろいろ奇蹟が出て来るが、あんなことが現実にあり得るかどうかと考えても御覧なさい。あの当時はああいう表現をして通ったかもしらぬが、今の時代にそれが通りますか。今の時代に通らないことを通そうとするのが、いわゆる法華経を信仰する人達の狂信的な気持なのです。これがあったのでは孤立します。宗教というものはそういうものじゃない。これが判らない。だから貴方の、その信念は大いに結構だが、信念居士という一つの塊になったために、真理の門まで入ることが出来ない。気の毒だという他はありません。

確かに法師品第十に釈尊が薬王菩薩に、

「今、汝に告ぐ『わが説ける所の諸の経あり、しかも、この経の中において、法華は最も第一なり』と。その時、仏は復、薬王菩薩摩訶薩に告げたもう『わが説く所の経典は、無量千万億にして、已に説けると、今説くと、当《のち》に説くとあり。しかも、その中において、この法華経は、最もこれ信じ難く、解《さと》り難きなり。薬王よ、この経は、これ諸仏の秘要の蔵なれば、分布して妄《みだ》りに人に授与すべからず。諸の仏・世尊の守護したもう所なれば、昔より已来《このかた》、未だ曽て顕《あらわ》に説かざりしなり。しかもこの経は、如来の現在にすら、猶、怨嫉《おんしつ》多し、況んや滅度の後をや。云々」

と説いております。

これは日蓮聖人が「法華最第一」を主張される拠所として古来から有名なところです。しかしこの法華最第一ということをどのようにして真実証し立てして来たでしょうか。法華経を信ずる人達はこれを顕教的に、つまり僧侶方の解説によって理解し、末法時代にあっては法華経のみが正しいお経だとしております。ところがその法華最第一を説いている経文の少し後には、

「薬王よ、若し善男子、善女人ありて、如来の滅後に、四衆のために、この法華経を説かんと欲せば、云何《いか》んが、応に説くべきや。この善男子、善女人は、如来の室に入り、如来の衣を着、如来の座に坐して、しかしてすなわち、応に四衆のために、広くこの経を説くべし。如来の室とは、一切衆生の中の大慈悲心、これなり。如来の衣とは、柔和忍辱《にんにく》の心、これなり。如来の座とは、一切法の空、これなり。この中に安住して、然して後に、懈怠《けたい》ならざる心をもって、諸の菩薩及び四衆のために、広くこの法華経を説くべし」

とあります。ここで、「如来の室に入り、如来の衣を着、如来の座に坐す」ということは、単なるたとえ話ではありません。法華経の序文においては、仏が法華経を説くに先立って入った禅定を無量義処三昧と名付けますが、この無量義処とは、「無量に分別せられるものの基礎」ということなのです。つまりもろもろの教法を裏付ける別なる神秘実相世界はこの三昧のなかで展開していくのであって、「如来の座に坐す」ということは、ただ法華経を聞いて信解受持することに尽きるのではなく、法華経の蔵ははなはだ固くして奥深いものであるから人の能く到るものなしと言われるように、神秘実相世界に通ずる者でなければ法華経を正しく説くことは出来ないのです。

前章に引用した日蓮宗の学僧の体験は、学問的に如何に追求しても判らなかったことが、大聖師の前で正座観法行を頂くことによってカラーテレビを見るようにして法華経の世界を見せられたその一部分を発表されたものなのです。

密教は言葉を越えた世界

釈尊は阿含経の「相応部経典」の中で、シンサパー樹の林に滞在している時、数枚のシンサパーの葉を手にとって弟子達に語られています。

「手にした葉の数はシンサパーの林にある葉の数にくらべると僅かであるように、それと同じく弟子達に説いた教えは、自分が知りながら説かなかったことにくらべると僅かである」

と。また、釈尊入滅の夜最後に釈尊の弟子になったスパドラに対し、その質問に答えられた後で、詩によって自分の生涯を語られました。渡辺照宏氏（仏教学者）の訳詩を引用させてもらいますと次の通りです。

スパドラよ。二十九歳のとき
善き道を求めて私は出家した。
スパドラよ。私が出家してから
五十年以上たっている。
正しい法の一部分を説いた。
これ以外にシャモンはない。

相応部経典とこの詩に共通することは、釈尊が言葉をもって説かれたものは、釈尊が悟られた永遠の法（ダルマ）全体に比べれば、ほんの一部分に過ぎないということなのです。それでは説かれなかった部分は何かと言いますと、これこそ神秘宝蔵の世界であり、何故説かれなかったかと言えば、それは人間的な言葉では到底形容し尽くせない世界であったからだと言えます。

釈尊がある時、弟子達を前にして花を摘んでこれを黙って皆の前に示したところ、誰も釈尊が何故そのようなことをされたか判らず黙然としていたが、その中に居合わせた一人大迦葉のみその意を悟り、にっこりと笑ったというのです。このことが、禅宗の教外別伝、不立文字の発端になっているといわれます。このように釈尊から発せられる光、神気によって悟ったとしか言いようのない記載が経文の随所に見られますが、人間的な言葉を介せずして超感覚的に直接伝える以外に神秘世界を示す方法がないのです。

釈尊は、それではまったく神秘世界を公開されなかったかと言いますと、その最晩年において悟りの極致である涅槃会を催され、神秘世界の一端を弟子達に示されたのです。勿論、ここで言う涅槃会とは、釈尊が入滅するに際して仏教徒が言うところの涅槃とは異なることは言うまでもありません。ところが、今まで妖術的になってしまったバラモンの教えに対し、あくまでも人間的に立派であらねばならないとして、顕教的に四諦八正道などを説かれておられただけに、多くの弟子達は神秘実相の世界に触れても、これを単なる妖術の世界と感違いし、この期に及んで師は魔法を使って弟子達をたぶらかすのかと言うのを聞いて、釈尊は時いまだ至らずと神秘宝蔵の扉を閉じられてしまいました。そうして、やがて末法時代に至ってこの神秘世界を直接皆に知らせる教え、つまり密教によって永遠の理法を自分のものとすることが出来ると弟子達に説かれたのです。それ以来、今日まで密教の出現が待望され続けたと言えましょう。

歴史的に言いますと密教なる名称は、八宗の祖竜樹（竜猛菩薩。出世年代には異説が多く、およそ二、三世紀の人と言われている）と共に登場してきますが、教えとしてまとまりをみるのは四世紀頃からです。また、弘法大師が開かれた真言密教は、六、七世紀頃にインドで成立した「大日経」と「金剛頂経」の二つの経典の教理にもとづいて、独創的な密教の体系としてまとめられたものです。

弘法大師は大日如来の応化身

弘法大師は、三十一歳の延暦二十三年（八〇四年）日本を出発し唐に向かい、途中嵐に逢うなど難儀しながらもその年の暮近くに長安に到着しました。そうして翌年春になって自分が止宿していた西明寺の僧ら五、六人と共に恵果阿闍梨にお会いすることが出来ました。恵果阿闍梨は弘法大師を見るや否や、心から喜び迎えて、

「私は、前から貴方が来られるのを知っていて、久しい間待っていました。今日、お目に掛かれたことは大変喜ばしいことです。私の寿命もまもなく尽きようとしていますが、密教を伝えるのに然るべき人がなく、大変心配していたところなのです。早速灌頂の壇をかまえて、秘法を伝授しましょう」

と言われたのです。こうして弘法大師は真言の大法のことごとくを授かり、大同元年（八〇六年）十月頃、多数の密教教典、仏画、マンダラ、法具類などを持って帰国されました。

春に恵果阿闍梨にお会いした弘法大師は、六月、七月には胎蔵界、金剛界の灌頂を許され、さらに八月十日には阿闍梨位の伝法灌頂をうけて真言付法の第八祖になられたのです。大師にすべてを伝えた恵果阿闍梨は、十二月十五日に入滅されました。入滅に先立ち大師を呼んで、

「私は、不空三蔵より尊い密教の伝授をうけて、天下に流布して仏恩に報ぜんとしたが、ことならざるにはやこの土に縁も尽きた。不空三蔵の指示を受けたのだが、どうかあなたは、私のこの望みをかなえ

てくれるように。伝うべき法は皆お前に授けた。あなたは多くの経巻、仏器をたずさえて、早く故郷に帰り、国家の安泰のため、国民の増福のため、この法を流布してくれるように。そうすれば四海は泰《やす》く、万民は仕合せを楽しむことが出来るのである。これこそ、あなたが仏恩に報じ師恩に報ずる所以《ゆえん》である。まさしく、国家のためには忠であり、家に於いては孝となるのである。はやくこの法を東国《にっぽん》に伝えて、密教流布のため努められよ」

と諭されたのです。そこで帰国後嵯峨帝の厚い帰依を得た大師は、国家の和平は皇室の繁栄によって始めて可能だと考えられ、鎮護国家を称えられたのです。その結果、薬子の乱において国家安穏、朝敵退散の大法を修したのを始めとして、入定されるまで国のために、また国民のために何度も祈禱されました。

弘法大師は、真言宗を弘めるにあたり、従来の釈迦仏教の中の密教という考え方ではなく、密教の中に諸教諸派があるのだという考え方で出発されたかったのだと思います。このことは密教の独自性からして、従来の仏教の範疇に入り切れないものがあるので当然のことといえます。ところが大師は、帝の御親任を得ていたにもかかわらず、最初の師僧である勤操僧都の属される南都六宗に対する義理を感じられたのか、あるいはこの時代の一方の雄である最澄が絶えずこれら六宗といさかいを起こしているのを見て、わざわざ波風を立たすのをよしとしなかったのでしょうか、形の上では結局仏教の一宗派としての真言宗を立てられたのです。

大師は不空三蔵の指示により、恵果阿闍梨から、自分の法脈を継ぐ者は貴方以外にいないということで伝法灌頂を受けられたのですが、弘法大師滅後、大師に弟子の礼を取った伝教大師最澄の天台宗に優秀な弟子が輩出したのにひきかえ、真言宗には弟子が育ちませんでした。これは弘法大師があまりにも偉大な方であったことと、密教を理解することが如何に難しいかの証左とも言えます。

密教と言うと、加持祈禱ということがすぐ言われますが、大師は、人間は本来病気になるわけがない。病気になるのは、何かの間違いがあってなるのだから、その間違いを是正さえすれば自然に丈夫な姿になると考えられたようです。祈禱はその当時の社会情勢が強大な集権的王朝貴族の支配する稲作農耕社会を基盤としていたことから、大師の鎮護国家という思想とあいまって祈雨、止雨の修法などは進んで行われました。しかし、これらの修法は真言宗の本筋ではなく、その本筋は即身成仏でありました。それが何時の間にか、密教というものは加持祈禱をする宗旨のように誤られて理解されるようになってしまったのです。

密教は、決して加持祈禱が主でもなければ目的でもなく、大宇宙の真理を人間以外の力によって究めようとする深遠な教えであります。

それでは密教を定義づけるとどういうことになるかというと、真言密教の場合、密教とは「真言の教義」によると、真言は大日如来の自内証の法門であって、十地等覚の菩薩といえども、この因位を知ることは出来ない、故に秘密である。よって密教と称す。と説かれています。

大元密教の場合は、この秘密儀に変ることはないが、ただ違う点は「神自らの教え」なるが故、教える神と教わる者の他その内容を知り得ることが出来ないので秘密の教えといい、根本神の教えなるが故大元密教と称する。と説かれております。

以上の説明を見ても明らかなように、密教の世界は頭で考えただけでは、絶対に判らない世界だと言えます。私は大聖師の許で正座観法行を重ねることによって、大日如来の境地の一端をうかがい知るに及んで、弘法大師の偉大さに改めて気が付かせて頂いたのです。従来真言宗宗内の人達は在野の知識人による弘法大師の再発見という合い言葉から、他の宗祖方に優るとも劣らぬ方として、また万能型天才人間空海としての評価しかしておられなかったのではないでしょうか。

釈尊が人間の姿をしながら大日如来の応身であったように、第十住心に秘密荘厳心を説いた大師は、常にその境地に住しておられた方であることを考えた時、釈尊が大日如来の応化身であるように、弘法大師また大日如来の応化身ではないかという考えにたどりついたのです。すると他の宗祖方とは神秘世界において、まったく違った格位を持たれた方であるという確信が湧いて来たのです。これは私が真言宗の僧であるから自宗の宗祖を身びいきして言うのではなく、弘法大師の神秘世界における格位に対しての認識が、私を始めとして真言宗の方々が余りにもうかつではなかったかということに思い当たって愕然としたのであります。

三密について

私は大聖師に接し、その教えを受ける前に、『元密』という本を手に入れ何気なく頁をめくるうちに、三密についての大聖師の解説を拝見させて頂いて、かつて私なりに勉強した三密の解説が難しく書いてあるばかりでチンプンカンプン、書いている本人が果たして判っているのだろうかという疑いさえも持ったのです。それにひきかえ、この中に盛られている内容の端的で適確な解説と判り易さを見て、ああこれなるかなと膝を打った次第でした。そこで、この観法講話を師のお許しを得て転載させて頂きます。

「密教の根本は三密という語によって一切が表現されているといっても過言でないので、本日は三密について、詳しく説明することにします。神道では三位一体とか言っていますが、三位一体は三密に通ずる表現であることは勿論です。三密は個人的立場と、真理世界全体をあらわす場合と二つに分けてみることが出来ます。個人的立場の三密は、真言密教でも天台密教でも通俗的に身・口・意ということで表現しています。身・口・意を三密の最低単位と考えているわけです。

三密における身というのは、印を結んでいる相です。印というのは、ご承知のように左右二手で秘密世界に通ずる神との約束である印形を結ぶことです。合掌も一つの印ですが、その合掌にも金剛合掌、虚心合掌、蓮華合掌、独股印といったようにいろいろ種類があります。印の基本をなすもの十八あり、それが内縛外縛と二様にあらわれるものを合わせて三十六種類の印が主なものとなります。それが更に変化していきますので印の種類は非常に多いのです。今、一々の印形を示す必要はありませんが、身口意の身をあらわす時には印をもってあらわすものであることだけはご承知願いたい。

次に口ということは、念誦—唱えるということです。真言を唱えることもそうですし、名号を唱え、題目を唱える。これも一つの念誦です。神道で祝詞や祓詞をあげることもこの中に入ります。行者が呪文を唱えることも身口意の口に属します。

それでは意というのはどういうことかといいますと、念仏ということです。今、阿弥陀如来の名号を一生懸命に唱えている者があるとする。その者の心には何が映じているか。阿弥陀如来の本当の姿を見ているものと言えましょう。念仏の仏が阿弥陀如来であることもあり、釈迦如来であることもあります。この道場で大元太宗大神の御神名を唱える場合、大元太宗大神が念仏の仏、唱神の神にあたるわけです。

さて、三密を身・口・意の三つに分けて説明しましたが、身口意の三つが別々に働いてよいものかどうか。三密は身口意の三つに区別されるが、全体的には一つである。「手に印を結び、口に真言を唱え、心に仏を念ずる」この相が、三密一体となってあらわれなければならない。身口意の三つは一つになってはじめて結果があらわれるのです。

念誦し口に唱えるということについて、更に説明を加えますが、念誦にどのような種類があり形式があるかといいますと、これには多くのものがあります。行中に自然に何事か唱えさせられる現象、これを行者は昔から口切りといっていますが、これは身口意の口にあたるもので、三密の一つの現象が出てきているわけです。

ところでその唱え方、口切りに幾通りかの種類があります。その一は唱声法といいます。唱声法というのは、例えば、小学生が先生や親や周囲の人達に聞いてもらいたくて大声を出して本を読むように、大声を出して唱える方法です。その二は蓮華法といいます。蓮華法というのは、自分の耳に聞こえる程度に小声で言う方法です。その三は金剛法といいます。金剛法というのは、声を出さず僅かに舌の尖を動かす程度で唱える方法です。

この方法はなかなか難しい。私もやってみましたが本当に難しいことでした。大声を出してやる方法、これは楽です。自分の耳に聞こえる程度の唱え方、これも練習すればそれ程難しいことはない。しかし、舌の尖を僅かに動かすだけで声を出さない。これはなかなか出来るものでありません。はじめの何回かは出来ますが、五、六時間もぶっ通しにやれば乱れてしまいます。その四は三昧（三摩地）法といいます。三昧法というのは、声も出さない舌の尖も動かさない、ただ心で念ずるだけという方法です。この三昧法は、禅定の極地に達しなければ出来るものではありません。その第五は光明法といいます。光明法というのは、舌端火を吐くような猛烈な唱え方をする方法です。これは修験者や御嶽行者がよくやっている方法で、「六根清浄」と唱えながら飛んだりはねたり、その身振り手振り足振り、さながら気狂いのような唱え方です。

念誦の方法には以上五通りの種類がありますが、何の必要あってこのような方法があるかといいますと、皆さんが小学生の頃は、一生懸命声を出して読んだ経験があると思います。それが次第に学年が進むに従って、大声を出さずに小声で読んで意味がわかるようになる。それが更に進むと黙読して意味がわかるようになります。黙読してわかるというのは、考えてわかることなのですが、更にその上には考えるという気持を棄てて直接感得出来る境地があります。これは寺小屋や学校では味わえぬ境地ですが、ここで行をやればその境地がわかります。自我意識を棄てた境地の現象、これが前にも説明した三昧法というのです。このように五つの段階をへて三密──身口意──の中の口にあたる念誦の目的が達成されるのです。

口に真言を唱える者は、神仏の世界に自分の念ずることがとどくようにと思って念ずることは当然ですが、どのようにしたら神仏の世界に通ずるか。大声を出して真言を唱えたなら神様によくとどくかも知れない。神様も聞きとどけてくれるかも知れないと思いがちです。しかし、自分の気持と神様の世界が通じ合うものでなければ神様の耳には入りません。いかに大声を出そうと、釣鐘をつくような発声をしようと、神様の世界と自分の心が通じ合っていなければとどくものではありません。それならば大声を出すことは無駄なことかというと、そうばかりとは言われません。最初のうちは大きな声で唱えなければ自分の雑念にとらわれてしまって切れてしまう。

初心者がいきなり舌の尖を動かす程度の金剛法を用いたとしたなら、俗にいう精神統一がとれるものではありません。大声で念誦する方法を何時間か何百時間か続けて行った後、今度は自分の耳に聞こえる程度に声を低くしてみる。この方法がうまく行ったなら次には舌の尖を動かす程度に変える。このような段階をへていかないと自分の境地というものは整ってきません。大きな声で真言をあげようと、小さな声であげようと自分の境地が無我の境地に入っていなければならない。

無我の境地に入るためには雑念を棄てなければならない。どのようにしたら雑念を棄てることが出来るか。静かな気特を最初からつくり出そうといかに努力してもなかなかその境地に入れるものではありません。雑念を追い払うような気持で大声でどんどん唱えると、その自分の大きな声に自分の気持がよってしまって雑念がわいて来なくなる。

大声で真言を唱える唱声法というのは、無我の境地に入って行く第一段階の方法として用いるのです。第二段階の蓮華法、第三段階の金剛法と次第に進んで、第四段階の三昧法を修し得る境地、ただ心の中で念ずるだけという境地に達すればあとはしめたものです。雑念の微塵もわかない無我意識まで入ってきたとすれば、その境地というものは絶対変るものではないから、今度は舌端火を吐くような唱え方をしても乱れもしない。それによって生ずる現象は一から四までの段階を綜合した現象と変ってくるのです。

以上が身口意の三つを人間的に用いるときの一つの方法です。真言密教でも天台密教でも、過去のヨーガや婆羅門等もみなこの方法を用いてきたのです。私の方の教えでは、このような手段方法は認めますが、そのような形式を設けるようなことはしません。今まで説明した唱え方をしなくても最後の目的に達することが出来るからです。一番はじめに大きな声を出して唱えなくても、自分の耳に達するような方法を用いなくても、または舌の尖を僅かに動かすような方法を用いなくても結果として目的である無我の境地に入り得るのです。そして無我の境地で仏を念ずる境地まで行けます。これがわが教えの正座観法の修法です。正座観法はただ座って手を合わせ、目をつぶっているだけだが、あの形の中に今までの密教的なすべてのものが含まれているのです。その中から一つ引っ張り出せば、唱声法になり、蓮華法にもなり、金剛法にもなり、あるいは三昧法にもなるという風にいろいろのものが含まれています。

目下、河田、古屋両君の行は大きな声でいろいろのことを唱えていますが、いつまでもあの行が続くかというとそうではありません。ある時期が来ると次の段階に入って行くのです。稲本教師はかつて舌端火を吐くような唱え方をしたことがあります。本人が知るはずもない西蔵語の経文を早口で一時間以上も唱え続ける。よくもあれだけ口がまわるものだ、続くものだと人が驚嘆するような行をやったものです。行は各人各様千差万態です。さきに説明した唱声法、蓮華法、金剛法という段階を経て無我の境地に入るという形式をふまなくても、皆さんの行はそれぞれに変って行き行の目的である悟りの境地に達し、ある力を授けてもらえるところまで行くのです。

行は各人皆違います。手を大きく動かして派手な行をする人もあります。合掌して指を結ぶだけが印ではありません。手をかざすようにしたり、合掌した手を拡げたりするのも一つの印です。岩渕夫妻は夫婦仲よく独股印―剣の方の印をさかんに結んでいますが、それが虚心合掌に変り、蓮華合掌に変り、八葉印に変ったりしています。ある者はしきりに叩頭したり、ある者は何かを唱え、ある者は結跏趺座してじーっと何事か考えています。これらは三密の一つずつの現象を我がものにすべく行じている姿です。「手が派手に動いたからあの人の行は内容がよいのだろう」とか「私は手が一つも動かないからあの人より行が遅れているのだろう」とかいう心配はくだらぬことです。

流れるような口切りの現象をみると、あの人には神さまがついていると考えがちですが、それではそれが程度の高い行かというと、そうは言えません。ここにいる永井教師は、行の初めの頃は身口意のうちの口の方に属する行をさかんにやったものですが、この頃は身の行である印を結んで神と語り合う行、いや神のお示しを我がものにしてそれを味わい、そしてそれに答えるという行に変ってきています。行中の現象にはみな意味があります。

印にも各々意味があります。例えば、独股印というのは気を許さないぞという警戒心の強い形です。金剛印は何ものにも動じないぞという不動の形です。虚心合掌となると心をゆるめた形、警戒心を解いた姿です。その心がますますほどけると蓮華合掌となります。これは安心の世界をあらわします。このように行の内容には銘々約束があって、そのあらわしをとっているのです。だから華やかな行をやったからよい。静かな行をやったから悪いというようなことは決してありません。

そもそも千差万態の行について説明を求めるということはおかしいことです。ところが誰でも説明を求めたがる。「私は手一つ動きませんが、行になっているでしょうか」と心配する人があります。動かないでじーっとしているようでも正座観法を行じているうちに、一つ一つ雑念がなくなって行きます。概して動きのない人の行は、力がさずかるよりも悟りに入ることの方が多いものです。そういう人の行は、力はさずからなくても間違いがない。ここに間違いというのは、人間世界のことでなくて、真理探求の面についてですが……間違いは絶対におきない。力の行でいく場合には往々にして間違いを生じやすい。ひきあいに出して悪いですけれど、古屋さんの行では今どんどん力がついているところです。「われは三百年前に何某として盛岡の在松岡に生れたが、ある日神に対して云々」とさかんに口切りをしていますが、このような現象が段々とこうじて行き、人間的な判断がそれに伴わなくなった場合、間違いが生ずるのです。自分自身の判断力が整わないにもかかわらず行の現象がどんどん進んだとすると、そこに多少の間違いか生ずるというのです。

ところが悟りの境地から入って何か掴んだものは絶対といってよい位間違いはおきません。皆さんの行をみているといかにも楽しそうにいろいろの動作をし、いろいろのお喋りをしているので、私も一度そのようになってみたいものだと思わないわけでもありませんが、私にはそのような現象はおきません。私の場合は、淡々と神様があらわれて、「あれはこうだ」「これはこうだ」といろいろ説明してくれる。実演してみせてくれる。しかし私はそれを鵜呑みにするようなことはしない。一応否定してみる。否定しても否定しきれないものがあれば、更に神に説明を求めて本当であることを確認する。その上本物であるならばどういうことになるだろうと自分で考えてみる。そして自分で考えた結果結論を出しているのです。

このような行になってくれば、間違いは絶対にありません。神のことばとして人に発表するにしても、神示として自分が行動するにしても間違いは絶対に生じません。ところが「何某云々」ということを神様のことばとしてそのまま受け取ったなら間違いが生ずる。口切りの内容が現実と違う場合が出来てくる。私が常々己れの行を味わえ、と言っているのは、このことを戒めているのです。修行者は己れの行を味わい考えるだけの余裕を持たなければなりません。至らない人は、行中の現象を全部そのまま丸のみにして人に発表してしまう。そして神様の言だから信じろという。幸いよい結果がでればよいが、何の結果もでない場合や、逆な結果がでることがある。そうすると、「神様がそう言ったのだ、私は知らない」と言ったりする。

これは心得違いも甚だしいことで、間違った結果がでた場合には、「われ、いまだ未熟なるが改に、神試練を与え給う」と受けとり、これをのり越えて行くためには、よい事も悪い事も自分で判断して行かねばならぬと覚悟を新たにすると同時に人にもそのように卒直に発表するようにしなければなりません。ところが大抵の人は、神様に責任を転嫁してしまうから、一度二度ならともかく、三度四度と同様のことが重なると、「あれは駄目だ」と人間的にも信用されなくなってしまう。そこで行自体がいかに内容を重んじなければならないものであるかがお分りのことと思います。

行中に何か現象がでると嬉しくなって発表したくなる。現象をじっくり反省することなく次々発表する。発表する種がなくなると何か一つ神様に伺ってみようということになる。ここに間違いが生ずる。だから唱声法、蓮華法、金剛法、三昧法、光明法という五つの段階をへて行ずるというのは、行を味わったり、反省したりする余裕を持たせる方法としてそのような方法を用いたものと思います。

ここの行をやれば唱声法から光明法に至る五つの段階が一つにまとまって、その人に合ったように行をさせるわけです。永井さんの初めの頃の行は、自分で自分の頭を叩きながら「お前は頭がわるいからなおせ」などと言ったりしたものです。それがこの頃になると間違いなしにまとまっている。長い間行を味わい、わからないことは私に質問したりして、繰り返し繰り返し行じているうちに、間違いのないものになったのです。

稲本さんの場合でも、一年前の行を見た方は、稲本さんの前世はお坊さんだったろうと思ったかも知れない。皆そういう段階をへて最終のゴールに入ることになるのです。だから密教の流れをくむ教えでは唱声法から光明法に至る五つの方法を全部とり入れているのです。
この五つの方法は菩提心（さとりの心）を起こさすための修行、修法なのです。そしてこの菩提心を起こさす修法を体得したあと三密（身口意）が一体となって活動するようになった時の一つの活動体は、人間一個人の永遠の生命体となるのです。身口意が一つになっての活動は、人間が生きている時は銘々別個に経験づけられて已れの経験の中に実入るでしょう。そしてこの世の生活を終えて人間界から霊界なり神界に行った場合にはどうなるかというと、手に印を結び、口に真言を唱え、心に仏を念じたものが一体となって残されるのです。皆霊の一つの分野であり、霊の知識ということになるわけです。そして霊というものは、人間の生命力の経験の集積体ですから、その霊が不滅の存在であるとすれば、三密一体の活動というものは、永遠の生命といえるわけです。

お分かりになりますか。いま一度繰り返してみますか。霊というものは人間の生命の経験体ですから、霊というものの中には、人間のいろいろの経験が実入っています。その経験というのは、身口意、別々に経験したにしても、人間が亡くなった時はこの三つが一つとして残される。で、三密の一体化したものが霊の中に実入っているということになるわけで三密一体として活動してきたものは永遠の生命と言えるわけです。霊自体が不滅の存在であり、霊は生命力の経験の集積体であるとすれば、霊のもっているものは永遠の生命といえるわけです。

そこで人間の三密一体の活動というものは、永遠の生命であると同時に、また悟りの本体ということにもなります。悟りということは、自分の経験したことによって結論を出し得る力を具えること、これも悟り。それから自分の経験によって—過去の経験と現在の経験を照合検討して未来の結果を見通せるようになる。これも悟りです。そのように悟った本体（覚体の本体）というもの、この永遠の生命というものは、これを今後どういうふうにあらわしていくかというと、真理世界に通じていくことになります。人間個人が死んだ後にその霊は大自然界に移って行きます。

三密一体を個人的立場から表現すれば、身口意となることは、前に説明しましたが、これを真理世界に結びつけた時、どのように表現されるかをこれから説明しましょう。

科学者なり、哲学者なりがこの大自然界をあらわすには、夫々独自の表現をすることと思いますが、密教では大自然界を六大という言葉で表現しております。六大とは地・水・火・風・空・識の六つを言うのです。その地水火風空識とは何かというと、識は今まで説明した身口意の三つを一つにしたものに直接通ずるもの、地水火風空は自然界の現われの全部とも言えます。

科学では物質構成の単位を元素や電子等で表現していますが、地水火風空の中にそれらのものも皆含まれています。六大とは地水火風空識の六つを言うものならば六でいいではないか、それを何故大をつけて六大というのかという疑問が起きるでしょう。大は梵語で「マハー」といい、ものさしでも秤ではかれない位のものに大をつけます。

宇宙森羅万象または真理世界のどんな微細なものでも地水火風空識の六つを離れて存在しない。また森羅万象、真理世界のどんな大きなものも地水火風空識の六つを離れて存在しない。地水火風空識の六つは巨視の世界にも微視の世界にも充満している。このような意味から六大と称するのです。六大という表現はバラモン時代からあったらしいが、私の方の教えもこのような過去の密教の表現と一致するものがあります。

この六大がすべての真理世界の根本をあらわす存在でありまして根本をあらわす存在であるが故にまた真理世界の本質ともいえるのです。六大がこの真理世界の本質であり、本質をあらわしているものと称する意味からこれをまとめて体と名づけている。人間の体《からだ》――それは見ることも出来、聞くことも出来、言うことも出来、働くことも出来るものですが、これを綜合して人体とよんでいるようなものです。ところでこの真理世界の本質をあらわす体ですが、人間の肉体や物体などをあらわす体とは違うという意味から大《マハー》をつけて体大という表現を用いています。

六大を一つにまとめた体大というものには、我々がこの肉眼で見る世界だけでなく、見えない世界も含まれています。眼に見える世界と見えない世界をひとまとめにして法界といいますが、法界の本質―法性の深理を表現する手段として体大という言葉を用いているのです。

そこで、この眼に見える世界も眼に見えない世界も含めたすべての真理世界の法性の深理をあらわすもの、またはあらわされたものは何であるかというと、わが教えにおける根本神の一つの客体であり、生命の実体と言えるわけです。更に繰り返して言うならば、真理世界の法性の深理は、大元太宗大神（根本神）の実体であると同時に、根本神の相でもあります。

ところで、真理世界と三密の関係において身口意のうち身に属するものがさきほど説明した体大に当たります。しからばその体大が真理世界においてどのように表現されているかといいますと次のようになります。

地大は、大神の生命の実体の中における永遠性をあらわし、
水大は、大神の生命の実体の中における持続性をあらわし、
火大は、大神の生命の実体の中における発展性をあらわし、
風大は、大神の生命の実体の中における創造性をあらわし、
空大は、大神の生命の実体の中における抱容性をあらわし、
識大は、大神の生命の実体の中における直感性をあらわしています。

この直感性を私は智覚直感性とよんでいます。ここにいう識大の識は、人間的な意識とか知識とかの識ではなくして、大自然界の意識、知識―すべての識の統合体をいうのですから、人間的な智慧や悟りと同一視してはなりません。世間では直感とか霊感という言葉を安易に用いていますが、巷の拝み屋さんや霊媒業者の直感なり霊感なるものは果たしてどの程度のものか、真理世界に根ざしたものか否か、となると甚だ疑問です。本当のものは、真理のことばは、智覚直感性に基づいたものでなければなりません。叡智から出た言葉には絶対に間違いがありません。

さて、永遠性である地大、持続性である水大、発展性である火大、創造性である風大、抱容性である空大、智覚直感性である識大、この六つのものを一まとめにしたものから出てくる現象、これを相大といいます。相大は身口意の三密の中の口に属するものです。更にこの体

大と相大とが一つになったものから出てくる一つの作用を用大《ゆうだい》といいます。用大は身口意の三密の中の意に属するものです。

三密は個人に即して言えば身口意の三つとなり、真理世界に即して言えば体相用の三つとなります。身、口、意と体大、相大、用大とはそれぞれ対応するものです。個人的には身、口、意の三つのものが一つになって活動するところに、個人の生命の実体が永遠に残っていきます。それと同様に大自然界における体大、相大、用大の三密が一つになって活動しているのが真理世界の実体であります。この真理世界の実体と個人の生命の実体が一つになって結ばれているスガタが生命の実相です。個人の生命の実体は真理世界の実体と不即不離の関係にあります。

真理世界との結合なくして人間の生命もなければ、人間の発展もなければ、人間の智慧もなければ、人間の活動もありません。そもそも純粋な意味における個人的な活動というものはあり得ません。すべて大自然界と通じ合って活動するところに個人的な活動があるのです。このことは逆から言えば、大自然界の活動は体大、相大、用大という大きな三密によって形成されているが、人間的な三密、身口意の活動がなければ真理世界の実体というものは何ら意味をなさないということにもなります。この大自然である真理世界の三密と、小自然である三密が一体となって活動するところに森羅万象があるのです。

以上の説明によって、三密というものは、小にしては個人、大にしては大自然を形成するものであることをお分かりになったと思います。法界の実相を体相用で表現し、人間界の実相を身口意で表現するところに三密があり、密教（秘密世界の教え）は帰するところ、この三密によって表現されるのです。

真理世界がいかに尊いものであっても、人間が存在しなければ何らの価値がありません。また真理を知り得ない人間であったなら、その人間は動物と何ら変りがありません。ただ金をもうけて贅沢をした、自分だけが安らかな生活をしただけでは、人間として何らの価値がありません。人間の生命の実体とか、真理世界の一部分を知ろうと努力をすることによって、死んで霊界入りしたときこの大自然の三密に帰り得ることが出来るのです。そうでなしに、金をもうけた、地位が出来ただけで終ったのでは、死後の世界においてよいところに迎えられる道理はありません。生命の実体とか、実相的世界に帰ることが出来なくて中空でまようということが当然起ることです。真理を探求することがいかに大事なことであるか肝に銘じて頂きたい。

密教というものは、実はこのような説明もいらないことで、ただ行じてさえいけば真理を体得し、実相界に参入出来ることですが、三密の論をわきまえることによって、皆さんが今後各自の行の内容を味わう際、正しい判断を下すたすけにもなろうかとも思います。さきほど説明した智覚直感性を身につけるようになれば、迷いなき判断を下し得るようになり、その人の言は常に正しく、そして常に正しい結果を生むことになります。それは一にも二にもわが教えの行にはげみ、自分を浄め磨いて真空無想の境地を開拓することが一番大切なことであります。

(昭和三十六年八月六日の集会説法において)

教主と教祖

釈尊がことばで説かれた世界（経典の世界）、それを基にして説いている教え、つまり顕教では釈尊を教え主として仰いでいます。一方、弘法大師によって日本にもたらされた密教では、大日如来を教え主としているのです。顕教の人に言わせれば、釈尊一仏でよいものを何故得体の知れない大日如来などを持ち込んだのかという非難も起きることでしょう。しかし、別なる世界、神秘世界を知ってもらえばこの問題はたちどころに解決するのです。

それでは、釈尊と大日如来の関係はどうなのだということになりますが、普通には密教を説くものは大日如来であり、顕教を説くものは釈尊であるという考え方が、密教に造詣の深い方々の間でも定説のようになっております。しかし、私はどうも釈尊をただ単なる顕教の教え主として片付けてしまってよいのかという疑問を持っておりました。それが大聖師の教えを知るに及んで私の考えが固まって来たのです。それでは、ここに密教における教主がどのような意味を持つものであるか大聖師のおことばを拝させて頂きます。

教主なる用語は顕密二門において使用されているが、その意義とするところに相違がある。顕教における教主の役割は、衆生に対する教化済度に止まるが、密教における教主は、衆生はもとより、神々仏菩薩及びその諸眷属並びに諸霊をも教化済度の対象とするものである。即ち密教の教主は、一切を教え導き一切を支配する立場にある。故に本来は教王なる語を用うべきものとされている。

一、教主と教祖

密教における教祖は、根本神である。顕教では感応によって教えを説く初代教主に教祖の呼称を用いているようであるが、教えの始祖は神であって人間ではない。従って人間を教祖とみるは誤りである。

密教教主は、教祖である根本神の神格によって人間界に顕われたものである。故に教主は教祖神の有するすべてのものを身につけていなければならない。端的に言えば教祖は神であり、教主は人間であるが、教えをあらわす時は両者が一体となって活動するものである。換言すれば、人間教主は神人一体の境地にもとづいて教えを説く立場である。

故に教祖と教主は二身同体とみるべきである。

仏法に三身論あり、法身、報身、応身の三身を立て仏法顕現の主体を説明し、而してこの三身は究極において同体であると説く。既に法・報・応の三身同体であるならば、神と人との中間的存在である報身の概念を用いずとも神と人は直結して一体となる。教法の主体を説くに三身論によるよりもわが教えの二身論が簡明直截である。わが教えによる修法によれば神人一体の自証の得られるところであり、二身同体の真意を悟ることができる。序をもって言えば、神人一体に常住する身にとっては、最早、神身、人身の区別あるなく、一身論をもって十分とすべきであるが、ここには将来の教理を暗示しておくにとどめる。

二、教主と神格

格とは何か、宗教的にみた場合、格とは宇宙の法則をあらわす。宇宙の真理をどれだけ身につけているかによって格の価値づけがなされるといえる。しからば宇宙の法則、即ち真理はいかにすれば身につけることができるか、輪廻・転生による体験の累積によってそれがなされる。無量無数の輪廻・転生によってありとあらゆる世界を経験し、その経験にもとづいて神格化された根本神の持っているすべてのものを身につけて世にあらわれたのが教主であるから、教主の神格は根本神と同格である。

三、教主と教師

教師は根本神の分霊、教主の分身であり、神格を具備したものである。

教主は人間としてその経験したすべてのものを施す立場であり、教師は教主の所有するすべてのものをわが身に継承してこれを人々に分かつ立場にあるものである。

教主の身に実入っているすべてのものをわが身に継承し得た教師は、教主と異身にしてしかも同体とすべきである。されば教主と教師は、本質的に同体であり、また同体たるべきものである。

教師が教主の代座として神行を人に施す時、そこに生起する現象、教主のあらわし給うものと異なることなきはその証である。

教主と教祖の立場が実にはっきりと明確に示されていると同時に、教主と教師については、我々僧侶の在るべき姿を示されたようで、胸を打たれる思いです。

密教教主としての釈尊

ここで、弘法大師御遺告の中に記された秘密灌頂の系譜についてもう一度考えてみたいと思います。御遺告には、「大祖大毘盧遮那仏、金剛薩埵菩薩に授けたまひ、金剛薩埵菩薩、龍猛菩薩に伝ふ。龍猛菩薩より下、大唐の玄宗、粛宗、代宗三朝の灌頂国師、特進試鴻臚卿、大興善寺の三蔵沙門、大広智不空阿闍梨に至るまで、六葉なり。恵果は則ち其上足の法化なり。凡て付法を勘ふるに、吾身に至るまで相伝すること八代なり」と記されておりますが、仏教では大毘盧遮那仏、つまり大日如来と金剛薩埵は理想の仏身であり歴史的存在ではなく、龍猛菩薩（龍樹）を密教の開祖としているようです。しかし大聖師は釈尊即金剛薩埵として神界に存在することを明示出来るとされております。

このことを私なりに考えているうちに、大日如来は法身であり、大聖師の説かれる教祖に当たる存在であって、釈尊以下は密教教主の立場、すなわち大日如来の有するすべてのものを身につけておられる存在と言えるのではないかと気がついたのです。

それには『秘密曼荼羅教法付伝』の中に、大唐神都青瀧寺東塔院灌頂の国師恵果阿闍梨の行法として弟子の呉慇が纂した文章があり、阿闍梨の入滅を記した中に、「即ち永貞元年十二月十五日の五更を以て世を去んぬ。春秋六十、法夏四十なり。嗚呼法眼既に滅しぬ、嬰学何ぞ悲しき。大曼荼羅に其の教主を失へり」と阿闍梨が教主の一人であったことを示されている点などや、弘法大師が神秘世界に通じそれを弟子達に示された点などからしても、釈尊以下七代は密教教主の系譜につながる方々であるという私の考えが強くなるばかりでした。

また、弘法大師が説かれたあの難解な諸教典に対し新しい解釈などを加えられた覚鑁上人が、恵果阿闍梨の生まれ変りであり、密教教主の一人の立場にあったと大聖師によって示されたことから、この考えは確たるものとなったのです。

釈尊が示された神秘性は数々の経典の中で明らかですが、ここでは華厳経盧舎那品の一節を引用して、ヴィルシャナ仏の国土、蓮華蔵世界を現出せしめるくだりで、密教教主としての釈尊の御境地の一端を拝させて頂きましょう。

そのとき、多くのボサツや王たちはつぎのような疑問を起こした。

「いったい、仏の境界とはなんであろう。仏の行、仏の力、仏の瞑想、仏の智慧とはいったいなんであろう。また、仏の名号の海、仏のいのちの海、衆生の海、方便の海とはなんであろう。またすべてのボサツたちが実践しているところの行の海とはなんであろう。どうか仏さまよ、わたしたちの心をひらき、このような問題についてあきらかにしてください」

そこで多くのボサツたちは、仏の神通力によって自然の音声を出し、つぎのように言った。

「如来は、かぎりなく長いあいだの修行を成就して自然にさとりをひらきたもうた。そしてときとところを問わず身をあらわして衆生をみちびいておられる。そのはたらきは、あたかも雲がまきおこって虚空に充満するがごとくである。衆生の疑いをことごとく除いて広大な信心をおこさしめ、世間の底しれないくるしみを抜いてさとりの安楽をあたえておられる。

無数のボサツたちは一心に合掌して、ひたすら如来をみたてまつっております。どうかボサツのねがいにおうじて、すぐれた御法《みのり》を説きたまい、その疑惑を除いてください。仏の境界、仏の智や力はどういうものでしょうか、どうかわたしたちのためにおしめしください。おおくの仏の三昧と、清浄な修行と、深く妙なる御み法のりと神通力とは、測りしることができません。どうか御教えの大雲をまきおこして衆生のうえに雨ふらしてください」

そのとき仏は多くのボサツたちの願いをしられ、じぶんの口の一々の歯のあいだから無数の光明を放ちたもうた。その一々の光明からまた無数の光明が分かれて無量の仏国土を照らしだした。多くのボサツたちは、この光明によってヴィルシャナ仏の蓮華蔵荘厳世界海を見たてまつることができた。

この文中にある仏とは、勿論華厳経第一章の世間浄眼品の始めに出てくる通り、マカダ国の寂滅道場において、その獅子座に坐って最高の悟りを完成された釈尊のことです。普通には、大乗経典とは久遠の法身仏に托した偉大な宗教文学であるから、歴史上の釈尊の説かれたものではなく、大乗非仏説であるという論も出て来ますが、大乗経典の由来する根源は、あくまでも釈尊によって開示された自内証、つまり悟りの世界なのです。

この引用文も、釈尊がヴィルシャナ仏と一体の境地の中から展開する現象なのです。釈尊は、黙して語らず、ただ光明を放って蓮華蔵世界を開示し、普賢菩薩に語らせるのです。密教教主とはまさにこのようなお立場であります。

弘法大師の神秘性については、「弘仁元年（八一〇年）三月、嵯峨帝の召命を奉じて参内し、清涼殿において東大寺の道雄を始め華厳・法相・三論の龍象らと法論をたたかわし即身成仏の妙義を以て各宗の大徳を唖然たらしめたが、法論終わるや主上には、『空海の説く所、義は誠に玄極であるが、朕はその証拠を見たいものぢゃ』と仰せ出だされた、之れにはさすがの空海阿闍梨も閉口すると思いの他、直ちに南面に趺坐し、袖の内に印を結び、口に呪文を唱え、心は三摩地に住したところ、見る見るうちに、五体から陸離たる光明を放って、肉身の儘大毘盧遮那如来の法界身を現じた」と『弘法大師伝』に記されております。

これは大師が大日如来の有するすべてのものを身につけている存在、つまり大日如来と一体である姿を示されたものと考えれば、従来伝説的なものとしてともすれば軽く考えられがちであったこのことが、重大な意義を持ってくることに気が付かれるでしょう。

法華経には、「釈尊が眉間白毫相より光を放ちて東方万八千の世界を照らしたもうに」云々といった記述が見られますが、大聖師が正座観法行をつけておられる最中に、あるいは集会説法をなさっておられる時にこの眉間自白毫から光を放たれる様を見た弟子方のうちから、北山如心さんの入門初期の頃の体験をここに記させてもらいましょう。

私が本部で修行をさせて頂くようになって一年足らずの間の出来事です。

尊師様が御法座にお着きになられるとまもなく御法座のすそのあたりから薄雲が漂い始め、尊師様のお姿がお隠れになられたかの如くぼんやりとしか見えなくなりました。もやのような薄雲が次第次第に消えて行くに従って、あたりは神気荘厳、一瞬にして雲上、天上界となったのです。その神気荘厳なる世界の最上位に尊師様がニコニコと慈顔あふれるお姿を再び現わされました。尊師様のまわりには、優雅な物腰の方々が入れ代り立ち代りして、主に真からなる数々の献げ物をお供えし、そして尊師様はその人々により一層慈しみと悲れみをふりそそがれるのです。御慈悲を賜わった人々からはますます神々しさが身からあふれて来るのです。

その折に、一人の装いのひときわ美しい女性が現われて主に献げ物をしようとしますが、どうしても主の御前に進むことが出来ません。その方は、主に三拝九拝を幾度となく繰り返し繰り返し致しました。その方は、心より「主よ、何卒私の心からの願いをお聞きとどけ下さい」と一心をこめて祈り上げました。その姿を尊師様が御覧になられて、御慈悲のみ光りを賜わられたのです。尊師様の眉間より発せられた光が、七色の光となってその方をすっぽりと包まれたのであります。その方は涙ながらに主の御前に一歩一歩進み出て主に心からなる真と献げ物を献じられたのでした。

われは一なり一にして一切なり

仏教とは、仏陀の教え、つまり大悟正覚された方の教えということです。古くから仏陀を称える呼び名として、十通りの尊称が伝えられています。その十仏名とは、如来（完全な人格者）、応供（尊敬すべき人）、正遍知（真理の体得者）、明行足（明知と行いを備えた人）、善逝（幸福な人）、世間解（世間を知った人）、無上士（最上の人）、調御丈夫（人間の調御者）、天人師（神々と人間との師）、仏世尊（尊師たる仏）

のことです。

それというのも、このような尊称で呼ばれる仏陀は、三明六通といわれる神秘力を身に備えておられたからです。その三明とは、宿命明（前世のありさまを知ること）、天眼明（死後の世界を見渡すこと）、漏尽明（宇宙の大真理に徹すること）のことであり、六通とは、これに神足通（思うままに山海を飛行すること）、他心通（他人の心を見抜くこと）、天耳通（神々の声を聞くこと）の三通を加えたものです。

このように仏智神力を具備した大正覚者の教えを仏教と呼ぶべきであるならば、まさに大聖師の教えこそ仏陀の教えであると申さねばなりません。それは昭和三十七年二月十五日例祭の当日のことです。大聖師は法座に結跏趺坐され、金剛界大日如来定印を結ばれて禅定に入り、三昧に住せられました。やがて大聖師の口徐ろに開かれ、次頁の神言を発せられたのです。

われ今汝等に詞賜《ことば》わるべし、
これ神の詞《ことば》なり。
われ今相示《すがた》さん、
これ神の相《すがた》なり。
よく神耳神眼を開いて観よ。
われは一なり。われは一なり。
一にして一切なり。
一切、一より出でて一に帰る。

この一われなり。汝等また一なり、
一切の中の一なるを知るべし。
よって一切を究めて、一なるわれに還るべし。
わが涙の一滴《ひとしずく》、慈雨となり、また嵐となり、また珠玉とならん。
これ即ち一なるわれなり。依って一に帰すべし。
汝等、小なるはからいをもって、神の世を思議すべからず。
生死《しょうじ》涅槃《ねはん》この一に帰し、
真如生滅《しんにょしょうめつ》またかくの如し。

大聖師は禅定に入られるにさきだち、五名の弟子を指名されて、法座の前に並ぶように命ぜられました。そして一同の者に次の如く申し渡されたのです。

「世に神憑りの、神のお告げの、鎮魂帰神のといって、あやしげな行いをするものがある。たまたま、これこそ神の詞だ、真言だといって発表しているのを見ると、寝言か、たわごとに類するもので、中には日本語にさえなっていないものがある。私は今日まで法を見世物に用いたることなく、人前において、即身成仏、神人一体の相を現わしたこともない。法は見世物や売物に絶対すべきものではない。しかし本日は、その境地の一端をわが門弟の前において、敢て示そうと思う。世に外道、邪教はびこり、低劣なる宗教家、行者の類が横行し、世相これによって毒され、衆生またこれに迷うものあるを黙視することが出来ないからである。わが前の五人の門弟はもとより、参列者一同、よく観よ、よく聴け、そして神の相はいかなるものであるか、神の詞はいかなるものであるかを知られよ」

かくて、われわれは、前に記した神の詞を賜わる光栄に浴したのです。

大聖師は神言を授け給われたのち、暫くして禅定を解かれ、私の指名によって法座の直前に坐った五人の門弟より、その味わい得た境地を発表してみよと仰せられました。

まず永井円空は、次の如く発表しました。

「師が大日如来金剛界定印を結ばれた瞬間、師のお顔が年のころ七、八十歳位と拝せられる細面の老人の相に変られました。この御変貌の神秘を拝しておりますうちに、私は自然に閉目合掌の姿となり行に入りました。そして神のお詞に聴きいりました。お詞の一声一声ごとに身も魂も浄められる思いがして、ありがたさに涙がこぼれ、思わず『聖なるかな』、『聖なるかな』と唱えて礼拝いたしました」

続いて藤沼恵光は、次の如く発表しました。

「師の御前に坐りますと、大威力にうたれ全身霊動するのを覚えました。師の決定《けつじょう》のお相を拝し、お詞をお聴きしておりますうちに、自然に行に入ったような感じになりました。師の肉身のお姿が消えて、直径三尺位もありそうな大きな光り輝く玉の相と変られました。その玉が次第次第に大きく広がってゆくにつれ玉の光も、最初金色だったものが、段々と透明になっていきました。『大きいぞ、大きいぞ。偉大である、偉大である』という神の声が聞こえました。更に玉の形は大きく拡がり、光はますます透明になって、宇宙一ぱいに拡がっていきました。再び神の声がありました。『師はこの宇宙に融けこんだ一つの大きな円である。そして、汝はその中の一点である』と。最後は、『一玉《ぎょく》の光となれる師の前にぬかづきおろがむ涙あふれて』という神のお声を聴いて終わりました」

続いて岩渕宣久は、次の如く発表しました。

「師が禅定にはいられるのを、さながら、金色燦然と輝く仏像のお姿の如く拝しておりますうちに、体中の細胞の一つ一つが、震動し出したのではないかと思うばかりの霊動をおこし、自然と行に入っていきました。両手をもって胸の前に、また頭上に円を幾つも、それも次第に大きな円を描くような所作をさせられているうちに、嘗て味わったことのない別世界にはいってしまったようです。その世界は、まことに表現し難い境地で、形もなく、色もなく、音もなく、光もなく、闇もなく、天もなく、地もなく、師もなく、我もなく、一切のものが無限の中に融けこんだといいましょうか、無に帰したとでもいいましょうか。『それまで』という師のお声で我に帰るまで、そのような世界の中におりました。言葉ではいいあらわせない境地ですが、強いていうならば、空とでもいうより外はない境地でした」

続いて本庄マカサは、次の如く発表しました。

「印を結ばれ結跏趺坐しておられる師のお相が仏様のように拝されました。師の全身からまばゆいばかりの光が放射されました。私はそのお光を手で掬いとるような所作をして、口にいれさせていただきました。また頭から、足先まで全身にそのお光を浴びて、心身を清めさせていただきました。師のお体から発する光によって、私の身も魂も刻一刻と清められていくのを感じました。私は、あまりの有難さに感涙にむせび、そして何回も何回も、ひれ伏しひれ伏し、礼拝いたしました」

続いて小島良仙は、次の如く発表しました。

「師が禅定にはいられるお相を拝しておりますうちに、私自身何か大きな力によって、師の方にひきつけられるように感じました。やがて師のお体から白光が放たれ、そのお光が私の体にふりそそいでいるのを観ました。師のお体から発する白光が、次第次第にその明るさを増し、光輪が拡大されるに従って師のお姿が見えなくなられ、『われは一なり、一にして一切なり』というお声のみ朗々として響いてまいりました。私は感激におののきながらお声に聴きいっておりましたが、やがてお光が大宇宙の中に消えると共に、お声の波動も虚空の果てに消えていきました」

五門弟の発表が終わったところで、大聖師は並居る一同の者に次のように申されたのです。

「五人ともおのおの神言の一部の境地を感得し得たようである。永井から小島良仙に至るまで大体その並んだ順序に従って、神の詞を区分的に味わったともいえる。即ち、永井円空は、神、その詞を発し給う序曲として、神人一体となりゆく相を観たものである。藤沼恵光は『一なるもの』を光の玉において観じ、『一にして一切なるもの』をその光の玉の拡散の相において観せられたものである。岩渕宣久は、『一切の中の一』なる境地に没入し、それを無、あるいは空と観じたのである。本庄マカサと小島良仙は、『われの涙の一滴、慈雨となり、嵐となり、また珠玉とならん』の神言を、その身をわれにひきよせられると感じ、また霊光己れにふりそそぎ、身心を清め浄められると観じたのである。

今日のわが相を観、わが詞を聴きしもの、五人以外にもそれぞれ感応があった筈である。語り合って神の詞のいかなるものかをよく味わってもらいたい」

ここにおいて参列者一同、おのおの感応感得せしところを話し合い、即身成仏、神人一体の相を眼のあたりに拝し得た感激を新たにするとともに、『われは一なり、一にして一切なり』にはじまる神の詞を賜わりし、ゆゆしき大事に恐懼したのでした。

これらのことから、釈尊、弘法大師が密教教主としてのお立場におられたし、また大聖師が現在おられるということが、納得頂けるのではないでしょうか。

涅槃会と大聖師

大聖師の御境地についてもう少し私なりに説明を加えさせて頂きましょう。昭和二十七年十月十五日、この御成道の日を境に、師は寒中深夜二時、神示によって起床、寝所に夜着一枚で端座されること二時間ずつの深夜行を始められ、この間もろもろの神々や仏菩薩が姿を現わされ、入れ代り立ち代りして、諸象もろもろの教えを説かれたのですが、大聖師はただ端座不動の姿勢で、これを聴いて否定する説に首を振り、肯定する説に頷くといったことが十四日間続いたのです。

その後一年程してから、夜毎無量無数の神々、仏菩薩を前にして説法される現象が絶えることなく続きました。これは人間的意志によってどうなるものでもなく、意識する中に無意識なるものがあり、無意識の中から出る意識による現象であって、実に語調明瞭、論理整然として、説く大聖師とそれを自ら聴く大聖師が、別人の様な感じの中から教義が明示され、大聖師御自身、まことに不思議とされたのでした。想うにこれは、人々を前に説法を試みる前に、神々、仏菩薩を前にして説法されたものであるといえましょう。

しかしそれでも、大聖師はまだ教えを説く確固たる信念と大きな自信が持てずちゅうちょされておられた時、ついに次のような神勅を蒙《こうむ》られたのです。

「汝親もなく、子もなく、ただ無量なる汝あるを知れ。その無量即ち我なればなり。故に汝応化《おうげ》なり。依て我が教えの前に、帝王なく、高位高官なく、また富者貧者の区別なく、多くの門人を伴い万有を導く使命あるのみ、速かに結定《けつじょう》すべし」

ここにおいて大聖師はいよいよ教えの座につく決心覚悟を定められ、昭和二十九年八月十五日、曼荼羅（マンダラ）をかかげ立教を宣言されたのです。

その直後、大聖師はまことに神秘にして神聖な境地を体験され、それを大聖師自ら次の様に記しておられます。

「我禅定に入り、身は三昧に住し、涅槃会《ねはんえ》に入る。中央台座に静かに座し、即身成仏の極地たる神人一体の境に入りたり。この時、もろもろの神々、仏、菩薩静かに進み一礼して左右両側に分れて列座す。二人の童子供物を捧げて我が前に現われ、飲食を供養して三礼して退がる。その時、我が両眼より静かに涙垂る。一人の神徐ろに立ち、我が右眼より流れる涙を手に受け、宙に散ずるに光を発して無数の珠玉と化す。又一人の仏、同じく左眼より流れる涙を手に受け、宙に散ずるに華雨となる。この時大衆こぞって、これを手に受けて、或は口に吸い、或は顔に、或は体に塗りたるに、皆純白の宝珠光背を背負い清浄無垢な姿と化したり。ここで一同合掌礼拝し終わるや、遙かに鶏鳴聞こえ、梵鐘の音につれて散会し、我に帰りたり」

と。まことに美しい絵巻の様なありさまで、まったく不思議であり、有難い大聖師の御境地と言うことが出来ます。

大聖師は御著『立教示帰』の中で、

「婆羅門教徒の熱心な願いの中から、釈迦が生まれて仏陀の出現を見るに至り、ユダヤ教徒の救世主出現を願った真剣な祈りから、イエスが顕われた如く、今日の乱世を救うには、大神自ら説く教えが出現しなければならない。そして万人に通ずる根本神の教えを必要とするのである。世の宗教家たちは、宗旨宗派を超越して、真の平和と真の幸福とを打ち立てるため根本神の教えの出現を心から祈るべきである。私は、この根本神の直接の教え主が顕われることを日夜念じて止まない。

今はすべての宗教が一体となり大同団結して根本大神自らの教えの出現を祈願すべきである。

真言秘密法と古神道の両部合体の中から真の教えが生まれることを念願するものである。それには真言密教が脱皮して更新する必要があり、古神道又世界観を新たにして再出発せねばならない。この二つの教えから新しい宗教の出現を希望し、根本神自らの教えたる真の宗教が生まれることを理想として、私は独自の信仰を打ち立てることにした」

と記されておられますが、釈尊は自分に具わったものを知りながら観世音菩薩という存在を作り、弘法大師また御自分の神格を語られなかったように、大聖師もこのように自分のお立場を発表されることを控えておられますが、師のお立場の一端なりとも感得しました私達、特に私のように僧籍にある者はこのことを声を大にして世に伝える義務があるものと思っております。

蘇えった同行二人

私の修行はいまだ道の中途と言えますが、この修行記の方はいよいよ終わらねばなりません。私自身、大聖師の許で修行させて頂いているのは、自分のためであると同時に、私の属する真言宗のため、否日本の仏教のためと思っております。私は現代の釈尊、現代の弘法大師にお会いしたからです。それは、敗戦の日の日本の仏教を生まれ変らさねばならないという大誓願を成就する道をつかんだからです。

仏には釈迦如来、阿弥陀如来、薬師如来など数多くおられますが、これらの仏は大自然の何かを体得して仏になられたものと言えます。では、その何かとは、何か。真言宗の行法次第に示された大日如来印を結んで、真言を唱え、大日如来を念ずることによっては得られなかった境地です。私が大聖師の御前で正座観法行を頂いている時に、何とも言えぬ境地に入り、自分の意志とまったく関係なしに自然に大日如来印を結び微動だにしない時のあの境地。その時は、人間的欲望もなく、ただ大いなるものに抱かれた安心感、いやそれすらもなくなった何とも言われぬあの境地を行がすんでも持ち続けることが出来たら、これを仏体と言い、即身成仏と言えるのだなということを感得させて頂きました。

即身成仏とは、その身そのままの姿で仏になるということです。千二百年前に弘法大師が説かれたこの思想を大聖師はすべての人に体験させようとしておられるのです。すなわち弘法大師の言われたことを大聖師が裏づけして下さっているのだということを、大聖師の許で修行させて頂くことによって確信することが出来たのです。

精神的には乱世末世とも言われるこの現代に、人天の大導師である大正覚者が出現され、このような現在仏の正法を背景として宗教家の使命を喚起され、全世界を浄める修法を示されたということは、私を目覚めさせると同時に、真の仏道の何たるかを痛切に考えさせるものでした。「我神と共に在り」という祈りの言葉にあるように、「同行二人」はここに生き返ったのです。

第二部　仏教界の現状

出家者よ。　骸は片附けなければならない。
しかも懇ろに。　だからといって何も子等が
手助けすることはない。　引導を渡すの、
供養をするのといって布施をせしめる
味をしめてはどこに子等の本分があろう。
速かに葬式坊主から脱却して
出家本来の道へ立ち帰ることである。

一、寺院の在り方

はじめに

寺院は、ひろくは宗教上の礼拝、勤行、布教、修行などを行い、また僧職者の居住する家を総称しますが、とくに仏教における寺を指す場合が多いようです。仏教寺院の原始型は、舎衛城の祇園精舎、王舎城の竹林精舎として有名な、僧侶が止住した一種の僧院に求められるでしょうが、釈尊滅後は、その舎利を収めたストゥーパ（塔）の崇拝が起こり、やがてストゥーパを中心として寺院が発達しました。一―二世紀頃から仏像彫刻が普及するにつれて仏像を祀る部屋が加わり、中国では、五―六世紀の南北朝時代に伽藍形式が整えられ、日本に伝わって今日に至っているのです。

日本における寺院は、仏教が伝来した当時は、氏族のための寺として、その氏族の現在および将来の安穏を祈る場所として発達しました。その後、国家統治の一組織となった時代もありましたが、民衆と共に生き続け、民衆の心の拠所であり、魂の救済所であったと言えます。しかし、徳川幕府の政策により、檀那寺が定められるに及んで、経済的な面などの寺との繋がりは深くなったものの、心の繋がりは次第に薄れ、現在は死んだ時と法要の時だけ寺の厄介になるという状態になってしまっております。このような時に「寺院の在り方」について在家衆の意見を聞かせて頂くべく、仏道蘇生同志会員が各界の方々にインタビューしたものをここに載せさせて頂きました。謹んで私達僧侶の反省の材料にしたいと思います。

既成仏教は葬式仏事に徹せよ

村上重良（むらかみ　しげよし）
昭和三年、東京都に生まれる。昭和二十七年、東京大学文学部宗教学科卒業。竜谷大学講師、日本宗教学会評議員を歴任。新興宗教の研究家として名高い。

――既成仏教は死んでしまったというような言葉をよく耳にしますが、どうしてこのような状態になってしまったのでしょうか。

村上　一般の社会意識からみて、国民がどういう点に既成仏教に対して問題を感ずるかといえば、国民の日常生活と結びつかないことが一番の問題だと思います。日本人の信仰形態が、仏教の場合〝檀信徒〟という形をとっているにもかかわらず、実際にはその檀那寺やそこの僧侶とどういう繋がりを持っているかと言えば、特別に熱心な一部の信徒を除けば、葬式仏教という言葉通り、墓地とか祖先供養の儀礼を通じてしか、結びついていないというのが現状だと思います。

仏教が、一般の国民と習俗的な繋がりしか持っていないことが、逆に国民の側からみれば、仏教に対する期待が満たされていないことになります。日本の既成仏教の場合には、およそ十七世紀に、そのような形での仏教の固定化が政策的に行われ、それ以降続いて来ているのです。それが明治以後も、国家神道のもとに引き継がれて現在にまで至っています。

つまり、室町時代から戦国時代まで行われてきた、積極的に自己の宗派をひろめ、新しい基盤を作って行くといった在り方が、江戸幕府の成立によって政策的に規制され、一切他の宗派の分野を侵してはならぬということになったのですね。

そういうわけで、外へ向かっての教化活動に力を注ぐのではなく、宗門の中での秩序を守って檀信徒の世話をする。そして祖先崇拝を中心に家と寺院が結びつくという形で関係を保ってきているのです。しかも、そのような既成秩序は、その秩序を維持している間は保障があるものの、たとえば新しく寺院を建てるというようなことですら、すでに廃寺になった寺院の名儀を使って建てなければ許されないというように、秩序を乱す動きには、大変な圧迫が加えられました。そういう状態が敗戦まで続いていたわけです。

仏教宗派から言えば、政治的な統制の犠牲を負わされてきました。それも、十年、二十年ではなく、三百数十年の枠を課せられてきたと言えるでしょう。そのために、生きた宗教としての機能を持たないことが普通であり、むしろ、そうでなければ存続し得なかった。つまり、宗教としての機能をみずから発揮しないまま温存するという形が固定化してきたわけです。

ところが、国民の間では、宗教による安心立命なり、救済なりの要求があるのですから、それは別のところに求めなければならない。そこで、新興宗教が伸びてきたのです。

現在、日本には主要な仏教宗派は十指に余りますが、その信者の分布を調べてみますと、たとえば、日蓮宗の信徒は、千葉、東京、神奈川、山梨の各府県に七五％も集中しています。

さらに東北は曹洞宗が圧倒的に強いとか、四国は真言宗とか、勢力分野がほぼ決まっています。そのように仏教宗派とは地域性の強いものなのです。ところが、そういった地域性が何時出来たかと言えば、これは大体室町時代末期のものです。大げさに言えば、四百年近く日本の仏教宗派の勢力圏が動いていないということになります。こういう状況は各宗派の活動によって出来たものではなく、ある時期で凍結されて現在まで来ているというのが大きな特徴です。

このように、寺院仏教が、国民の生活と生きた繋がりがないというのは、一朝一夕の問題ではないし、必ずしも僧侶の主体的な考え方の問題でもないと言えましょう。これは、非常に長い歴史的な背景をもった、変則的な在り方だと思います。

――そうしますと、既成仏教はこのまま冬眠していてもよろしいということになりましょうか。

村上　現在、既成仏教は活発な新宗教に比べて著しく違った様相を呈しています。これは、今日では宗教としての機能の在り方の違いになってきていると思うのですね。既成仏教は組織化され、施設、設備があって、それによって国民の宗教的習俗に応えるという機能を構えており、一方で新宗教（仏教系）は国民の中に入って布教し、独自の教義をもって人々の宗教的要求にうまく応えて、組織化して活動していくつまり、回転することによって存続していく教団なのです。習俗的な機能を主とする教団と、生きた運動を主とする教団といった具合に、機能的に違うわけです。

問題は、その機能を変える必要があるかどうかということです。日本の場合、宗教の存在は、機能からみると、一種の分業になっていると思うのですね。ところがヨーロッパのキリスト教をみると、そういう分業はない。習俗的にも応えているし、国民の内面的欲求にも応えています。大体、ヨーロッパのキリスト教の教会は日本の寺院に比べてオープンです。日本の寺院の場合には、一部の観光寺院では、お金を払わねば本尊を拝ませてくれないという馬鹿げたことが行われていますが、そういうことは、まずヨーロッパでは考えられないことです。門を閉めてしまうとか、鍵を掛けるとかしないのが教会の当然の在り方で、何時誰が求めて来てもかならず応えるということが、受ける方も与える方も当然のことと考えているのです。日本の場合は、行きずりのお寺へ行って、自分の悩みを話すことは、まず考えられません。極端な話が、観光寺院などは、お金のない人には中にさえ入れないのですから。これは歪んだ在り方だとも言えます。が、これは機能的分業が固定化しているところからきていると思うのです。ですから、既成仏教が新宗教と同じような機能を持つべきだという議論は余り意味をなさないと思います。むしろ、既成仏教の枠の中で活動している人が、生きた宗教活動をしようとすれば、機能的には、仏教系の新宗教に近づくことになります。その場合、そちらに主たる領域が移れば、現在固定化している寺院の機能は当然減っていきます。ですから、両方を求めるというのは、仏教の将来にとって議論を混乱させるものではないかと思います。

仏教系のなかには、たとえば創価学会とか、立正佼成会とか、非常に活発な新宗教運動がありますね。そういうものによって宗教としての機能はすでに蘇えっているのであって、ある宗のある派が後継者問題でごたごたを起こし、本来の宗教活動をしていないという事例によって、仏教が停滞しているとか、国民と繋がりがないというのは当たらないのではないかと思います。このような固定化している機能は今後もまだ続くでしょう。というのは、宗教習俗に対する要求があれば、葬式にしろ年忌法要にしろ、それに応える儀礼執行者が必要です。だから現在もそうですし、これからも寺院の僧侶は、儀礼執行者として機能して行くでしょう。

―― 既成仏教がそれなりの分野で役割を果たすものとして、民衆の宗教による救いという面に既成仏教が関与する、つまり、世間で言うところの生き返る必要はないものでしょうか。

村上 仏教をどう生かすかと言えば、仏教系の新宗教によって充分生かされていると思います。特に日蓮系が盛んですね。真言宗や天台宗からは大きな運動は生まれていません。それは、教義の構造の古さに問題があると思うのです。

現在日本の社会で、仏教が新しく生まれ変るという機能を持とうとするならば、すでに仏教系新宗教という形で出て来ています。ですから、僧侶の主体的な問題としては、教職者個人としての在り方に批判を持ち、国民と積極的に教えで繋がって、救済活動をしたいという主観的意図がある場合は、形の上では、新宗教の運動と同じ機能を持つということになります。ですから、既成仏教全体としての構造問題ではなく、たまたまその中に含まれた教職者個人の問題だと思います。宗教習俗に応えるという機能が決まってくると、今度は内面的に変って行く契機が失われてゆくだけになるでしょう。

日本は民主主義の国で、既成仏教の宗派だけが極端に前近代的なことが横行するのは不可解である、これではまもなく仏教は亡びるだろうという説がありますが、私はそうではないと思います。機能が葬式法要に限定されている限り続くと思うのです。教団の現代化とか体質改善とかいうのは、言葉で言う程単純ではなく、既成仏教の構造的な体質と機能そのものの変革を伴わなければ不可能だということです。社会のレベルのものを宗門に持ち込んで、世の中にはこういう動きがあるのだから、それと同じことをやれといっても、それは的外れだと思います。

――既成仏教の改革は、全く不可能なものなのでしょうか。

村上　新宗教の場合、原則的に近代的です。何故かと言えば、生きて社会にぶっつけて行くのですから、社会を反映してその内容を変えて行かなければ人々はついて来ない。それに対して、既成仏教は不振である。習俗としての機能しか持たない。固定化している。このような現状は、これは国民にとって不幸ですが、結局宗教宗団としての構造と機能にかかわっていると思います。

新宗教の布教者は、よくゼロから出発していると言われますが、一人の人を説得し信者にしてなにがしかの会費、寄付を貰う。その繰り返しによって教団が大きくなっているのです。それに対して、寺院は、寺に生まれつくと、すでに百軒なり二百軒なりの檀家があり、土地があり、建物があります。そういうところでお墓を掃除し、年忌法要をしていれば、ともかく一家が生活出来るのです。ですから新宗教とは、まるで違っているということは言えますね。江戸幕府以来、政治的に統制された代りに、生活が寺檀関係によって保障されてきているのです。

そういう体質が、一朝一夕に変ることはあり得ないので、むしろ、その世界から出て来た人で、本当の意味での宗教活動に身を投ずる者が増えて行くことがあるでしょうが、既成仏教そのものが蘇生するということや、改革されるということは、私は余り信じませんね。ですから、既成仏教はもっぱら葬式仏教として存続するであろうと思うわけです。

――既成仏教が宗教として、内面の解決を指導する必要はないとお考えですか。

村上 いや、私が言う既成仏教とは、宗教宗団のことを言っているので、教義とか文化水準の高さを言っているのではありません。宗教宗団の構造を言っているのです。教義の役割と宗派の発展は、また別なものだと思います。親鸞の思想や、空海の思想をどう現代に生かすかは、宗門から何も新しい動きが出ないのとは別のことです。そういう新しさは、社会にぶっつけていくことによって出てくるのです。

――今の既成仏教を、何とかよい方向に持っていくためには、どのようにすれば一番よいと思われますか。

村上 宗教というものが生きた活動を社会で行うには、生活者が自分の問題として教えを受け止めた時に、そういう動きが出てきます。だから、仏教者でいえば、主として在家信仰者が運動を革新して来たのです。僧侶が法要することによって生かされるのではなく、職業を持ち、額に汗する人が自分の問題として宗祖の教えなり、教典なりを受け止めた時、新しいものが生まれてくるのです。生活を通じて再体験することによって内容も豊富になり、現代化されていきます。形の上でいえば、僧侶というものは、日本の場合職業的僧職者であり、儀礼執行者であり、それで生活をしているのですから、そこからは新しいものは生まれにくいわけです。やはり、生活者にその資格があるので、そのためには形の上では在俗信者が主体となった仏教運動が期待されることになると思います。とにかく生活者が担うことです。

――生きた宗教としての既成仏教への期待は、ずいぶん少ないようですが。

村上 宗派として再生することは、ほとんど望めないでしょう。

――今の僧侶が儀礼執行者にしか過ぎないとすれば、寺や僧侶は必要ないのではありませんか。儀礼執行会社を作れば用が足りると思いますが。

村上　宗教というものは、儀礼を執行するのも大きな要素です。しかし、そういうものは、生きた宗教と非常にかけ離れているので、そこに異様さを感じさせるのです。結局既成仏教に対する不満というのは、そういう儀礼執行が宗教の本質と結びつかないからでしょうね。

一般大衆による鉄槌を待つ

高瀬広居（たかせ　ひろい）

大正十四、年東京の浄土宗の寺院に生まれる。ラジオ関東常務取締役編成制作局長を経て、著述評論活動に専念。特に既成仏教の実態をとらえ、その革新への道を提案した『現代仏教の堕落』を発表して以来、仏教界改革に関する提言をいろいろな角度から行う。

――仏教は死んでしまった、というような発言をよく聞きますが、どうしてこのような状態になってしまったのでしょうか。

高瀬　いままで仏教界の革新ということが何度も叫ばれてきているが、坊主共が何とも感じないのは、木魚をたたいていれば、それで収入があって生活が安定しているという現実が大きく支配しているからです。たとえば、檀家を二百軒も持っていれば、月収が大体百万は入ります。その上幼稚園経営や空地のガレージ経営でそれなりに入ってきますし、宗教法人だから税金がかからない。このように物質的に恵まれ過ぎているために、好きこのんで割の悪い布教活動などをしなくなってしまうのです。もっともガレージの方は、最近課税の対象になりましたがね。また寺院の所有している土地は、大体東京、大阪、名古屋といった大都市に集中しています。都会は地代が上がっているし、寺院の財産は大変なものです。たとえば東京の寺院の土地を全部国が買い上げたら八百億円くらいになるのではないかな。

テレビ、ラジオで有名な坊主のT氏などは、寺の所有地を売っては寺を建て、檀家の世話にはなっていないと豪語している。さらには競輪競馬に注ぎ込んだりしているひどい坊主もあるのです。

全日仏大会も定期的に開かれるが、助言者などを招いて意見を述べあっても、それを記録しておくだけで、なんら改革には結びつかないですね。

――『現代仏教の堕落』によると檀家が二百軒で月収百万もの寺があるとのことですが、本当でしょうか。

高瀬　ええ、そうです。しっかりした檀家が二百軒もあれば富裕寺院ですよ。そのような富裕寺院で生活をしている住職は、日立、三菱、新日鉄の重役よりも数倍も贅沢な生活規模です。しかも所得税は住職個人の手当にだけかかるわけです。それが五人家族で五万円などという低額申告をしていたわけですよ。最近は二十万円位の申告をするようになりましたがね。

車を買ったって布教用ということになれば税金がかからないのです。その車を大学に行っている息子などが年中乗り廻していて、彼岸とか盆くらいに檀家廻りに使用するのみで、それで布教用に使っているということで通ずるんですからね。私的生活費と宗教活動としての費用とが分離出来ないわけです。息子の養育費は徒弟教育費ということで寺から出させるし、奥さんは寺庭婦人とかいって寺の使用人として月給をいくらかもらうようになっているわけですよ。

―― 既成仏教は葬式仏教だと言われますが、実際どうなのでしょうか。また、墓は日本の僧侶が食べるために考え出した知恵だと極論する人もいるようですが。

高瀬 仏教自体には墓とか死んだ人間を拝むとか、ましてやそれによって金をもらうとかいうことはひとかけらもないのです。仏典のどこにも死者儀礼などないのです。こういうことは、中国で始まった習慣なんですよ。

いま問題になっていることは、新しく檀家になった者に、寺の墓地を与える時、坪いくらといってもらうわけだが、これは明らかに墓地貸与業であると、大蔵省から国税庁に対して課税対象にしろと勧告した。それで坊主共は飛び上がらんばかりに驚いているのです。それも都市の仏教連合会の幹部連中ですがね。一般の坊主はそんなこと知りやしない。国税庁がそのような処置に出た理由は、東京都内で四ヵ寺が寺の所有地にマンションを建てた。これは明らかに非宗教的営利行為であるが、それにもかかわらず届け出がなかった。そこで役人が調査に行ったところ、きわめて傲慢無礼な態度であったというので頭に来たというわけです。それがきっかけです。いったん認めると真似る者が続々出るのは目に見えてますからね。

―― 幼稚園経営などはどうですか。

高瀬　坊主に言わせれば、幼児に宗教教育を施すということになるんだが、内心はあくまでも営利行為としてやっているのです。寺の事業というのは全部経済目的です。坊主達にとって一番嫌いなことは経済的占有権を持っているものに対して、税金をかけろとか土地を解放しろとかいう意見で、そういうことには絶対耳を貸さないんですよ。それこそ生活権防衛闘争だというわけですね。

――しかし、本来は、寺院は個人の所有物ではなかった筈ですが。

高瀬　ええそうです。奈良、平安の時代の寺は、国の喜捨によったものです。徳川時代に幕府は天海僧正の意見をとり入れて、本山、末寺関係というはっきりした組織体系を創り、寺院の統制支配体制を作りあげた。それによって僧の位、衣の色の問題、後継ぎの問題などが、すべて本山中心にきっちりとした組織に仕上げられた。その中で、世襲制をとったのが真宗です。寺院そのものが和尚のものだとはっきり認められるようになったのは、明治以降です。それ以前は弟子を育て、その弟子に後を譲るというわけで、住職が引退すれば、寺の一隅に住まわせてもらうという具合であった。子供がいないから私有観念が起こらないのです。

明治の太政官令で妻帯を公認されるようになって、子供を作り、子供に自分の後を継がせるようになった。それにより後継者を得るための苦心、努力というものがなくなって、バヵでもチョンでもよいから自分の息子の一人に継がせることになり、職業化した僧侶が成立したのです。

――よく、息子の中で一番おっとりした子に後を継がせるということが言われますね。

高瀬　結局、反抗的、革新的な息子は嫌われて、親と檀家総代と本山に忠誠を誓うような子供が後継ぎということになります。住職は企業マネージャー的存在になって、役僧はセールスマン的に働いて庶民から金を捲き上げる。その一部は本山が収奪する。本山に多く収めたものが本山の役職について、権力を振るということになります。

貧しい寺は、本山から課徴金未納という形で絶えず圧迫を受けるから、どうしても精神活動をおろそかにして金を得ることにあくせくする。結局、本山、末寺の関係も、精神的なものよりも、経済を軸とした上下の支配関係により成り立つことになります。

―― 教団も世間並みに金の力によって動かされていくということですか。

高瀬　そうです。だから徳のある坊さんは、だいたい宗政のようなものには入らないのです。宗政を牛耳っているような坊主というのは、まことに仏縁なき坊主ということになります。

宗政を牛耳っているような坊主は、非常に権力と密着したがる。そこで、保守系の実力者と懇意になろうとするし、政治家の方も、教団とそれにつながる末寺、檀家はよい票田なので、政治的に利用しようとするわけです。だから、ますます寺院の俗化は止めようがないのです。

結局、寺院の俗化を防ぐためには、僧侶の妻帯を禁じ、世襲制を禁ずる他仕様がないのですよ。

本来、寺院というものは、火鉢一個でも和尚の私有物ではない。会社と同じ法人なんだから。和尚の収入というものも、あくまで他の人の布施によって、乞食行によって得ているのであるから、その息子達も、親父の稼ぎによって飯を食っていると思うのは大間違いで、あくまで親子共々乞食行の果を頂いているのだと考えるべきです。だから、仏飯を頂くというわけです。ところが実際はそんな気持でおる坊主はまずおりませんね。それどころか法人である寺そのものを和尚が私物化しているのです。

―― 墓地を切り売りするというのはどういうものでしょう。

高瀬　切り売りと言うより貸与ですね。昔から永代供養料とか墓地管理料として当然の如く頂いていたが、これは墓地を管理するという行為に対する報酬としては当然のことですが、これは坊さんでなくとも出来ることですから宗教的行為とは言えませんね。それに、いったいどの位の金額を頂くことが妥当なのか。また草を取ったり、掃除をしたりの費用もかかるわけですが、そういうものを一体何を基準として定め貸与料としているか問題です。

現在のところ、核家族化が進んでいるので寺に墓地を求める人が多い。いわば墓地難といった状態です。そんなわけで貸与料もセリ上がっていく傾向にありますね。

根本的に、和尚は墓地をどう考えているのかな。墓地を檀家と寺を結ぶ媒介、結合手段として考えているのではないだろうか。そうなると墓地というものは、大きな比重を持ってくるわけです。そこで墓地も、よりよい檀家、また経済的に利益してくれる人で、その土地に定着してくれる人に与えようとする。貧しい人にはやらぬということになるわけです。本来寺院というものは墓とか骨とか、檀家とかいうことを相手にすべきではない。あくまで生きた人間の精神的なものを対象にした、住職個人と信者との人格的結合であるべきで、墓地などを媒介とすべきでないのです。

もともと檀家制度は、江戸時代にキリシタン弾圧の道具として出来たものですから、信仰に関係のない権力の強制の所産ですよ。むしろ、住職そのものに対する人格的傾倒ということが結合の絆であるべきで、だから親子でも、信ずる人が違っておればよいし、墓など霊園に作っておけばよいわけです。

――　最近の若い人が寺に行きたがらないのは、陰気な雰囲気や、寺に行っても説教らしい説教がないし、本当に救われるような気がしないためだと思うのですが、この点如何でしょう。

高瀬　仏教というものが、徳川以降死者のための仏教ということになった。仏教は、本来生と死の間にはさまれた人間をいかにして救うかということを説くものです。あらゆる宗教がそうだと思います。ところが、生の哲学を説かず、死の哲学をのみ説くようになった。これでは、宗教が暗い感じを与えるのも無理がないですね。徳川幕府の政策というものは、仏教を堕落させ、革新的力を奪うという点で、実に巧妙なやり方だったと思います。それで、檀家制度を設け、紫衣を与えるとか、大僧正の位を与えるとかいって、経済的保障をする。だから、幕府のやり方には反対するな、協力せよ、というわけです。まったくアメとムチの政策ですよ。それに輪をかけるようにして、明治以降、封建遺制の引き継ぎの上に、妻帯というとんでもないことが加わった。

これが墓と寺とが結びついている事情ですね。なんらそこには宗教的根拠のない、歴史的フィクションの上に乗っかっているだけなのです。そういう歴史的フィクションに乗っかって、墓に何十万円も取って人に貸しつけ、税金は課せられないというまことに矛盾した話です。税金がかかることは生活権にかかわることだという。更に先祖の霊を祀るところに税金をかけることは、聖なるものに対する冒瀆だという。しかも税金という国家の権力が介入してくることは、憲法によって保障された信仰の自由を侵害するものだというのです。要するに、国家はアンタッチャブルでおれということですね。そうすれば、我々僧侶はヌクヌクと安泰だというわけです。虫のいい話ですよ。

――　奈良や京都の観光寺院についてはどのようにお考えですか。

高瀬　これはやや同情的な考え方をすれば、観光をやっているような寺は墓がない。もともと国や武家や荘園とかの保護を受けていた。また、末寺を持っていて末寺から金をすい上げることが出来た。そういう寺というのは、修行僧も多いわけです。ところが、各寺が俗化してゆけばゆく程、奈良や京都の名刹というものは、経済的に疲弊してゆくのです。それで勢い伽藍や仏像の拝観をやるようになるわけです。ああいうものは、国家の管理にして国が観光事業なりをやればよいのです。それを何々宗の所属寺院ということになっているからゴタゴタが絶えないのです。末寺のものに対しては、お前達の聖なるメッヵに金を出してくれたらいいじゃないかと本山側が怒る。ところが末寺もなかなか金を出せない。仕方がないから観光事業をやることになるわけです。

ある馬鹿坊主などは、「心」だ、「道」だとか言って本を書いている。また、数百年来門外不出の月光菩薩を光化学スモッグの東京のど真中に持ってきて人目にさらす。そしてそのイミテーションみたいなお守りを作って人々に買わせて、そういうことで薬師寺金堂の修復をしようなどとする。そもそも薬師寺は法相宗で学問をするところの筈です。ところが学徳豊かな坊さんなどはなかなかおらない。結局観光寺院をやるとか、タレント性を発揮していくとかいう坊さんよりおらないわけです。

その和尚がテレビに出たとかいって有難いなどと思うのは愚の骨頂です。たまたま彼にタレント性があったというだけですよ。宗教的行為ではないですね。月光菩薩を作った人が当時どういう気持で作ったか考えてみるべきです。仏にお目にかかりたければ、新幹線だってあるのだし、出かけて行って拝んでくればよいわけです。それをデパートの真中に光背をもぎ取って持って来て、しかも、本来三尊仏として三尊揃って極楽浄土の世界をあらわす筈のものを、月光菩薩一尊だけで見世物にするというのは一体どういうことですか。

見ている方もひどいもので、やれセックスアピールがあるとか、バヵなことを言って見ている。こういうことを平気でやる無神経さがまた仏教の堕落と結びついていますね。

――若い人にとっては、拝む対象としては受け取れないのです。修学旅行などでも結局せいぜい観賞するだけで拝むところまではいかないのではないでしょうか。

高瀬　つきつめて考えれば、釈尊の教えには偶像崇拝などないのです。寺を建てるなり、仏像を刻んだり、それを拝んだりすることは、最も非宗教的なことだと言って認めなかったのです。イエスの場合もそうですよ。根本的には仏様を拝むということもおかしなことです。それを立派な堂宇があって、その中に仏像があり、それを守るためにとか言って金を集めるのは、そもそも仏教とは関係がないことです。仏教界もここまでくれば、改革もなかなか難しい。だけど釈尊の原点に帰るということであれば、答は簡単です。

――各宗各派がそれぞれの立場にしがみついたままでやろうとするからむづかしいわけですね。

高瀬　今の在り方をそのまま残しながら改革しようとするなら、それは無理です。私は寺院なんか全部潰れてしまえと思うのです。

お経を読むのは、専門のタレントを作ればよいのです。鐘と木魚をたたいて、バリトンか何かで、胸にジーンとくるようなお経をあげるタレントを職業者として作ればよいのです。

――葬儀屋を作るわけですか。

高瀬　それを葬儀屋がやってもよいし、企業としてやってもいいじゃないですか。坊主の中で、宗教家として自信のないものは、坊主を辞めてその中で働けばよいということですよ。

古寺とか、古い仏像は、国家で文化財として管理すればよいのです。墓地などもつぶして、墓は全部空気のきれいな土地に一括して移し、霊園として管理すればすっきりするじゃないですか。

――それでは、お経は葬儀会社の人に頼んで読んでもらうというわけですね。

高瀬　そうです。今は、都会では、ほとんどお経も読んでもらわないようですよ。亡くなった時に読んでもらうだけで、あとは墓参りに行っても、そこで弁当を食べて帰ってくるという場合が多いようです。坊さんも職業転換して、葬儀会社に勤めるなり、教師になるなりしたらよいのです。その中で求道者として道を求めるために生きたいのだという人があったら、その人はいままでの一宗一派を離れて、自分自身で新しい修行の道を選び進んで行けばよいでしょう。出家ですからね。家を出て館のないところに住むわけですよ。そうすれば秀れた仏教徒が生まれるでしょう。世間の人もそういう人は見殺しには致しません。このようにすれば、仏教界の改革はいとも簡単です。

――今の仏教教団を解体して、僧侶を辞める人には辞めてもらった方がある意味では僧侶自身のためになりますね。僧侶は精神的指導者でなければならないという使命を持っているのですから。それが坊主丸もうけなどという変な目で見られるということは、とても不名誉な話だと思います。

高瀬　一挙に全部辞めてしまえと言ってもそれは出来ないから、宗教的活動の出来ない寺は、活動の出来る寺に統廃合して、そこで坊さん方が集まって仕事をしたらいいわけです。会計の出来る人は会計をする。マネージメントのうまい坊さんはマネージメントをする。そこに育児の相談所をつくるも法律相談所を作るもよいわけで、そういう風にしてまず社会活動の出来る状態にしてそれから檀家制度を廃止し、世襲制をなくす、ということにして寺院自らの力で社会活動が出来るようにするのですよ。

――そういう厳しい条件にして、寺院の基本的立場に返るということが確かに必要ですね

高瀬　その返るということが恐いんだろうな。

――　結婚して家族のある人には恐いでしょう。若い独身の人でしたら、それが本当だというわけで転身も出来ますが。

高瀬　そうですね。いまのままで生活をエンジョイしているものには恐いわけです。だからそういう考えは局外者の寝言だとこう言うのです。

私は僧侶を弾劾する本を書いたのですが、その時も坊主共は寄ってたかってこんなことを書くとは何事だとワーワー文句を言うのですよ。そして懐柔策として講演会でもやらせればよいだろうというわけで、申し込みを殺到させるといった状態で、口先では自分の怠慢を認めるが内心ではそう思っていないんです。

寺院の非を責めるのも、一時的なものですぐに収まる位に思っている。というのは、彼等は終戦後寺が壊されたりして苦しかったのを檀家制度に乗っかって何とかここまでやってきた。そういう自信があるわけです。いざとなれば寺の所有地を売却すれば金がたんまり入るという自信があるのです。そして口先だけで改革的なことを言いながら、実際やっていることは全く裏腹なのが寺を持ちながら大学教授をしている連中です。こういう奴はみんなインチキ野郎だ。要するに仏教界内部からの革新などはどだい無理ですよ。これは外からの力でやらねばならないのです。

――　内部からの改革運動はほとんど成果をあげていないようですね。自分らも改革運動はしていますよ、努力はしていますよと言わんばかりのポーズだけの運動に終わっている、と言っては大変失礼なのですが。

高瀬　お手つぎ運動にしろ、一隅を照らす運動にしろ結局教団の自己防衛のための運動ですよ。自己解放の運動じゃない。ましてや宗団解体のための運動じゃないわけですよ。今東光氏が一隅を照らす運動の先頭に立っているといっても、あれは教団のラッパ吹きとして利用されているに過ぎない。

それで権大僧正になったとか、大僧正になったとか言ってもやっていることは、天台宗の企業戦略に過ぎない。今東光氏は教団のセールスマンに過ぎないのです。そして、運動などで多少名を売った連中が、佐藤にくっつき、福田にくっつき、裏千家にくっつきといった具合で支配階級との密着度を深めていっているのです。

勤労者にしても、日本の仏教界の現状が日本の社会の風通しのための大きなネックになっているということを何故取り上げないのか。母親大会にしても日教組の大会にしても自分達の生活領域の範囲のことしか取り上げない。

特に創価学会が出来てから人間性回復だとか人間性の復権だとか言っているし、トインビー等の学者も豊かさの中の精神的不毛が問題であるなどと言っているようだが、勤労者大衆が何故精神的不毛の一翼を担っている宗教界の現実に目を向けて、精神の指導者らしからぬ坊主共を徹底的にやっつけないのか不思議ですね。もっとも、自分だけ幸せであれば他人のことなどどうでもよいという風潮を、一般大衆の心に植えつけてしまったのは宗教家の怠慢からとも言えます。ですが、何とか一般大衆が日本の現状はこれでよいかという点に目覚め、仏教界改革のために外部から大きな圧力をかけて欲しいですね。

僧侶よ救世の導師たれ

酒井　剛（さかい　つよし）
明治四十四年、岡山市出身。昭和十一年、東京大学法学部卒業。日本経済新聞社常務取締役、日本教育テレビ代表取締役副社長歴任。

――一般民衆と寺との繋がりというものは、檀家総代になっているような人を除いては、ほとんど生きた繋がりというものがありませんが、寺本来の役割というものについてどのようにお考えでしょうか。

酒井　寺が何のために必要かとなれば、私は、ずばり教化、済度の場であると答えたいですね。そのためにこそ寺という場も必要になりますし、僧侶も必要となってくるのです。寺がどのようにして出来たかと言えば、多くの人達の寄進によって、あるいは奇篤な人によって造営されたものです。そして、その目的は、有徳の僧によって多くの人を済度し、教化して世のためになって欲しいとの、いわば仏心の芽生えからです。にもかかわらず、いまの僧侶はその遺徳さえ継ごうとしないで、自分自身が生きるため、また寺族を食べさせるためにきゅうきゅうとしているのが現実ではないでしょうか。全くのところ、葬式と法要のみが、お寺の生活のすべての感が致します。それも、近年寺という存在が、世襲制となってから、住職と称する坊主の私物化が半ば公然のものとなり、より醜い存在になり下がった感が強くなりましたね。

―― 寺が本来の目的を離れ、そのように葬儀場化していったことについてはどのようにお考えですか。

酒井 先祖を大事にすることはともかくとして、死者を供養することが価値あるものならば、寺が、葬儀場になろうと、僧侶が、葬式屋になろうと、そんなことは問題ではありません。しかし、供養の意義や行事の内容などを知りもしないで、一つの慣習として行うだけならば何だか変ですね。

本来、葬式行事というものは、寺や僧侶と直接関係があるものではないでしょう。それどころか、仏事はもともと在家の死者の縁者が行うこどで、修行者は、肉身の葬儀に出席することさえ、出家精神にもとるものとして戒められておったのではないでしょうか。それなのに不可分的関連が生じたということは、職業意識と便宜主義からでしょうか。それにしても巧みに仕組んだものですね。それは「供養」と称する一本の絆によって寺との縁が切れなくなっているからです。形の上では尊く、有難い絆というものが出来上がるということになりますが、果たして内容の方はどんなものでしょうか。初七日だ、三十五日だ、四十九日だと供養が続き、一年経てば、一周忌だ、盆だ、彼岸だとまたまた供養が続く。そして三年忌、七年忌、十三年忌と尽きることがありませんね。勿論、この間にも命日があり、年毎に盆や彼岸の供養があるという次第で、まったくやり切れたものではありません。

こうまでしなければ死者の霊を慰め冥福を祈ることが出来ないのでしょうか。まことにもって解せないことです。しかし、確かに一般の人はこれを喜ぶ面もあります。それは、自分も死ねばそうしてもらえると思っているからですね。しかし、このことを冷静に考えてみれば、死者が何時までも浮かばれない、救われない存在として扱われているということではないでしょうか。浮かばれたことを知り、救われたことが判れば、僧侶も縁者も無駄な供養は止めますよ。ところが、迷い多い我々人間はなかなか因われから解放されないのですね。

――供養は、その意義を知って行わなければならないと言われますが、どのようにお考えですか。

酒井　法事をやるにしても、布施をもらうからお経をあげに行く、お布施を包めばお坊さんが来てくれる、といった気持。あるいは、お金を出して坊さんを呼びつけるといった考え方では、供養にはならないでしょうね。供養を願う者は、寺に参って、やって頂くのが本来の姿ですよ。しかし、本質的な意味では人間が正しい行いをして死んで行った場合、供養も追善の必要もないと言えるのではないですか。

――精神の指導者である僧を敬い、大自然の真理、法を尊ぶことによって世の中が明るくなるものと思いますが、日本では残念ながら僧侶方があまり一般人の尊敬を受けていないようです。この点どうお考えでしょうか。

酒井　僧侶は、一般世間の人々よりも一段上に位し、人々から尊敬され親しまれ、世人の師表たるべき存在であるのに、出家者としての自覚が足らず、ただ慣習に流されているのが現状であるとすれば、一段上に位するどころか、むしろ数段下の方になり下がっている哀れな存在と言わねばなりません。衣食足って礼節を知る、という言葉がありますが、僧侶だからといって、衣食に不自由しては礼節も忘れるでしょうし、住居が定まらなければ心定まらずで、これまた不安のもとになるでしょう。しかし、この言葉はどこまでも世俗の人達に対するもので、出家の方ともなれば、衣食住を超越する気持であってほしいですね。やはり食べるために、妻、子を養うために葬式坊主の汚名を甘受しなくてはならないし、その上お布施を少しでも余計もらおうとして媚を売るから、教化なり済度をと考えても、今度は相手にもされなくなってしまう。悲しい現状ですね。

私はタイに何年かおりましたが、タイの一般民衆の僧侶に対する尊敬の念はたいしたものです。僧侶自身も釈尊が説かれた戒めを守り、修行者は妻帯どころか、女性と手を握ることさえ致しません。ですから日本の仏教徒がけなしている小乗仏教の僧侶方が日本にみえて、日本のお坊さん方の日常生活を見た時には、余りにも自分勝手な戒めの解釈による修行者としての堕落振りを見せつけられて、彼等は、日本の僧侶を「破れ大乗」と称してあきれているのです。彼等が自国で尊敬を受けているのは、釈尊に仕え、一般大衆がやれないことをやっているからに他なりません。

日本にも有名な人は沢山いることでしょう。しかし、有名なのは僧侶としてではなく、あるいは学者として、あるいは文筆家として、あるいは政治家として、あるいは評論家として名を売っているようですが、これ等は僧侶として有名なのではなく、二足わらじの外道に陥って有名になったというだけで、僧侶としての本分を尽くしているとは言えないと思います。彼等に言わせれば外道に入って本道を説くというかも知れません。しかし、それは、詭弁というもので正論ではありません。というのは、僧侶は、宗教家であるから、どこまでも宗教の立場においてなすべきであって、衣を替え色を替えてまでしてやるべきでないことは説明するまでもないでしょう。それなのに、彼等は、好んで、いや競って政治屋になって毒舌を弄して得意がったり、ひどいのになると好色ものの解説をしておりますが、それは食べるためであり、名を売るためであって、宗教家としてではないのです。

宗教家としての立場においては、迷っている一般大衆を教化し済度するのが宗教家本来の立場だし、だからこそ自信を持ってやって頂きたいのです。それは、宗教がすべてに優先するからであって、哲学、科学、文学、社会、政治、経済などありとあらゆる学問の上を行く一切を包括した精神指導的な原理と立場を、宗教は本来持っているのですから、大いに自覚して頂きたいですね。

ところが、多くの僧侶は、ただ経典を学び、あたかもそれを音楽か歌でも歌うかのように、仏事法要のために唱えて生計を立てているようなありさまでは、仏弟子としての本分を忘れている、と文句も言いたくなります。経典は学ぶべきものでもなければ、解説すべきものでもなく忠実に実践すべきものであって、生計のためにお経をあげることなど絶対に許されることではないでしょう。

僧侶方の中にも識者もいるでしょうし、その在り方に疑問を抱く人もいるでしょう。しかし、五人や十人いたとて、あるいは百人、千人いたとしても、これを打破して僧侶本来、寺院本来の道に立ち帰らそうとする動きをしなかったら、有って無いようなものです。だとしたら僧侶方の存在もまた不必要な存在ということになりはしませんか。いずれにしても僧侶方の自覚にまつ外ありません。

――現代人は、確かに物欲におぼれ、精神的なものをないがしろにしている面が多々見受けられますが、本当に日本人の心の中から仏教の精神というものがなくなってしまったのでしょうか。

酒井　仏教が日本に入ってから約千五百年、この間に日本人の心に植え付けられた仏教の精神は、そう簡単に拭い去られるものではありません。それでなければアメリヵなどから滔々として流れ込んで来た物質文明の波にとうの昔に押し流され、日本という国は精神的な面で完全に崩壊してしまっていたでしょう。もっともその傾向が、現在まったくないわけではありません。それだからこそ、真の仏教精神を蘇えらせる必要があるのです。

敗戦によって日本が廃虚と化した時に、飢えに苦しむ日本にアメリヵが多くの余剰農産物などを送ってくれました。それに対し、日本人は心から感謝して頂いたものです。それが、戦後二十年ほど経って日本国内が安定し、経済的にも一本立ちが出来るようになると、アメリヵは、日本が困っていた時貸し与えたものを金で返せと言い出したのです。これには日本国民のほとんどすべての人が唖然としたのではないでしょうか。それは日本人の心の中に、困った人に対して反対給付を求めずに与える心、つまり「布施」の心がまだ残っていたことを裏書きしています。この布施は、六波羅蜜（涅槃の彼岸に至る修行）のもっとも基本となる実践項目であり、仏教を修する際に第一に会得すべきものとされているからです。

欧米では自然は人類によって利用されるものという考え方から、自然に対し盛んに人工的な手を加えております。これはヨーロッパ文明の発想の根源です。仏教的な考えでは、人間は自然の一部であり、自然との調和の中に生きて行くべきであるという、「和」の精神が基調となっています。近代化、科学化によって公害問題が増えているとは言うものの、自然とともに呼吸する日本式の家屋に住んでいる限り、この自然と同化して生きて行くという姿勢はなかなか消えるものではありません。それが証拠には、日本では真の意味での個人主義というものが根付かず、米作りの伝統によっても培われた「場」を尊ぶ、つまりグループを作って行動するという特徴があって、ここにも「和」の精神が残っていると言えましょう。

世界情勢が複雑化している中で、ヨーロッパ的原理によって育てられた絶対価値観に基づいて一切を裁断する、非寛容の精神から生まれた力の政策は、すでに世界を救う力を失っています。今や、多極的価値観を基調とした東洋的な調和の精神が世界を救うものとして注目を浴びているのです。これは、とりも直さず仏教的価値観であり、日本はこの東洋的価値観を基盤とし、西洋的技術文明にも同化している国であるために、日本の行き方を学ぼうとする国が増えて来つつあり、また、世界の救い手としての期待も高まって来ているといえます。しかしながら、世界の注目を浴びている肝心の精神的な基盤は大きく揺らぎ、逆に近い将来には無に帰するのではないかという危惧さえ起こさせるような状態ともなっております。

このような状態を引き起こしたもっとも大きな原因は何処にあるのでしょうか。それは精神面での指導者たるべき僧侶方の堕落と怠慢にあると言っても過言ではありません。寺檀制度によって腐敗し切った寺院を、教団をすべて解体し、全員再出発の積りで再び精神面での指導者に返り咲いて欲しいものです。そして哲学、科学、文学、社会、政治、経済とありとあらゆる面において、正しい道を示してもらいたいものです。特に政治家には、その演説の冒頭か終りに、政策、所信の柱となる精神的教示か宗教的哲学を挿入させるぐらいの指導はやってほしいものです。

――そのためにも、僧侶方に、もう一度始めから修行をし直して頂くと考えればよいのでしょうか。

酒井　その通りですと言いたいところですが、従来の修行の繰り返しでしたら、やらぬ方がましだと思います。私は仕事の関係から、韓国、台湾、インドネシア、ベトナムなど、東南アジア各国の留学僧と会う機会があるのですが、彼等が共通して言うことは、日本の仏教は確かに学問的な面では得るものがあるが、修行という面では何も得るものがないということをはっきり言っていますね。これでは宗教ではなくて、学問にしか過ぎません。

宗教、特に大乗仏教では、上求菩提、下化衆生をもって菩薩行としております。しかし、菩提を求めても菩提が得られず、菩提が得られない状態で行う下化衆生は、衆生とともに迷いさまよう結果となります。これが、日本仏教の現実の姿ではないでしょうか。一部意欲的な青年僧の中には、今後の僧侶の在り方として、社会的な事業に参画し、奉仕することが我々の務めだと言っている人達がおりますが、これは、下化衆生の範疇に入ることであり、これとて上求菩提によってある程度のものを掴んだ人達によって行われて、始めて意義のあるものとなるのです。

ところが、宗派を代表する高僧、老僧方の日頃の言動を見聞した時に、私には、念仏や、坐禅や、唱題によるだけでは、上求菩提の目標である大いなる悟りは得られないのではないか。そんな疑念が湧くのです。我々在家の者は、僧侶方が、その本分たる上求菩提、下化衆生に徹してやり抜いていって下さることを切望しているのです。僧侶方は、他を救わねばならぬ大使命を持っているのではありませんか。そこで考えられることは、坐禅や、念仏、唱題に替わる、真言宗で言うところの即身成仏の可能な修行法、いっきょに即身成仏に至らなくとも、確実に即身成仏に近づくことが出来るのだという修行法を見つけ出して頂いて、我々のような者をも即身成仏へ導いて頂きたいのです。

――全く同感ですね。その他にも、既成仏教の改革について御意見がありましたらお聞かせ下さい。

酒井　寺は、修法道場でなければならない。そして教化の場でなければならない。さらに、済度者の安らいの場でなければならない。このように私は、現在尊敬している師から伺ったことがありますが、この三つに反した場合、直ちに寺門を閉めるくらいの決意を僧侶方が示してほしいのですね。葬儀場として用いることは、絶対あってはならないことだと思います。

寺が、葬式をやらなくなれば、死者を葬うのにどうすればよいか、との疑問も生ずるでしょう。それは、自ずから別問題であって、寺とは直接関係のないことです。しかし、骸（なきながら）の処理に困るというならば、国が、県が市が、町や村が公営の葬儀場を設ければよいでしょう。そして、宗旨によって、おのおのその宗の僧侶を呼ぶなりすればよいことです。そして公苑墓地に葬ることにすればよいのです。こんなことは、仏法とはおよそ関係のないことで、保健衛生上からか、社会公徳上の問題であって、読経したから死者が浮かばれるとか、読経しないから浮かばれないというものではないでしょう。死んでから始めて聞くようなチンプンヵンプンのお経を聞かされたからといって死者に通ずるわけでもないでしょう。むしろ、生きているうちに、浮かばれるよう僧侶方が教化、済度して下さらなくては困るのです。

要は、先祖を大事にする気持と、供養の意義を知って行う誠なる心、これではないでしょうか。他は、気休めであり、見栄であり、慣習であるにすぎません。といって、犬や猫を葬るようにせよ、というのではありませんよ。人間が、人間を葬る以上、厳かな気持で懇ろに扱うべきは言うまでもないのです。だからといって修法の場である寺を、葬儀の場や観光対象としてよいという理屈は成り立ちません。心得違いをしないで頂きたいものですね。

また、素晴しい、画期的修行法が、万一あるとするならば、この修行法を修する道場を日本各地に作り、そこで宗旨宗派を越えて修行すれば、日本の仏教が一つのものとなり、また再び生き返ることも可能となるのではないでしょうか。そして、宗旨宗派を越えた繋がりが出来れば、現在ある寺の数を半分なり三分の一に減らし、寺院本来の姿に立ち帰らせ、檀家制度を廃して純粋な信者の奉納によって維持して行ける制度を作ればよいと思います。その際、僧侶を辞めたい者には、不要になった寺の土地、家屋を売って転業資金を出してもよいではないですか。その際、寺院内の墓はすべて郊外の公苑墓地に集中したら、寺もすっきりし、明るくなるというものです。

しかし、新しい方法で寺が運営され出した場合、いままでの経済的格差から過不足が当然出てくるでしょうから、各寺に信者から奉納された金を一ヵ所にプールして、必要に応じて各寺に配分すればよいでしょう。また、布教活動も相互支援すればよいと思います。日本仏教を何とかして一本にしてすっきりさせることです。これは、日本の仏教に対する私の大きな夢です。在家である第三者からみても決して実現不可能なことではなく、今やその機は熟していると思います。

富も頭脳もここまで進んだ日本に欠けているのは、統一された価値観です。日本人の心の奥底に眠っている大乗仏教の生命をかきたてて、灯明をともすことがまず先決です。人のために衆善奉行しないで、悪いことの一切は社会の責任だというような我欲がまかり通っているこの頃です。この際、救世のため悪人をも抱擁する大慈悲心をもってまず決起しなければならないのは僧職にある人々ではないでしょうか。三宝の一に数えられる僧は、本来救世の導師でなければなりません。一信者の身にありながら、あえて苦言を呈したことを了として頂きたいと存じます。

二、僧侶の使命

はじめに

我々仏道蘇生同志会員は機会ある毎に、いろいろな宗派の方々、また日本だけではなく、お隣りの韓国、台湾更にベトナム、タイ、ネパール、セイロンの僧侶方ともお会いし「僧侶は如何に在るべきか」、つまり「僧侶の使命」について話し合って参りました。

そうして痛感致しましたのは、私達を含めて各僧侶方が、現状に甘んじていては駄目だという点では一致しているのですが、如何に現状を打破するかという実践の問題となると、我々が過去から受け継いできた伝統という重みが足を引っぱって、現在の社会状勢にもっともふさわしい実践方法の採用が難しく、それ故に僧侶の実践がなされていないという自己矛盾の姿が浮彫りにされたのでした。

しかしながら、それぞれの立場で、心ある僧侶の方々は、その志を貫いて新しい方向を模索しながら打ち出しておられます。ここでは、独自の生き方に徹して、上求菩提、下化衆生の道を示されている僧侶方の姿を、いろいろな角度から取り上げてみたいと思います。

それ等を紹介する前に、まず昭和四十四年六月二十九日、ＮＨＫで放送した「にっぽん診断――お寺さん」の回答集計の中から、「僧侶の使命」について参考になるような資料を記してみましょう。この放送は、東京都内から無作為に百名の住職を集めての回答結果であり、仏教界、つまり住職方の間で評判の悪かったものです。しかし、これも一つの客観的な資料としてとらえるのも無意味なことではないでしょう。

問 世間一般では、皆様方住職の使命、役割をどのように見ていると思いますか。

答 ①仏教の布教である　三〇人
②仏教の求道である　七人
③人々の仏事法要をつとめること　四七人

問 住職であるあなたに課せられた使命は何だと思うか。最も大切なもの一つを選んで下さい。

答 ①仏教の布教である　五三人
②仏教の求道である　二九人
③人々の仏事法要をつとめること　一〇人

ここにも僧侶方の心情と実情のズレという点が、如実にうかがわれます。

この第二部第二章では、現在の仏教界の現状をふり返って、修行・布教・変革の三つの側面から、具体的な例を取り上げて紹介し、最後に座談会においてまとめてみたいと思います。

籠山十二年

布教は、仏法の一端なりを体得して始めてなし得ることですから、まず、求道の面から触れてみましょう。求道ということになると、仏道の修得は学問や理論だけでなし得るものではありませんから、そこに自分の体で実践する修行が必要となります。現在、仏道修行の中でもっとも厳しい修行法の一つとして、天台宗の籠山行と回峯行があげられます。

籠山行とは、今から約千二百年前、天台宗の開祖伝教大師によって定められた「山家学生式」の規定に従って、十二年間比叡山の外へ出ず山修山学する修行のことです。この「山家学生式」は、伝教大師自らの体験を通じて、叡山で修行する後進のために定められたもので、「山家」は比叡山のこと「式」は規則といった意味のものです。この六条よりなる「山家学生式」は、弘仁九年（八一八年）伝教大師によって朝廷に奏上されたもので、その前文には「国宝とは何物ぞ、宝とは道心なり、道心ある人を名づけて国宝となす」と記されております。

この道心ある人を作るべき十二年間の籠山行に先立ち、梵網菩薩戒経に従って「好相行」がまず行われます。ここに戦後初めて籠山行を成満した堀沢祖門師の「好相行」の体験を紹介致しましょう。

伝教大師の御廟所である浄土院の拝殿の右一隅に幕で仕切られた道場をつくり、中央正面には高さ三メートルほどの大きな掛け軸を吊ります。この軸には授戒の三聖の図、つまり伝戒の和上として釈迦如来、羯磨《かつま》阿闍梨として文殊菩薩、教授阿闍梨として普賢菩薩が端厳に描かれています。この軸の左右に二基の灯明台を立て、種油に灯芯を浸して火を点じます。この二基の灯明台は昼夜点し続けられますが、明りとしてはこの他には何もなく、堂内は常に仄暗い静けさが保たれています。

そして、軸の前には経本と香炉と散華のための樒《しきみ》の葉を入れた容器と、礼拝する時に、掌と膝をつくための座布を巻いた小座布団が一枚、その座布の右横に磬《けい》が一基。そして、道場の端近いところに修行者が休息する際使用する縄床《じょうしょう》が一台置かれている外は、道場内には何一つありません。

さて、礼拝は五体投地の礼といって、頭と両手両足の五体を地につけて、低い姿勢で礼拝するもっとも丁寧な礼拝をします。額を地につけ、両手を真直ぐ前方に差し出して掌を上にし、この掌の上で仏の両のみ足を頂戴するこころになります。膝は深く折って地につけ、全身をもっとも低い形で仏の前に自己を投げ出すこころで礼拝するのです。五体投地の姿勢から磬を一打して、「ナーム」と唱えながら、まず上体だけをゆっくり起こして合掌し、仏の名を唱えながら左膝を立てて全身を真直ぐに起こしてゆき、右足を引きつけて直立した合掌の姿勢になります。それから、右足を後ろへ半歩引きながら体を徐々に真直ぐに下ろしていき、左膝、右膝と折りながら地につけ、上体を前に倒し、全身を地に投じて拝礼するのです。

このように、ゆっくりとした丁寧な礼拝を間断なしに、一仏一仏のみ名を唱えながら、一日に三千回つまり過去現在未来の三千仏の礼拝を繰り返していく行法を礼拝行と呼び、その目的が「好相」を感得することにある時は、好相行と呼ぶわけです。

比叡山で籠山比丘となるためには、まず大乗戒（円頓戒）を授戒することが第一条件となりますがこの大乗戒を授かるには、小乗戒と違って、仏から直接にその資格の認定をして頂くことになっているのです。小乗戒（二百五十戒）の授戒では、戒律を正しく保っている律僧十人により、その中の三人を授戒の三師とし、後の七人を授戒の証明師として授戒の儀式をとり行うことだけで授戒することが出来るのですが、大乗戒の場合は、人師による授戒の儀式に先立ち、まず受戒者が仏から直接に認可の証を頂くことが、絶対条件となっております。

ですから、十二年の籠山修行を志す者は、誰でもこの好相行を行って「好相」を感得し、その上で大乗戒を授かって入律籠山を始めるのです。

戒律、特に大乗戒を受ける際に、汚れたままの心身で戒律を授かることは出来ないわけで、誰でも生きているからには心身が汚れているわけですから、まずこの汚れをすっかり洗い落としてから、神聖な大乗戒を授けて頂こうというものです。したがって、ここでは好相行は懺悔行でもあるわけです。すでに身についた身口意三業の汚れは、ただ懺悔することによってのみ浄められ得るからです。そして、懺悔を繰り返してついに心身が全く汚れを離れた時に、「好相」が現われるのです。好相というのは、一口に言って、「仏に関する種々の神秘現象」といってよいかと思います。大乗戒経を代表する梵網菩薩戒経には、「仏来たりて摩頂し、光を見、華を見る。種々の異相なり」と簡潔に表現されております。

さて、その好相行の実際ですが、これはなかなか厳しい行法であることが判られるでしょう。というのは、どんな修行法もたいてい日数による期間というものがあるものですが、好相行はこれがないのです。何日何十日したら終わるというのではなく「好相」を拝するまでは無期限に続く行のです。その上、「好相」は中断するという心的状態をもっとも嫌いますから、眠ることなく、昼も夜も続行されることが必須の条件となります。

三度の食事と用便の他は一切無休というのが理想なのですが、実際にはそうはまいりません。礼拝に適当な区切りのついたところで小時間ずつ休息するわけですが、その際も堂内で、しかも縄床の上でと決められているのです。縄床というのは、背中のよりかかりと周りに手すりのついた、脚のない椅子とみればよいでしょう。その床の部分が板ではなく、縄で編んで作られているので縄床と呼ばれ、本来は、この上で坐禅をするために用いられるものなのです。

この縄床の上で休むと、たとえ眠ることがあったとしても、横臥しなくてもすみます。そして、気が張っておりますから、すぐ覚めることになるのです。

三千回の礼拝は、血気の青年なら朝早くから始めれば大体夕方までには終えてしまえるほどの時間量といえましょう。しかし、この時間でするとなるとかなりのスピードが必要であり、疲労度もそれだけ増してくる道理です。とても連日というわけにはいきません。そこで、自然に三千回が一日一杯にひろがってきて、少し休み時間が長引いたりすると、その日のうちに消化出来なくなってしまうことになります。

座布の上に礼拝のたびに触れ、立ち上がる時にそこに多少の力が入るだけの手の甲が、ふしくれだった固いタコだらけになり、足の毛などは悉くすり切れ、体中が汗でアセモだらけになります。

肉体的な苦痛はあたりまえのこととしても、心理的な苦痛はさらに大きいかも知れません。その一つとして、まず疑いがあります。一応の信仰があるから出家入律を志したはずですが、行中にひっきりなしに出てくる疑いはいったい果たして「好相」などというものがあり得るのかという疑いです。努力し礼拝し懺悔して全力を尽くして祈っても祈っても、ついに「好相」が現われない時、失望落胆と共に湧き上がってくるものは、この怖しい「疑い」なのです。疑うということは、自分の心を乱し、精進努力にストップをかけ、さらに疲労感と虚無感を増幅して修行者を無力化していくのです。

さらに、壁につき当たった時に、人はいろいろ考え迷い、焦り立ってあらゆる試行錯誤を行わずにはいられなくなります。その厚い壁をつき抜けるためのあらゆる可能性を探し求めてあがき廻ります。いわば、砂上に石を積み上げていくような努力を、限りもなく繰り返すのです。

やはり心理的なことですが、もう一つ取り上げたいのは、意識の昏迷ということです。いかに疲れていても、日中はなんとか礼拝を続けていくことが出来るものですが、外界が暗くなってくると事情が一変します。暗くなるということは、夕方でも同じことです。外界に暗いベールが下りてくると同時に、意識にも重いベールが下りてくるわけです。これはどうにも抵抗のしようのないもので、ひとたび意識の上に幕が下りてきて昏迷してくると、体が一度に重くなり、まるで自分の体が鉛の釣り鐘になった感じになります。その体を持ち上げて、礼拝を続けていくためには大変な力が要ります。礼拝するためには体を起こすのに、両腕に力を一杯入れてようやく体を持ち上げる、ということになるのです。

このように、日が暮れるとすぐこうした意識の昏迷が始まり、およそ十二時間、朝外界が明るくなってようやく意識の上におおわれた昏闇のとばりが消え去っていくまで、夢遊病者にも似た半意識の状態で、のろのろと礼拝を繰り返していくことになります。それは、自分が合掌したままの姿勢で立っているのですが、今いったい何をしているのか自分自身で判らなくなってしまう瞬間です。「今いったい何をしているのだろう」「何をしようとしているのだろう」と懸命に思い出そうとします。脳髄をしぼってようやく自分がいま礼拝行をしているのだと気がついて、また心をはげまして行を続けていく、といったことになるのです。

このようにして、一ヵ月、二ヵ月と日を経ていくのですが、その間に人間として考え得るすべてのこと、迷い得るすべてのことを、礼拝行を通していつの間にか考え尽くし、迷い尽くしていくのでしょう。さすがに頑迷な「我」というものが、ついに往生して、頭を下げてどうにでもして下さいと、自分自身をすっかり投げ出してしまったような心的状態に至った時、突如「転回」が行われるのです。

行を始めてからおよそ三ヵ月も経った頃、私にもそのような「転回」の時が来たのです。時刻は真夜中の一時すぎでした。疲れはてた体で縄床にもたれてウトウトしていた時でした。真暗な視界の中に突如として、お釈迦さまがお姿を現わされたのです。まるで軸の中から抜け出てこられたように、三尺ほどの大きさと思われるのですが、全身が自然色というよりもむしろ極彩色といった方がよい色あいです。

お一人ですが私はお釈迦さまだと直観いたしました。と同時に、まことに烈しい衝動の流れの中に巻き込まれていったのです。全身がガタガタと震え出し、口からは、思わず「南無釈迦牟尼仏」という名号が、自然に突きあげてくるようにつぎからつぎへと出てくるのです。私は合掌したまま空中のお釈迦さまを仰ぎ見ておりましたが、その時私は仮睡から覚めました。というより、最初の烈しい衝動とともに仮睡状態から揺り起こされたのですが、仏は依然として現実にも拝することが出来ているのです。

あまりの不思議と歓喜とそして幾分の畏れの感情を交えた烈しい興奮の中で、全身は強力な力で押さえつけられたようになり、頰の上をつぎつぎ流れる涙と汗で顔はグチャグチャになっていますが、ただうち震えながら合掌し、真剣に仏のみ名を唱え続けているばかりです。

仏は、終始無言でじっと私を見下ろされていましたが、やがて私の腰の辺に一片のうすい帯のような紐をめぐらされ、その両端がお釈迦さまのお手に握られると、そのまま後方の空中へぐっと上昇していかれるのです。同時に私の腰にも強い抵抗が感じられ、そのまま紐を腰に巻かれたまま空中へ静かに引き上げられていくのです。

そのような恍惚の中で、静かにいつの間にかこの現象は消えていき、縄床に坐って合掌したままの私だけが取り残されていたのでした。しかし、なまなましい興奮は依然として余韻を残しており、その恍惚の中にひたりながら、しばらくは立ち上がることも出来ません。ただ静かに合掌して仏を念じながら、興奮がおさまりすべてが平静に帰るのを待つばかりでした。

どれほどの時間がこの間についやされたのでしょう。長いようでも、また、短いようでもありました。二つの灯明によって仄明るく照らし出されている軸中のお釈迦さまにふかぶかと礼拝したのち、私は静かに立ち上がって、真夜中ではありましたが師の坊の御寝所へ、この「好相」の事実をお伝えするために、冷え切った廊下の板の上を素足で踏んでいったのです。

籠山行は、このように大乗戒を受けたのち、更に十二年間山を出ずに、止観業（法華円教を専攻）か遮那業（密教を専攻）のどちらかを研究修行するものです。そうして、最初の六年間は他からの教えを学ぶ学問を主とし、後半の六年間は思慧と修慧、つまり考えたり実修したりすることを主にするようにと教えられます。また、一日を三つに分けて、三分の二を天台教学、三分の一を仏教以外の諸学問をするようにとも定められています。

十二年間山を降りずに修行していればよい、簡単なことではないかと考える方もおられるでしょうが、この十二年間というものは、自分がどんな病気になろうが、また自分の肉親が死のうが、毎日の修行を一日も休むことなく続けなければならないのです。堀沢師のあと、続いて籠山行を成満された中野英賢師の場合は、実際成満後医者で健康診断を行ったところ、肺に七つの大きな空洞が生じていたとのことです。一口に十二年といってもなかなか出来ることではありません。その証拠に戦後十二年籠山行を成満した方は、堀沢祖門師と中野英賢師の二人にしか過ぎないのです。比叡山に学び、鎌倉仏教といわれる各宗派を興された開祖方が、すべて十年以上の修行をされたことを思う時に、堀沢師の体験記は、現代僧侶の修行という問題を考えさせてくれるものがあります。

テレビ説法

布教ということになると、いろいろな方法が考えられると思いますが、ここではまず、十八年間に亙り、約三百万人の修学旅行の生徒に対し、仏の心を説き続けてきた現代の布教師、高田好胤師に登場してもらいましょう。

師は、『心』を始めとして、『道』など次々と本を著す一方テレビ放送を通じて、お経を読み、位牌をテレビの方に向けて下さいなどというアイディアを提供し、また、薬師如来の脇侍仏である月光菩薩を東京のデパートで展示するなど積極的な活動を続けておられます。

その師が一番力を入れていることは何か、それは『心』の次のような書き出しの一節から読み取ることができます。

「私はかねがね宗教者は人生の案内人であると思っておりますが、それでは宗教者としての私自身はこれまで何に一番情熱をそそいできたか——そう考えると、やはり奈良薬師寺へ修学旅行にやってきた生徒たちを相手に話をしてきたことのように思います」

そうして、何故これをやっているかについては、次のように述べられております。

「私自身はそうやって仏心の種を子供たちの心の中にまいていたつもりなのです。修学旅行にくる子供は疲れておりますから、はじめはがやがやしておりますが、話を聞いて帰るときはそれでも小さな掌を合わせてお参りしてくれます。子供の心は純粋です。このことだけでも、私は小さな種が——それは本当に小さな一粒の種にすぎないけれども、子供たちの心の中に植えつけられたのだと思っております」

薬師寺は、南都六宗の一つ法相宗という学問を主体とした宗派の寺で、西暦六八〇年天武天皇が建てられたものです。金堂は四三〇年前の大火で、三重塔だけ残して他のお堂が全部焼け、後に豊臣秀吉が仮建築をして今日に至っております。立派な薬師三尊に比べて、建物の貧弱さ、これは、薬師堂関係者が四百年来心を痛めていることであり、現在では金堂を再建することが師の使命でもあるのです。

この費用については総経費の約十億円を会社の宣伝費から出そうといってくれた財界の人もおられたのに、師はその申し出を断わり、百万巻写経による「薬師寺金堂復興勧進」を発願されたのです。金堂再建の意義については、

「金堂再建というのは単に立派な建物をつくるということではないのです。それにできるだけ多くの人が参加することによって、多くの人々が仏心に触れて幸せになってもらうことに意味があるのです。聖武天皇が大仏殿をつくられたとき『形は成りやすく、心は至りがたい』と申せられましたが、薬師金堂を再建するにしても、その心がなければいけないと思う。一人でも多くの人を幸せにできなかったら、仏堂を建てる意義はないのです」

と言っております。

写経によって心を洗い、信仰心を起こさせることによって仏の教えを正しく伝え、納経料として写経と共に千円を納めてもらって、昭和五十年には金堂の落慶供養を多くの人の喜びと共に迎える、これが師の夢と言えましょう。

しかし師の八面六臂の活躍振りについては、タレント気取りでいるとか言われておりますが、なかでもテレビを利用しての読経については、個対個の信仰教化に立つべきお坊さんが、お経のマス化を喜んでいるとして、一部には批判の声も高いようです。師はテレビでお経を読むようになった動機などについては、『心』の中で次のように書いております。

「私は関西テレビの土曜日の番組『ハイ! 土曜日です』にときどき出ております。テレビに出ましたら、番組のはじめに私は視聴者に向かって掌を合わせます。私たちとしては当たり前のことなのですが、そのことで、四、五人の人にこんなことを言われました。

『先生はなかなか私どもの家にまで来て仏壇を一々お参りしてもらうわけにはいきませんやろ。それで、あの番組がはじまると、テレビを仏壇の方に向けておくのです。ありがたいことや』一人二人ならともかく、四、五人からそういわれて、挨拶するだけでそうなのだから、お経をあげたらもっと喜んでくださるのではないかと思ったわけです」

かくして、暇をもてあましている団地夫人のために、お盆に先祖のことを思いだすようにと、テレビを仏壇の方に向け、仏壇がなかったら一番近い先祖の写真をタンスの上においてもらって、お経をあげるということが実現したのです。

現代のマスメディアの利用は、ともすれば信仰の軽薄化を生む危険性を常に孕んでおりますが、一部のアリガタヤ信者の願望を無批判にうけいれる行き方が、果たして真の布教の在り方といえるでしょうか。

真理運動

第一次世界大戦が終わるや、戦時経済のためにふくれ上がった需要が一時になくなり、過剰投資によって進んだ工業化がその製品の売先を失なった結果、経済恐慌が起こり資本主義の矛盾が大きく露呈しました。このような社会情勢の中で、大正末期から社会主義思想、マルクス主義思想の賛同者が知識階級、労働者の間に急激に増えていきました。これまでの日本の歴史には、宗教そのものに対する批判は避けるという傾向がありましたが、このような唯物思想が普及するにつれて、これまでにはみられなかった痛烈な宗教界に対する批判が登場してきたのです。その結果、これを契機として青年僧侶の間には真剣な反省と自覚が生まれてきて、新しい宗教活動の台頭が見られるようになりました。「新興仏教青年同盟」や「仏教法政経済研究所」の誕生はそのよき例といえましょう。

「仏教法政経済研究所」は慶応大学教授であった友松円諦氏を中心に、浅野研真氏、細川亀市民ら少壮学者を集めて、従来、仏教界にもっとも欠けていた社会科学との関係を中心に研究を進めていましたが、たまたまその頃NHKから放送した友松円諦氏の「法句経講義」、高神覚昇氏の「般若心経講義」などがサラリーマン層に予想外の好評を博したのです。この講義の出版は大いに当たり、出版後二ヵ月間にして二万部を売り尽くしたといわれています。当時、この盛況を見て、「宗教復興」あるいは「仏教ルネッサンス」などと評されたものです。これは、仏教を近代的感覚で再発掘しようとした姿勢が、既成教団が説く仏教に魅力を失っていた一般大衆に、清新な印象を与えたからといえましょう。

この状況をとらえて、友松、高神両氏を中心として、梅原真隆、山辺習学、塩入亮忠、真野正順、江部鴨村、松岡譲の各氏らが起こした運動が「真理運動」であったのです。

この「真理運動」は、昭和九年頃出発し、昭和十年、増谷文雄氏を初代編集長として、機関誌『真理』を発行する運びとなり、発刊に当たっては真理運動の主旨を次のように宣べています。

「世間の一隅に高塀をめぐらせた〝理想郷〟を建立しようとするものでも、直接行動によって制度の変革を企てようとするものでもなく、全日本の至るところに五人の〝真理道場〟をつくるもの」であり、その他、実践項目として、「仏典の現代語訳」「新しい勤行・仏教音楽・絵画の普及」「仏教哲学の近代化」を掲げ、「現世祈禱・迷信的宗教・偏狭な排外思想・極端な唯物論・小児病的な科学主義を仏教的英知によって正しい中道的見解にいたらしめたい」と宣べています。これは仏教界における新しい自由主義的近代主義の立場でした。

この雑誌は各階層の人達に受け入れられ、次第に発展しましたが、それも昭和十四年頃になると、戦時体制の強化と共に言論統制の圧力は日毎に増してその発展も遂に阻止されるに至りました。当時、友松氏は「精神生活は〝自分ひとり〟の問題である。しかるに統制主義はうっかりすると〝全体〟の大風に一人一人の〝個〟をふきとばしてしまう」と時局をうれう発言をしていますが、残念ながら戦時下では創立初期のような活発な活動を続けることができなかったようです。

しかし、敗戦と共に氏の真理運動推進の意欲は再び燃え上がり、まず神田神保町の一角に真理運動の看板が掲げられます。

昭和二十一年には、長く跡絶えていた機関紙『真理』の再刊第一号を五月に刊行する運びとなり、B5版の小さく薄っぺらな雑誌ではあったが、この再刊第一号に載せられた巻頭論文は、日本の既成仏教に大きな衝撃、目覚めを与えました。

「仏教の改新」の標題のもとに、イ、敗戦の責任、ロ、日本の再建、ハ、仏教の根本思想、ニ、僧俗の別を越えて、ホ、祖先崇拝をこえて、ヘ、偶像崇拝をこえて、ト、宗派をこえて、という項目に分けて、仏教は更生しなければならぬと叫んだのです。その後、『真理』は単に宗教問題ばかりでなく、友松円諦氏の論文を中心に、政治、社会、文学、映画、演劇と広い分野に亘る内容を盛り込んで発展していきました。

続いて七月には、仏教革新の実をあげる適切な措置として新寺を建立し、寺の行き方はかくあるべしという具体的な行動を起こし、神田寺真理会堂の地鎮祭の運びとなりました。翌二十二年四月には神田寺の創建がなり、そこでは経典の国語化を採用し、僧侶ばかりでなく、在家の人達も共に口語訳のお経をあげる形がとられ、その他、猪俣興一氏の音楽による仏教讃歌の編纂など、この方面でも仏教が現代の民衆に訴える力を取りもどすべく心を配り、また、経典研究と同時に文学、演劇などへも目を向け、若者達の強くそして深い関心は、やがて真理講座の誕生をみるなど、戦後の文化活動の波がこうした若い者達の力を結集し、神田寺創建をどんどん押し進めていったのです。神田寺の創建がなるや、これを期に真理運動の普及網を拡げようということから、神田寺ニュース（教材通信）を間もなく発行した。これは宗旨宗派を越えて多くの寺院で、布教活動の活きた教材として一番利用されてきたのではないでしょうか。

神田寺の建立は、真理運動に新しい動きを加えました。神田寺全部を解放して二十二年の秋に行われた第一回寺院革新講座がそれであります。この講座の開講についていえることは、真理運動が戦前に持っていた一般信徒への教養的な運動と根本的に違っていたことです。仏教の戦士の養成機関たらざるを得ないということのような変貌も、既成仏教教団の若手僧侶へ寄せた一つの期待があったからであるし、また一方では何か積極的に体当たりしたい各宗所属の若い僧侶の願いでもあったのです。この講習会の講師が戦前と違って、友松氏の戦後の側近によって固められたことも、時代の移り変りと共に大きく影響したものと思われます。

この講座の開講に前後して、南伝大蔵経を中心とした国訳新仏教聖典の編集、刊行がこれら講師達のもとに神田寺で行われ、続いて「宗教入門」「仏教入門」「信徒必携」などは、敗戦によって本山からの適確な指示もなく、方向性を見失いかけていた多くの僧侶に再起の力を与えたと言っても過言ではないでしょう。第二回目の講座はほとんど同じ講師と内容で翌二十三年に持たれ、その後も名称は変ったがしばらく続きました。

このような友松円諦氏の積極的な活動に応えて、氏を仏教界の救世主として、各宗門の僧侶が続々と神田寺を訪れたのです。この熱意の程は、第一回講座の後直ちに教化連盟が結成された事実でも理解出来ようというものです。しかしそれでは何故超宗派の団体として発展しなかったか。戦前戦後、氏のもとで真理運動に挺身した岩堀至道氏は、この間の事情を次のように回顧されています。

「しかし友松先生は、その運動の中心ではあってもアイドルにはならなかった。いやなれなかった。従来の仏教教団のボスに慣らされている私たちには真に心細く、かつ残念であった。おそらく仏教というものは、本質的に、悟りを求める以上は、ボス的な中心の必要はないという信念にたたれたからでもあろうか。

あるいは先生が学者であって宗教行政を嫌うからか。いずれにしても、こうした若い僧侶の期待には応えず、神田寺は次の大衆布教を目ざしてさらに変容していった」

確かに、真理運動は、仏教を判り易いものとして一般民衆の手の届くところにまで置いてくれたし、仏教の各宗派の中に何らかの意味で仏教革新の種を播いたという点では高く評価されます。しかし、宗教の教養主義化の片棒をかついだのみに終わったという非難は気になるところです。

教団とは何か

最近の各派教団の動きを見ますと、天台宗においては「一隅を照らす運動」、知恩院では「おてつぎ運動」、日蓮宗では「護法運動」、真言宗では「つくしあい運動」「阿字観講習」、また禅宗では各種の参禅会などを催して、教団の近代化路線に沿った布教方法を打ち出し、一般大衆との新しい連帯によって、混迷の世相に仏教による指導性を発揮しようとしております。

そうした中で特に注目されて来たのは、昭和三十六年に発足した東本願寺派による「同朋会運動」と言うことが出来るでしょう。

宗祖親鸞聖人は、歎異鈔の中で、「親鸞は弟子一人ももたずさふらふ。そのゆへは、わがはからひにて、ひとに念仏をまふせさふらばこそ、弟子にてもさふらはめ、弥陀の御もよほしにあづかて念仏まふしさふらふひとを、わが弟子とまふすこと、きはめたる荒涼のことなり」と言っておられますが、これは念仏者としての自覚に立つとき、師と弟子という上下はなくなり、同朋、同行として平等な人間の立場に置かれるということです。

こうした宗祖の信念、思想を基にして、僧俗一体となり、教団再興の事業としての同朋会運動を起こすべく、昭和三十七年、宗議会で当時の宗務総長訓覇師の次のような発表となったのです。

「……ただ閉鎖的に、寺院の中で閉じこもってお念仏を唱えるということではすまないのでありまして、現に現実の社会に大衆がいかに、何によって苦悶しておるかと、そういう問題ととりくみつつ、われわれ教団が生きていく方途を考えねばならんのであります。乃至近代ヨーロッパが果たし得なかった真の人間の自覚を明らかにし、現代の人類の課題にこたえるべき使命を担うておる仏教の、その使命を果たすべき『場』が仏教の教団であります。しかるに仏教教団の現状はどうかと申しますと、ご承知のように遺憾ながら未だ前近代化の様相を脱することができない実情でありまして、急ぎ近代化への脱皮が要請されるゆえんであります。すなわち一日も早く現在の課題にこたえることが教団足下の急務でございます。……われわれの教団は従来、ご承知のように農村を基盤とした、いわゆる『家の宗教』の形をとってきたのでありますが、近代工業化の急速な発達に伴いまして、農村社会は急速に工業化へと移行し、戦前の家族制度の法律的廃止から『家』は、もはや崩壊の危機に立っておるのであります。ここに必然的にわれわれの教団は、否でも応でも再出発を要求されておるのであります。乃至教団の近い歴史におきましても、底流として、このような近代化の願いがあったのは当然であります。……」

こうして教団の近代化に立ち向かった同朋会運動が、いちやく世間にクローズアップされて来たのは、いわゆる「開申」問題が新聞に取り上げられてからでした。

「開申」問題というのは、東本願寺では、宗祖親鸞聖人の血を引く大谷家の当主が、法主即本山住職即管長という三位一体なのですが、この文書では大谷光暢師は法主、本山住職の地位にとどまり、管長職は長男の光紹師に譲るという発表だったのです。巷では、この開申の隠れた意図は、同朋会運動の宗門近代化を強力に打ち出した訓覇師ら直道会を追い落とすことにあると囁かれもしました。

同朋会運動の方も、昭和三十六年発足以来、第一次、第二次五ヵ年計画として公表された頃は、その宣伝と演出も素晴しいものだったのですが、やがて教団をあたかも政治団体のようなセンスで指導しているとか、議会独裁の運営だとか、同朋教団などという蔭口を言われるようになり、内局を預かる訓覇宗務総長が宗務行政を自分の意のままに動かしているという批判が起こるようになりました。ことの真偽はともかくとして、〝御同朋御同行〟（親鸞聖人の言葉）の平等思想は世襲制によって続いて来た大谷家の存立を根底から脅かすものでしたし、当時の内局によって打ち出されていた〝家から個人の信仰へ〟というスローガンは、宗門を支えている大きな基盤である檀家制度を壊す恐れもあって、下手をすると宗門そのものを崩壊させせかねないエネルギーを秘めていたと言っても過言ではありません。

大谷家と内局のいざこざは、宗教裁判にまで発展し、さらに門徒の上山、境内デモ、内局参務との大衆団交となり、昭和四十六年六月四日の全国教団問題協議会の全国大会では爆発寸前となり、お家騒動が頂点に達した感がありました。全国三十教区から千人の住職、門徒が本山の大寝殿に集まり、次のような声明を読み上げたのです。

すなわち、「昨年四月以来のできごとは、大谷派教団がいかに多くの虚偽を積み重ねてきたかを暴露した。同朋教団といいながら、その体質はまったく封建教団、支配教団であり、今こそ宗祖聖人の心に帰るべき時だ」、また更に「大谷家が民衆の上に君臨し、血統のみを正統化し、しかもそれを我々に強要しようとしている。これほど仏祖の伝統に背くことがあろうか。その病根を徹底的に除かずして教団の生命はない」として、一、大谷家専制反対、二、開申、提訴撤回、三、名畑内局即時退陣、四、同朋会運動の強力推進を決議したのです。

しかし、このあと三森内局が成立し、大谷家の意向に沿ってことは収拾されたのでした。地方のある真宗僧侶の次のような回顧談は、この運動の限界を鋭く告発しております。

「今度の管長問題を門徒の人に話してみて感ずるのだが、世間では管長職など理解できないのだな。管長推戴とか允裁（いんさい＝法主の承認）とか、これは組織のうちで騒いでいることで、いわば組織の保身というところで同朋会運動を見るのは間違いだと思う。これは一緒にはできないが、たとえばべ平連など、あれは組織ではない。自分で選択して主体的に参加している。だから組織として動いているのではなく、そこにあるのは運動だけなんだ。組織には選択がない。同朋会運動に選択があったろうか。ヒエラルキーとしての動きであって、その組織の保全ということで騒いだのが管長問題なんだ」

我々他宗の僧侶にとっても、この同朋会運動を、東本願寺大谷家のお家騒動として、対岸の火事視して避けて通ることは大変な誤りと言えましょう。この問題は封建遺制に塗り込められた伽藍教団が、もし近代化路線を推し進めるとするならば、必ずやその封建的体質のために、自己矛盾に陥り、あまつさえ自己解体の憂き目にすら合う可能性がある、という良い見本を我々に見せてくれたものと言えます。

それでは伽藍教団は自己解体せずには近代化への脱皮を遂げることは出来ないのでしょうか。あるいは、むしろ自己解体したのちに近代化への脱皮が始めて可能となるのでしょうか。この問いかけは、仏教教団の根本的変革が、同朋会運動の挫折のプロセスを一つの指標として、今後ますます深刻に東本願寺派の僧侶自身によって問いかけられ、更にまたそれが他宗の僧侶方にも及んで、その問いかけを深めていかなければならない問題であります。

座談会

僧侶の原点を求めて

司会者　上川光正（真言宗）
出席者　堀沢祖門（天台宗）
杉原孝俊（真言宗）
埜村宗郁（臨済宗）
加賀山信道（曹洞宗）
沢口輝禅（曹洞宗）
大平智円（日蓮宗）

司会　この章の前半において「籠山十二年」「テレビ説法」「真理運動」「教団とは何か」をとり上げましたが、個別の紹介としては不充分のところもあり意をつくしていません。この座談会ではこれらの話題を素材として活かしながら、自由な立場から話して頂きたいと思います。我々僧侶は、まず上求菩提して己れの安心立命の境地を築くこと、すなわち自分がまず救われないことには下化衆生もないわけですから、初めに修行の話から入って頂きましょう。

修行は苦行でよいのか

司会　堀沢さんの体験などをみますと、籠山比丘のこの好相行というのは、まさに苦行の極め付きのような気がするのですが、皆さんのそれぞれの立場から修行の一端をお聞かせ願いたいと思います。

堀沢　もう二度と好相行は御免ですというのが実感ですね。拷問みたいなもんですよ。（笑）

司会　回峯行もされたのですか。

堀沢　いや回峯行はしていません。籠山行は伝教大師の山家学生式にのっとって十二年間叡山を下らずということで、私の場合はその中の止観業を選んだわけです。ところが、回峯行は伝教大師のつくられたものじゃないんです。慈覚大師の弟子である柏応和尚が始めたんです。伝教大師のつくられた遮那業、止観業の行法というのはその伝統が現在ほとんどなくなってしまって、皮肉なことには回峯行が残ったというのは、回峯行には具体的な型があったということでしょうね。

加賀山　しかし今の交通事情では京都におりて下回りをして帰ってくるといっても大変でしょう。

堀沢　千日回峯行といっても、ぶっつづけにやるわけじゃない。その中で百日に一回、キリ廻りというのがあって、朝早く叡山を下って東山、銀闍寺、松原、二条城、西芳寺、下鴨、上鴨と回ってくるんです。途中で何回か一休みする所がありますがね。朝二時に出て帰ってくるのが、その日の夜十二時を過ぎることもある。私も何回かお供して回ったが大変だな。今、後輩で回峯行をしている者がいるが、その修行中は本当にすばらしいですね。眼光けいけいとして傍に近寄りがたい威容がある。ほんとに彼の姿に手を合わせたい気持になります。しかしその行がすめば段々もとにもどる。残念だが修行中だけですね。これが問題なんだ。

司会　日蓮宗の場合は南無妙法蓮華経の唱題行につきるわけですか。

大平　ただ唱えればよいというのではないですね。うるさい人になると、まず調身、調息、調声の基本から徹底的に鍛え上げて、全生命を打ち込んで信唱するのが肝心だというわけです。こうなると、やはり修行といえるのじゃないでしょうか。

日蓮宗では毎年十一月になりますと、例の有名な「荒行」（あらぎょう）がはじまります。これは中山（なかやま）寺と身延山でやっていますが、江戸時代に始まって、ととのってきたのが明治頃だそうです。寒行と称して百ヵ日、水をかぶりながら唱題するわけです。その後で本堂で法華経をあげる。一口でいえば、力をつけるわけです。そして、その期間中に祈禱のロイ（口伝）を受ける。また、感応のような現象の起こる人も出てくる。寒い時に、自分の体を苦しめることによって、宗祖のありし日の受難を追体験する。追体験といえないまでも、宗祖を追慕して不退転の願心を養う。ということで、年中行事として盛んなようですね。

司会　世間の人々は修行というと、禅宗の雲水の方々の托鉢とか坐禅、また警策で背中をたたくさまをテレビでみたりして、非常にきびしいというか、苦行的なイメージをいだいているのですが、実際に体験されてどうですか。

坐禅は安楽の法門なり

沢口　坐禅そのものは慣れるにしたがって、苦にはなりません。道元禅師のおっしゃるように「坐禅は安楽の法門なり」というところにまでいきつくのは大変でしょうけれども。やはり坐禅そのものに苦行的な側面はあるんじゃないでしょうか。坐禅そのものが好きになるほど坐り抜いていく、その過程ではやはり苦行ですよ。ただ問題なのは、坐禅が好きになった段階でいわゆる三昧といわれるような深い禅定体験に入っていけるかどうかということです。わたしらも長年、雲水修業したにしては、おはずかしいかぎりです。

埜村　臨済禅の場合は、公案禅というまとまった修行の体系があります。内容のよしあしは別として、修行のカリキュラムが一定の組織として整っている。だから、誰でもこれをマスターすれば老師として印可されるわけです。こういう師家と学人との間の伝法というきびしさも、近頃は余り他では言わないのじゃないですか。私なんかも、臨済宗の老師方はエライのだという信仰を持っていましたからね。だから、専門道場に入って修行をやり始めた頃は、なにか悟りが開けるというバラ色の夢がありましたよ。やってみると、こちらのやり方が足りなかったのかも知れないが、がっかりするわけです。やり上げた人をみても大したことはない。いわく、ムー（無）です。しかし、修行イコールしごくという面では、とくに初心者の間は徹底的にしぼられました。坐禅のとき警策でビシビシたたくわけです。慣れてくると、「けいさく祭り」だといって笑ってすませるが、こういうイビリ方によって根性が曲ったり、脱落する者が何人も出てきますね。本人にやる気が足りないといえば、それまでですが……。

証《あかし》ということ

杉原　禅宗の人達は集団できびしい修行をされるようですが、真言の我々の場合は原則として一人行です。所定の行法の儀軌次第にのっとってやるわけです。個人的には山に入ったり滝に打たれたりして、熱心な人はやはりがんばりますよ。しかし、真言宗のなかでは、すでに苦行といえるほど行をやる人はまずいないのじゃないですか。一定期間、お堂に籠って精進潔斎して行をはげむ程度なら苦行でもなんでもないと思います。求聞持法、八千枚ゴマ秘法、ミロク三落叉法などをやりましたけれど、苦行ではないですね。むしろ、行をするんだけど、そこに証がえられないということが、苦行なんじゃないですか。修行しないくせに、修行すれば果が与えられると他人事みたいに思っている人は、壇上に上がって口を開けば我即大日だとか簡単に暴言をはくわけです。ところが衣を脱げば俗人なりで、修法時と日常の私生活のミゾをどうして埋めるかというのは大変な問題ですよ。

司会　浄土真宗などでは、絶対他力という信仰一本槍で、修行は雑修としてしりぞける面がありますけど如何でしょう。

沢口　ここに真宗系の人がおられないので、門外漢の言になりますけど、絶対他力といっても、私たちからみると、他力を期待する自力だという気がしますね。はたしてその期待が報いられるかどうかということなんですけど、期待に終わるだけならば、大した苦行だということになる。絶対他力という言葉のひびきには何かクラクラとくる魅力があるんだな。

大平　親鸞御自身は、信の一念のもよおすところ、如来同等だというような強烈な自信がありましたよね。ところで、この信の一念を我がものとするために、門徒の人達は信心決定のための問答をやり合うらしいです。これは北陸あたりの真宗王国では昔からの伝統だそうですね。形としては開法ということなのですが、これはまさしく自力の修法と似たようなものじゃないかという気がします。そこで培った信念というのは、他宗の我々からすれば意固地のかたまりみたいなもんです。お互いに話し合っても、気に入らなければ一時間でも一言もしゃべらない。このスジ金入りの見事なシンの強さには、我々法華行者といえどもなかなか足許にも寄れない（笑）。私なんかは、そこに非常に苦行者の面影をみるわけです。妙好人といわれる人達は、もっとリラックスした自在なはずなんですがね。

司会　ひととおりお話し頂きまして、修行そのものの苦行的である側面と、証がえられないから修行が結果として苦行に終わるんじゃないかという二つの面が出ましたが、堀沢さん如何ですか。

堀沢　私の場合、どちらの意味においても苦行なのかも知れません。修行というのは、本当は楽しいのが当り前なんやろな。楽しみながらの積み重ねが、悟りとして花開いていく。これを大道という。ところが、この大道は無門でどこからでも出入自在だといわれるんだけれど、互いに不自由なものだから、どこかにいい修行法があったら教えてくれということになる（笑）。

自力と他力をめぐって

司会　時宗の一遍上人なんかも、自力とか他力とかいうことは初心の方便だというようなことを言っておられたと思います。最近では禅念双修というようなことが一部では言われ始めています。こうした修行という観点からは、自力と他力ということは、どのように考えたらよいでしょうか。

埜村　中国あたりで、最後に残ったのは、坐禅と念仏のチャンポンの念仏禅ですね。自力と他力というのは、一方だけ強調すると偏するのじゃないですか。禅宗の老師方の中にも、観音信仰とか何々信仰とか、大分信仰熱心な人がおられますね。公案禅の禅哲学者は、無神無仏論という建前をとって、神仏への礼拝は善巧方便なりで片付けるけど、何だか割り切れませんよね。

加賀山　さきほどの禅念双修ということですが、坐禅もして念仏もするという意味の修行ならば、ナンセンスだと思います。そうではなくて、自力一本だと思われている坐禅にしても、自力によって自分の修行体制を整え、己れの器造りをすることによって、自力が高まって、神仏の側からの他力に摂受されて、ポンと高い境地、悟りの世界に一歩踏み込んでいくということではないかと思うのです。

念仏もですね。如来よりたまわりたる信心ということなんですけど、念仏の起渡からみると、これははっきりと一種の観法です。仏の相好を心に想い画いて一体化していく観仏なのです。ここには自力的なものがありますね。浄土真宗の念仏のように、信心の念仏と言われるような場合にも、いくらアミダ如来におすがりしても、悪人正機といわれるような本願ぼこりにしがみついて日常生活の中での倫理的な努力を怠っていたのでは、アミダ如来もそっぽを向かれるというものです。アミダ如来に通じる境地なくして、いくら信心の念仏といってもむなしい気がしますね。通じる境地というのは、結局さきほど誰かが言われたように己れの器造りに尽きるど思うのです。

禅にしろ念仏にしろ、正しい禅、正しい念仏を念頭におけば、共に自力的なものと他力的なものが合わさっているわけで、一方を自力と言い他方を他力というのは、一種の偏向ではないか。この偏向したものを禅念双修というように二つ合わせても、本当の自他両力にはならないのじゃないか。と、こう思うわけです。

沢口　いま自他両力という表現がありました

が、たしかにそういう観点から修行を考えるということがなかったんですね。修行と信仰というのは車の両輪みたいなものなんだから、禅宗の人間は信仰を、真宗の人達は修行をおろそかにしてもらいたくないですね。

司会　問題はそういう自他両力の修行があるのかどうかということですが……。

杉原　結論からすればある。だけど、修行させて頂いている我々自身が立派にならないことには、他の人々にはなかなか通じないわけです。がんばりましょう（笑）。

テレビ説法

司会　次に教化という面では、高田好胤さんのテレビ登場はマスコミ時代にふさわしく象徴的だと思うのですが。

大平　大衆への浸透の広さと速さという点では驚異ですね。我々としては多少ひがみっぽい言い方をすれば、軽薄な位の人間でないと、テレビでお説教なんぞ出来ないんじゃないですか。テレビは深さは要求しないんだ。深さを求めると視聴率が落ちる（笑）。テレビに出てくる高僧方は二流だという評判ですよ。これは私が言ったのではありません。誤解のないように。世間の目のある人々が言っていますね。

沢口　高田さんが、般若心経の写経なんかを奨めるというのは、薬師寺の金堂再建の商売気もあるかも知れません。しかし、テレビのマスメデアの機能と、写経という伝統的古典的な、すでに現代人からは忘れ去られていた懐古趣味との組み合わせというのは、取り合わせの妙があって面白いですね。

埜村　般若心経には意味は判らんでも、お経を読めば功徳がある。ましてや写経すればという、呪術的な側面があるんで、余り思想的にはっきりしたことを言わなくても逃げを打てる強味がある。実際のところ、色即是空、空即是色といったって、和尚の中に判る人がいるのかな。沢口さんどう。

空について

沢口　空しい（笑）。ほんとのことをいうと判らない。ただ学者の言っているように、縁起の無自性空ということに捉われて「無自性故に実体なく、実体なきことを空という」というのは、学者の頭の中で帰納しそこなったんじゃないかと思います。空というのは「空無」といわれるような否定的なものではない筈です。森羅万象がそこから出てくる根源であり本体だと思いますね。その「空中妙有」の世界をお前は体験的に了悟しているかと言われると、非常に空しいわけです（笑）。

埜村　ひどいのになると「空とは相対主義である」なんて、大見栄切っているな。それだったら、自分の考えを経文に仕立て上げ、上に如是我聞をつければ全部仏説になる。

杉原　こういう学者先生が、真面目な顔して教育テレビの宗教の時間あたりで対談をしている。それは結構なんですが、タバコをプカプカやりながら深遠な話をテレビに流すという神経は、なんだかいただけないですね。

司会　教化ということですが、現代においては、信仰とか修行とか、いうならば実践と体験を持たなければ意味のないものでも、安易に教養的な知識として受けとめて、現代版の八宗兼学ですます時代なわけですが、この点の功罪についてお願いします。

堀沢　宗門レベルでいえば、サンスクリット語による仏教の原典研究の道が西洋から輸入されて以来、余乗として余りかえりみられなかった自宗派以外の勉強をどこも本格的にやり出して、仏教の歴史の流れにおける自宗派の成立史的な位置づけにやっきとなった頃がありましたね。これが行きつくところ、比較宗教学というようなものを生み出してきている。昔だったら自分のところの信仰と教学に精通しておればすんだのだが、今はすぐ他所はどうなんだと色目を使うのやな。学はないが骨のある宗門人というのは絶滅寸前だよ。善きにつけ悪しきにつけて国宝なみの希少価値といってはオーバーですかな。

学者の綺語を排す

沢口　他方では、仏教の教養主義化のチャンピオンといえば、例えばMさんあたりが挙げられるけれど、よく考えてみると、その底流には友松円諦さんの「真理運動」があることは見逃すことは出来ないですね。Mさんが初代編集長となった昭和十年の『真理』誌上には、仏典の現代語訳や仏教哲学の近代化をとり上げて、仏教界における自由主義的近代化路線を強力に推しすすめているわけだ。その結実が、現在の「教養としての信仰」ブームを招来したといえるんじゃないかな。

大平　擬似信仰の提唱者ということですね。本というのは強烈なドグマがあると売れないわけで、何宗の祖師でも適当に相対化されて一冊の本に上手におさまっている。Kさんなども、何宗でもこい型で、真言から浄土真宗までゴッタ煮ですが、名文の調子のよさと相まって女性の信奉者が多いということです。ここでも問題になるのは、釈尊なり宗祖方の言葉を帰納して、一定の原理とか命題を立てて、口あたりよく大衆に提供するサービス行為を、その著者の善意を信頼して放任しておいてよいのかということなんですが、この点は修行者の立場からはどのようにみますか。

加賀山　釈尊の場合、悟りを体験されて、そして悟りという大樹から葉を二、三枚とり出されて、それが説法なり、教法なりとなっている。学者の立場は、この二、三の葉っぱ、即ち教法から個々の事例をあつめて、そこから帰納的に原理を想定して、これを大樹、即ち悟りに比しているということです。この二つの立場の距離は、口に泡をふく程しゃべっても埋まらない。Mさんなどは、釈尊は相対主義の立場に立つと誇らしげに断定しているのです。相対主義の立場に立つ釈尊の道は、我々主体の自覚が何に向けられるか、その自覚の仕方の相違によって、無限の変化の可能性をはらんでいるのだ。だから、後世、浄土、禅、日蓮等々と立場の異なる宗派の教えが仏教の名のもとに出てきてもおかしくない。いや、むしろ当然なのであって、仏教とはそういう異端の歴史なのだと、こう結論しているわけです。こういうのを学者綺語というのだから、我々信仰者の側からは、速やかなる反省懺悔をお願いしたいのです（笑）。

済度のための降伏

司会　最後に、学園のゲバ棒騒ぎと関連しますが、仏教系大学では比較的おとなしいようですね。その中で京都の真宗系の大学は例外らしくて、教団をまき込む新しい信仰闘争の様相を呈していますが、仏教は今までどおり超保守を守って、激動の時代に対して発言と行動を放棄していいのだろうかという素朴な疑問があるわけです。この点、皆さんの御意見をお聞かせ願います。

沢口　曹洞宗系の駒沢大学あたりでは、騒ぐと学園封鎖をして警官隊を導入して鎮圧すると高飛車に出たせいか、その後の学園自体は沈香もたかず屁もひらずで、大学当局はウチを見習えとばかりいばっているそうです。この程度の空見識でしょう。全学連あたりは、自衛隊にもそのシンパを送り込んでいるのですから、そのうち、彼等がこの腐り切ったガラン教団、とくに本山あたりを攻撃目標にねらいはじめることは判りきったことだと思います。

大平　真宗系の大学では、土足で祖師堂に乱入したりして、祖師の原点に帰れとか、教団解体とか言っているが、本気でやる気なのかな。親鸞聖人を仲立ちとしたアミダ信仰を教団人が信奉している限りは、大谷家は安泰ではないかと思いますがね。

堀沢　教団問題は学園問題よりもはるかに根が深いよ。大学というのは明治以降百年足らずだが、教団のほうは鎌倉以後でも七、八百年だ。教団が変る位なら、世の中は全部変るんやないか。

埜村　いや、世の中は変っているのだけれど、ガラン教団というのは、伝統的な既得権益にしがみついている。これをはずされたら、メシの喰い上げだという恐怖感がある。上求菩提、下化衆生というけれど、我々坊主くらい鉄面皮で空念仏をいう人種はいませんよ。今から十年前ですか、西本願寺大遠忌の法要の当日に「宗風一新」の血書をもった和尚が、御影堂内陣にかけ上ってあばれ回るという事件が起こっています。クレイジーだけど、この心情の爆発というのはよく判りますね。宗門の権力中枢への弾劾は今後いろんな形で起こってきます。大いにやるべきです。

堀沢　しかしやな、田舎の寺院のおっさんを相手に説得するだけの慎重さと力量がないと、掛声で終わる恐れがある。田舎の和尚で、村人の信頼を受けながら、黙々と菩薩行を行じてござる人を何人か知ってますよ。大都会の和尚の場合は、広い土地を所有している潜在成金ですからね。金が入ったらどう使うのか、下化衆生の精神で大いに監視する必要があるんやろな（笑）。

大平　東本願寺の同朋会運動というのは、いろんな意味で教団の体質を考える上での参考になりますね。まずガラン教団が近代化路線を強化すると、その教団の封建的体質のために自己矛盾に陥る。そこでガラン教団は、自己解体せずに近代化への脱皮をとげることができるのか、もしくは自己解体したのちに近代化への脱皮がはじめて可能なのか、という体制内改革か反体制的変革かという二者択一のテーゼが提起されるわけです。解体解体といいながらガラン教団の中でお布施を頂かなければならないバツの悪さがある。真宗の友達みているとそうですね。

司会　いろいろ御意見が出ましたが、我々僧侶自身が己れの恥部をはっきりみる勇気といいますか、この内なる告発と共に、やはり外の良識ある人々の弾劾、また声なき大衆の怨念によって、僧侶がつき上げられるといった側面、すなわち外部告発がおこらなければ、仏教界はこの居心地のよいぬるま湯からは出そうにもありませんですね。「済度の為の降伏は止むをえない」という声をきく昨今ですが、我々僧侶も、このあたりで、何のための宗派か、何のための出家か、その原点をみすえて仏道蘇生運動を展開していきたいと思います。

第三部

仏道の蘇生

宗教家は正法を背景にして世の人々を
教化し、救済し、済度することを
責任とし義務としなければならない。
そしてこの使命感のもとに自己の
生命を神や仏に献げ、全生涯を人々の
為に生きるものでなければ
真の宗教家とはいえない。
故に職業であってはならない。

一、正しい信仰と出家者の使命

出家とは

「ビクらよ、わたくしは実に（道を求める心を起こして）のちに、まだ若い青年であって漆黒の髪あり、楽しい青春にみちていたけれども、人生の春に、父母が欲せず顔に涙を浮かべて泣いていたのに、髪と髭を剃り下ろして、袈裟衣をつけて、家を出て出家行者となった」と釈尊が出家した時の心境は、中阿含経にこのように述べられています。

この時から頭を剃り、衣をつけることは、僧が僧であることの証であり、煩悩を断ち、執着を離れるためのシンボルとして、連綿として今日の我々仏弟子に受けつがれてきたのです。

さて、鎌倉時代に親鸞聖人は、自らを愚禿と卑下されましたが、愚かな禿者であるという深刻な自己反省は、同時代の僧侶達、特に叡山仏教に対する痛烈な指弾でもありました。さらに下って明治時代、河口慧海師は、衣は唾棄すべき欺瞞の装飾なりと宣言しております。しかしながら、伽藍仏教界と訣別して自らは在家仏教を標榜した慧海師が最も重視したのは、はなはだ逆説的ではありますが、出家修行者としての戒律の遵奉という点だったのです。この二人の先達の姿勢には、その内容の相違は別として「何のために頭をそり、何のために衣をつげるのか」との真剣な問いかけがあったと言えましょう。

また、一方では慈雲尊者のように正法律の復興を目指し、唐末以来の袈裟の裁法、着法を経律紀伝によって正して方服図儀を表わし、文字通り「頭をそり、衣をつける」ことの本義へ帰ろうとする動きもあったのです。

ところで、出家修行者であるべき我々僧侶の現実はどうでありましょうか。「剃髪、着衣は葬式、法事という儀式の中にのみ生きているのであって、剃髪、着衣の精神的意義は、完全に忘れ去られている。今日、剃髪、着衣は、むしろ擬装出家教団のシンボルであり、裏返していえば、特権的世俗集団のそれである」とジャーナリストは我々を告発し、更にまた、「特権的世俗集団の機能を強固に裏付けてきたのは、徳川幕府の政治的配慮により、上から押しつけられた寺檀制度という信仰とは無縁の封建遺制であり、住職の世襲化、寺族の問題であり、また現代においては宗政という名で登場してきた世俗的次元での一宗一派の利益擁護の組合運動であった」として厳しく追討ちをかけてくるのです。

「出家学道のいかでは、豊屋の幽栖するあらん。もし豊屋をえたるは、邪命にあらざるなし。清浄なるまれなり」と古人も言っていますが、実際のところ、広大な地所を占有する立派なお寺の中で、これまた立派な色とりどりの衣を着けたかっぷくのいい和尚方が信者を導くどころか、一盲衆盲を引くの喩の如く、地獄へ向かってまっしぐらではないかと、有識者から揶揄されても、一言の抗弁も許されないのが、我々僧侶の悲しき現状と言えます。

正しい信仰

そこでまず宗教とは何か、という点から問い直してみましょう。「宗教とは、深遠な世界を示し導いて大自然の法・実理を悟らせ、悟った姿で入って行く境地」、これを仏の境地と言い、神の世界と言って、この世界が深遠な世界であります。この世界に導く教え、これを宗教と言うのです。そうして、この深遠な世界を求めて前進して行く行《ぎょう》、これが信仰なのです、もっと判り易く言えば、人間如何に生きるべきかを教えるのが宗教であり、示されたものを疑わず、計らわず、偽らず行うのが信仰と言えます。それでは、信仰ということをもう少し掘り下げてみましょう。

一般に「信仰」というと、お宮やお寺に詣り、あるいは教会に通い、あるいは行者や呪術師の門を叩き、手を合わせて神仏を拝んだり、ノリトやお経、聖書を読み、讃美歌を歌い、あるいは唱題や念仏を唱えることだと考えている人が多く、しかも、それにより病気平癒や商売繁昌等の現世利益を得ようという目的の人が大部分のようです。こうした間違った信仰のため、どれだけ世の人々が迷いを深めていることか、まことに情ない実情であります。

真の「信仰」とは、

「神仏の教えを正しく認識して、これを行う誓いである」

のです。そこで、まず神仏を知り、そうして神仏の教えを正しく認識して行うことです。

「神仏の教え」とは一口に言いますと「啓示」であります。しかし、この啓示とは、神がかり的な霊媒現象的なものを言うのではありません。森羅万象一切神仏の教えでないものはありません、眼で見るもの、耳で聞くもの、すなわち、五感六識に触れるものことごとくが神仏の教えです。いわば私達は、神仏の教えの中に生きているのです。しかし、私達には、その神仏の教えを正しく認識するだけの力と智が乏しいのです。そこで、正しく認識すべく努力すると共に、正しく認識させて頂くよう願うのです。そうして、正しいものと、正しくないものをふり分け、正しいことは行い、正しくないことは行わないと、己れの心を通じて誓うことが、「信仰」なのです。

この場合、如何にして神仏を知り、神仏の教えを正しく知るかが問題ですが、まず良い師に巡り会うことです。その師の指導の許に修行すること、それ以外にありません。世間には、水をかぶり滝に打たれ、あるいは、断食や色々の苦行を重ね、あるいは読経三昧の行をして啓示を求める人がいますが、そのようなことで正しい啓示が得られることは稀であります。

世間には、実にいろいろな信仰をしている人がおりますが、その信仰が果たして正しいかどうかとなると、なかなか難しい問題です。中には、その信仰のため、ますます日常生活に迷いを作り、揚句の果ては判断に苦しんで、易者や行者の門を叩くといった人も少なくありません。これは正しい信仰を持たない証拠です。

また、ただ病気が治ればよい、商売で儲かればよい、といったような醜い我欲からする信仰も正しい信仰とは言えません、また、生業をおろそかにし、朝から晩までお題目を唱え、念仏三昧に暮れ、お経と首ったけといったようなことも間違いです。あるいはまた、形式に執われ他の行き方を全部否定して平気でいるような信仰も正しい信仰ではありません。

正しい信仰とは、まず自分を造り上げることから始めるべきです。そうして自分の境地が高まり浄められ自分自身の自覚が生まれて、自ずと他がこれを認めてくれるようになることです。まず自分が救われることであり、また他人に良い影響を及ぼす信仰でなければなりません。結論的には、自分も他人も共に救われ、世のため人のためにプラスする信仰が、正しい信仰なのです。

世の多くの宗教が、真の神仏の道を知らずに、千遍一律因縁がどうの、供養がどうの、布施がどうのと金取り主義の営利企業体を夢みる限り、世の中は明るくなりません。このような宗教は、世間の人々を迷わし、毒するものです。一刻も早く正しい教えによる正しい信仰を身につけて、各人が自分自身が救われるようにならなければなりません。

信仰と修行

正しい信仰が判れば、信仰の実践は自ずから簡単なことです。まず良師に巡り会い、その師にすべてを委ねて従うことです。すなわち、師の命に従うことであり、師のみ教えを細大漏らさず我が身に取り入れるべく精進努力することです、それには、心から師に仕え、心から師を敬い、心から師に従うことによって、師の薫陶を受けることが出来、知らぬ間に実践の効果があがるものです。

信仰する人にとって大切な原則は、一に修行、二に思惟、三に忍従です。修行の方法は、民族の嗜好によって相違し、また習慣によって異なりますが、その目的とするところは何れも試練であり、錬磨であるに他なりません。この試練乃至錬磨の結果がよい方向に向かえばよいのですが、中にはその内容が人間社会にマイナスするようなこともありますから、信仰して実践する人は、特に己れの行いを注意する必要があります。

このように、色々な方法と色々な角度から修行するのですが、独りでする修行はよい結果を得ることが稀であるし危険でもあるので、必ずよい師の許で修行することが不可欠だと言えます。そうして、この修行によって生じた現象をよく考え、よく味わい、その上で正しいと思った場合、一路前進することによって、実践行の目的が達成されるのです。

私は信仰しています、という人の数は比較的多いようですが、信仰する人の大部分が修行というと割合無関心のようです。というのは、従来からの習慣や観念がそうさせている面もありましょうが、修行ということが、すでに、特別な人達のものであって、一般の者には無縁であり信仰と修行は別であるように切り放して考えてきたためと言えます。これをこの際考え直すべきです。というのは、修行の伴わない信仰は正しい信仰とは言えないからです。

信仰とは、元来、神仏の教えによって万象を正しく認識して行うという誓いですから、信仰の根本と目的を究めるためには修行が必要になってくるのは当然です。しかし、修行することによって、信仰をより以上意義づけようとする人は案外少ないのではないでしょうか、それもやはり、今までの信仰の在り方、またその指導の仕方に問題があるのであって、これからは是正していかなければなりません。

いや、私達は毎日念仏行をやっています。と言われる方もおられるでしょう。「南無阿弥陀仏」の「南無」という文字は、梵語のNamasの当て字で、「帰命頂礼」という意味、つまり仏あるいは神の教えに帰依して身命を捧げ、仏または神に従い、心から礼拝するということです。「南無阿弥陀仏」ということは、阿弥陀仏に絶対帰依するということですが、これを唱える人達が、直接阿弥陀仏に通ずる霊格と境地を持っているかどうかということです。ここに、境地を築くための修行の必要性が生まれるのです。また、「南無妙法蓮華経」のように、お経そのものに帰依するという考え方もありますが、帰命頂礼という立場からすればおかしなことです。

巷では、現世利益の信仰が盛んなようですが、現世利益はすなわち来世への利益であり、永遠なる利益として繰り返される利益でなければなりません。それには、正しい教えに帰依して己が一心を清浄にすべく行に精進することです。そうして、安心立命によって自分の進路を確立したとすれば、それ以上の利益はありません。これこそ永遠の利益であり、永遠の幸せであって、現在ばかりでなく、来世にも持ち越され、またいかなることが起きようと失いようのない無価の宝です。現世利益を願って得た金などは何時しか消えて行くものです。

宗教家の使命と責任

宗教が、人間如何に生きるべきかを教えるものであるとすれば、宗教家たる我々僧侶の言行動作すべてがそれを如実に示すものでなければなりません。また、信仰が宗教によって示されたものを行うことであるとすれば、その行い方の指導が奴何に大切であるか言うまでもありません。そこで宗教家の使命と責任について考えてみましょう。

宗教家は、正法を背景にして世の人々を教化し、救済し、済度することを自らの責任とし義務として自己の生命を神や仏に献げ、全生涯を人々のために生きるものでなければ真の宗教家とはいえません。故に職業であってはなりません。ところが、いまの僧侶や牧師の方々の実態は如何でしょうか。全くのところ、宗教家が安く評価されても致し方のないありさまです。したがって評価を替えない限り世の人々を教化することは出来ないでしょう。まして救済だ済度だなどそれこそとんでもないことです。

宗教家の根本精神からすれば、救いの教えであるイエス教と悟りの教えであるシャカ教を牧師や僧侶がその根本精神に基づいて完全に実践するならば、その実践者は宗教家といえるわけですが、自ら自負出来る実践者が幾人いることでしょう。それは宗教家自身があまりにも学問的に成長し理論に溺れてしまったからにほかならないのです。

宗教それ自体が、哲学、社会学、あるいは科学、美学等すべての上をゆく超学問的自然の動きをとらえての示しであるべきなのに、あるいはそれ等と平行して、あるいは下行している状態、これがいまの宗教家の実践活動であり考え方なのです。というのは、バイブルや経典の解説に熱心なあまりにか、すっかりとらわれてしまって足抜き出来ないようなありさまで、それがために通俗の学問になり下がってしまったのです。これでは教化もなければ救いもありません。それに済度ということになるとなおさらのことです。これは何に起因するのでしょう。勿論末法現象であることもその大きな原因でありましょう。それに加えて宗教家である我々の自覚の足りなさもその責任の大半と言わねばなりません。

「理論から出る教理よりも、実践（行）から生まれる教理でなければ尊しとしない」という大聖師のおことばが、袋小路に入り込んでしまってどうにもならない我々に新しく生き返るべき活力と方法を示唆されているのではないでしょうか。

二、葬式行事からの脱却

檀家制度と僧侶の堕落

日本の仏教をここまで堕落させた原因はあまりにも沢山あります。そうして、そのことごとくが仏教の始祖である釈尊の説かれたものとはまったく違った思想から生まれたものと言えます。

なかでも、堕落を決定的とする原因となったものに、江戸時代に行われた幕府の宗教統制があげられます。徳川幕府は、その封建体制を強固にするために、いろいろな面で国家権力による統制を計りましたが、その一つが寺院の規制です。全国の寺院は、すべて特定の本山に所属し、国民はすべて家族単位で特定の寺院の檀徒として登録されました。そうして、婚姻、誕生、死亡、旅行と日常生活のすべてを所属寺院に届け出て承認を求めることを要求し、檀那寺の経済的維持を義務づけたのです。また、各寺院は大本山を維持する義務を与えられ、大本山は幕府に対して責任を持って僧侶信徒を規制する体制を作りあげました。この体制の確立については、崇伝、天海があらゆる角度から家康、秀忠、家光の三代に亘って助言した結果生まれたもので、崇伝、天海が日本仏教を堕落させる遠因を作ったと言えないこともありません。

これは徳川家康の治世となり、人心の安定と収攬という施政者の立場からすれば、農民の野武士化、集団的移動を防ぐということの目的を充分に達し、キリスト教の伝播を押えたという点でこれ等諸制度は実に有効なものであったといえます。

僧侶にとっても、キリスト教に対する脅威を取り除き、新しい布教対象者を得たということで、徳川初期には僧侶の積極的な動きがあったものと思われます。しかし、人間は現実が満たされないからこそ努力するのであって、信者が逃げ出す心配もなく、定められた檀信徒が義務づけられて寺院の面倒をみるのであってみれば、僧侶は暇にあかせて経文を学問的に勉強するか、富貴権力の座に一歩でも近づくべく権謀術策を練るかのどちらかに精を出すことになるわけです。

前者は仏教を宗教としてではなく仏教学という学問の世界に引きずり下ろす素地を作り、後者は僧侶を特権階級とする世襲制度の生まれ易い環境を作り、金力を背景とした宗政での指導権争いなどという今日の醜い茶番劇をも生み出すことにもなったのです。

歴史的にみましても、宗教というものは、権力によって抑圧されると信仰心はいやが上にも盛り上がり、教えを求める姿勢も求心的となり、また、それをただ単なる学問として究めるのではなく、始祖の思想を実践に移すことによって権力に抵抗していったのです。

徳川幕府によって僧侶が労せずに身分と収入が保証されるや、積極的な布教活動は次第に影をひそめることとなり、僧侶もそれに馴らされて行きました。江戸時代も末期に近づき国学が隆盛となり、神道各派が頭をもち上げ、明治に入るや排仏毀釈が行われ、太政官令によって妻帯肉食が認められるに及んで、民衆の心も次第に仏教から離れ出して行ったと言えましょう。

これを決定的にしたのは、第二次世界大戦の敗北による価値観の崩壊であります。しかし、社会情勢が如何に変化しようとも、一般大衆の心を仏教から遠ざけた最大の原因は、僧侶自身の動きであり、時代と共に常に生まれ変り、世の中の指導者層に正しい指針を示し得なかった点にあるのではないでしょうか。

弘法大師は一般民衆には教えを説かずに貴族のために仏教を説いたに過ぎないと批判する人達も多いようですが、当時の指導者達を帰依せしめ正しい道を説かれたのであって、近世以降このような動きをした僧侶が幾人いたことでしょう。僧侶が常に時代と共に生き、常に正しい指導性を発揮したとしたら現在のような事態にはならなかった筈です。

仏教と葬式行事

既成仏教に対して風当たりの強いものとしては、葬式行事がまずあげられます。既成仏教は葬式仏教だと決めつける向きさえありますが、ここで仏教と葬式行事との関係について考えてみましょう。

まず、釈尊が入滅も間近かになられた時に、弟子の一人、阿難尊者が釈尊に師の滅後その屍体をどのように処理すべきでしょうかと尋ねたのに対し、釈尊は、

「阿難よ。お前達出家は、私の葬儀のことにかかわりあうな。お前達は、真理会得のために怠らず努力して暮らすがよい。阿難よ。私の葬儀のことは篤信の在家信者達がやってくれるであろう」

と答えられました。

仏教では、死者儀礼は出家教団には無縁のことであり、釈尊の遺骸の処置さえも、在家信者の手に委ねられたのです。ですから、一般人の場合は出家教団とまったく関係なしに行われたことが想像出来ま

す。

それが何時から、どのようにして仏教が葬式行事と結びついたか、それは、仏教が中国に入ってからのことです。それには、中国とインドの社会的背景の違いが大きな因をなしております。

インドでは仏教に限らず、古くから宗教家を崇め、在家信者が出家修行者の衣食住を自発的に負担するという習慣がありました。これは、王者や富豪の場合も同じで、宗教家を見くだして援助するというのではなく、神仏に仕える者に対し必要な物資を献上することを積徳行為と考えていたので、宗教家が托鉢することは恥辱どころか名誉であり、一般人は宗教家の生活を支えることを供養に通ずるものとして身の光栄と考えていました。

この風習はいまだにタイなどで見ることが出来ます。ですから、衣食住の心配をすることなく、無一物になって修行にはげむ仏教教団の成立維持が可能だったのです。したがって、戒律に示されているように、最少限度の身廻り品以外の所持は禁止され、食物の貯蔵さえも許されませんでした。そればかりではなく、宗教家が生産や商売にたずさわることは厳重に禁止されていましたし、宗教儀礼、呪術、占術などによって報酬を受けることも違反とされたのです。

ところが中国では、宗教家が布施によって生活することは到底望むべくもなく、したがって出家教団を中心とする仏教は初めのうちは中国には成立しなかったのです。それに替って、仏像を祀り、寺院を建て、宗教儀礼を営むという形式がまず採用されました。しかも、中国の寺はもと役所の建物であり、僧侶の服は官史の制服だったのです。

このように中国の仏教僧侶は、はじめは王侯貴族の雇人であり、のちには一般人から宗教儀礼の報酬を受けて生活するか、寺院の持つ不動産による収入に依存する外に経済的な裏付けがありませんでした。勿論すべての仏教者が寄食や宗教儀礼の報酬で満足していたわけではありません。純粋な信者の帰依によって質素な生活に甘んじ、山林で修行に専念していたものも少なくはありませんでした。この方向を推進したのは禅の人達です。

日本に入った仏教は、最初は蘇我氏の仏教であり、やがて天皇家の仏教となりました。インドには阿育王という仏教を保護し仏教発展の父と言われた王様がおられますが、この方の場合には、まず民衆の間に信仰がひろまり、王者がこれに従ったのです。ところが、日本の場合には、まず天皇や貴族など支配階級の間に信仰が行われたのです。

唐に渡り法相の教えを受けて帰国した南都の僧道昭が西暦七〇〇年に日本ではじめて火葬を行いましたが、まず天皇の葬儀に取り入れられ、急激にその習慣が広まりました。葬祭についてはまず天台宗が法華懺法などによって、貴族の葬祭を独占したのでした。

しかし、一般大衆は依然として村社などを中心として神道による葬儀を行っていました。この庶民階級に食い込んで行ったのが浄土宗です。二十五三昧講を結成して武士および庶民の間に新しい分野を開拓していったのです。葬式儀礼の様式を完成させたのは、神仏の存在さえ否定する禅宗であったのは皮肉な話です。真言宗は、また密教的な葬儀法を考え、他宗にも多くの影響を与えました。

日本民族は、古くから新しく亡くなった人の霊をアラミタマといい、たたりの可能性を持つ危険な霊と考えて、それがミタマという大本の霊、つまり祖霊と一体になるまで、遺族は厳重なアライミに服す習俗がありました。仏教の中陰行事はこのような習俗と深く結びついております。仏教の追善仏事は、インドでは中陰、つまり七七四十九日までであったものが、中国に渡ると百ヵ日・一周忌・三年忌が加えられて十仏事の型が出来、それが日本に来ると七年忌から十三年忌、更には三十三年忌と回を重ねるごとに死者に対してねんごろな追善になるという風習が一般化して〝死ねばホトケ〟という民間の信仰へと育っていったのです。

中世においては伝統的行事は習俗として無批判にこれを受け入れていましたが、やがて年忌は仏説だとすることが不可能となり、非仏説として廃止すれば寺院経済の破綻をきたすこととなり、この矛盾の中にあって仏教学者は「先代旧事本紀大成経」という典拠を自ら作り出し、その後追善を説く者はまず本書を引用してその立場を有利にすることにつとめてきました。

「この大成経は美濃国黒滝の潮音（一六二八〜一六九五）といえる僧の偽作せるものにして、近世はじまることどもを、いにしえありしように記せり。のち、いよいよ偽書にさだまり、公より御とどめありて、印板を焼かしめられたりける。疑うべくもあらぬ偽書をもて、碩学のきこえある法師どもの、まことしげに引証して、世人をあざむくわざの、いとにくさよかし」（「遠忌考」）

と儒者に非難されてきた極め付きの偽経なのです。年忌法要なるものが、釈尊の末弟の誤った、しかも架空の方便から生まれた妄念の集録に過ぎないことがお判りでしょう。

盆・彼岸・仏壇・位牌

葬式仏事に関連したことで、釈尊の説かれた教えとは似ても似つかぬものが、その外にもまだまだあります。まず、お盆、孟蘭盆会がそれです。釈尊の十大弟子の一人として神通第一と言われた目蓮尊者が、生母を救えなかったなどということはとんでもないこじつけであり、供養の真の意味を知ればお盆のような行為を釈尊が許されるわけがないことが判るでしょう。

お彼岸にしたところで、中国の浄土信仰者が、この日に太陽が真西に沈むところから、日没のところに阿弥陀仏国を観想して喜び慕う心を起こすことを説くようになったことが始めと言われており、これまた中国製なのです。確かに日本の春分、秋分は季節もよくお墓参りには好適な時節と言えますが、これとて寺院の客寄せに過ぎず、寺院が本来の宗教活動をしていたとすれば季節の変り目が寺院と関係ある筈もありません。

仏壇については、天武天皇が家々に設置することを勧め、『日本書紀』にもそのことが書いてありますが、これは平安期に貴族が競って住宅を寺院化したものの転化であり、設置の強制を徳川幕府がするまでは、一般的なものではありませんでした。仏壇についても儒教の祠堂の影響が大きかったようです。供養の本質を知れば、むしろ各家庭には仏陀の御尊像なりを祀るのが本筋なのです。それが御魂の入ったものであれば、礼拝の対象としても理想的です。

位牌にしたところで、儒教の祠堂に木牌を安置することが中国で仏教と混ざりあい、禅宗の渡来と共に日本に渡って来たもので、これまた仏壇と共に必要のないものです。まして、その位牌に死者の知らない戒名を書き込んだところでまったく意味のないことです。

戒名というのは、本来生きている時に仏教信者として精進すべく導師より戒を受ける際に頂く法名なのですから、故人が生前に知らない戒名をいくら読みあげても、別なる世界の故人に通ずるわけもなく、形式だけの意味のないことなのです。むしろ、形式的な戒名はやめて、俗名で、それも生まれた時、最初に役所に届けた本名でやることです。世の中には親から授かった名前を運が悪いとか他人に言われて改名する人が多勢いるようですが、生まれた時の名前がそのまま神秘実相界に、いわば登録されていることを知るならば、無駄なことはやらなかったでありましょう。

真の供養とは

このように釈尊の教えと相違し、あるいは反する動きが起きているのは、〈供養〉の本質をはき違えているために起きたものです。そこで、ここではもう一度供養とは何かを考えてみたいと思います。

世間では、回向または追善を供養と混同して考えている面があります。そこでまず、それらの違いから記してみましょう。言葉の表現で、その意味も大変違うし、またその結果も違って来るものなのですから。

追善とは、死んだ人を偲《しの》ぶこと。

回向とは、死んだ人を弔《とむら》うこと。

供養とは、供物をして仏を拝むこと。

何も変ったことがないではないか、いま世間一般がやっているのも仏《ほとけ》を拝んでいるのだというでしょう。この仏《ホトケ》が違うのです。世間では、死んだ人を皆ホトケになったと言いますが、そうやすやすとホトケになれるものではありません。精々迷っているのが世間一般人の霊の状態で、これを浄化し、ある程度悟らせて頂くには、やはり神仏の大きな慈悲の光に触れさせて頂くことが必要です。このために御仏《みほとけ》にお供え物をして師にお願いし、御仏に聴聞して頂くべく、師を尊び、御仏を敬う、これが供養という儀式の本来の姿なのです。これを履き違えて何時の時代からか祖先の供養にしてしまったようですが、これは間違いです。霊界に行った祖先にいくら供物をしてお経をあげてみたところで祖先の霊がひとりで浄土世界に行けるものでもなければ、悟れるものでもありません。

そこで、師を通じて神仏にお願いするのです。これが真の供養というものです。供養することによって死者の霊が浄化され善導されていくのです。ここに師というのは導師のことであって、寺院の僧侶、教会の牧師、ある意味では神社の神主もこれに入るでしょう。そこで導師たる者は神仏に通ずるための修行が是非とも必要となるのです。いずれにせよ私どもは、供養の意味を十分知って行うべきなのです。

ついでに回向、追善に触れてみましょう。

回向の場合、死んだ人を弔うことは、習慣的にも人間性からも美風とすべきで、いろいろ意義のあることですが、問題はその方法で、形式に流れて本質からかけ離れたことをしては無意味です。追善の場合、死んだ人を偲ぶことは素晴しいことであり、縁者が集まって故人の生前を偲んで語り、霊を慰め、神仏に祈願し御報告するなど、いずれも真心をもって行うべきであります。

供養を願う場合も、師たるべき僧侶を家に呼びつけるのではなく、供養を願う者が寺に参って供養をやって頂くのが本来の姿です。しかし、大方の寺院が清浄にして荘厳、あるいは明るい感じを人に与える場合は、まず稀であって、うす暗い雰囲気の中で霊的にも汚れて、亡者がうようよしているのが事実であってみれば、これも一考ということにはなりましょう。

全く我々僧侶の自業自得のしからしむるところであります。しかし、これらの霊的な汚れは、僧侶が正しい修行をすることによって浄める力が自然に具わるものでありますし、僧侶でなく在家であっても神秘世界に通ずる修行をすれば、これらの迷える霊をも救えるようになるのです。救えないまでも、それらの霊に影響されない自分になることが出来るのです。

誤った方便を捨てよ

仏教を葬式宗教に堕落させたもっとも大きな原因は何か、それは実に安易な浄土思想と末法観ないしは終末的な思想に外なりません。浄土思想が仏教を葬式仏事に走らせたことは、この章でいろいろな角度から取り上げていますのでお判り頂けたでしょうが、それにも増して重要視しなくてはならないのは、現代は末世であり、末法の世であるという思想、この末法観の流布と安易な固定化こそ危険思想と言えます。末法観は観念に観念を重ね、不安の根を深くした以外の何ものでもないのです。

大自然の実理・法《ダルマ》が厳然として実在する限り、末世も末法もある筈がないのです。我々僧籍にあるものが、その法の一端なりと悟得し、衆生に安心を与えることこそ我々に課せられた義務であります。そのためには、悟りの教えであるべき仏教を迷いの教えとするような誤った方便を一刻も早く捨て去ることです。大聖師は次のようなおことばを我々に下さっております。

「見聞すべし。外道の教えに如何に行事の多いかを。盆だ、暮だ、彼岸だ、命日だ、それに釈迦だ、観音だ、明王だ、地蔵だと騒いでは嘆き、浮かれては涙する。是皆偏見より生じた不安の一面であり、斯くの如き外道の行事は百害あって一利なく、すべて本義を脱したるものなるを以て、大神の教えを通じて旧習を打破し、改革せねばならぬものなり」

と。まさに、我々僧侶に対する警鐘のおことばと拝されます。「長阿含経」に属する「梵網経」の中にも、釈尊生存中にバラモンなど他の宗教家が行っていた儀礼、呪術、占術などを列挙し、仏教の出家修行者は決してそのようなことには従事しないのが特色であると述べられていますが、現代の僧侶方はこの経文をどのように考えるのでしょうか。

三、如是我聞からの解放

お経が一緒に読めない

第二次大戦中に、仏教で合同慰霊祭を行わねばならない機会が出来て、それでは超宗派で各宗から僧侶方が出て読経しようではないかということになりました。ところが、各宗派の代表が集まってどのお経を読もうかと相談をしたところ、全宗派に通ずるお経がないのです。般若心経は多くの宗派で用いられておりますので、このお経にしようということになりましたが、一宗派の猛烈な反対に遭って読経が不可能となりました。

釈尊の教えである経典を拠所としている日本の仏教が、一緒に読経するお経さえないにもかかわらず、いずれの宗派も私達は仏教であり、我々こそ正統なのだという強い信念を持っています。このような状態で、果たして一つの宗教だということが出来るでしょうか。

それでは、何故仏教がこのような状態になってしまったのでしょうか。それには、経典がどのようにして成立し、どのような経路で日本にやって来たのかを知らねばなりません。

釈尊は、御自身では自分の教えを書いたものとして残されるということを一切されずに、時と場合に応じ、また、その聞き手にふさわしい教えを説かれましたが、その教えが記録として記されることはなかったのです。そこで、弟子達が自分達で掴み得た範囲内のものを如是我聞として出来るだけ正確に再現して語り伝えました。この口伝はかなり長い期間続きましたが、西暦紀元頃になって主要な経典の原型が、サンスクリット語にあるいはパーリ語などによって記されるようになったとみられております。

日本で〝経〟と言えば、経典の全部を指しますが、本来〝経〟はインドの言葉の〝スートラ〟に漢字の〝経〟(タテイト、動かないもの、不変の真理などの意味を持つ)を当てはめたものです。スートラとは、もともと「糸とか紐」という意味で、モノサシに使う紐にもなるところから、簡単な「教訓、教理、金言」などの文章をも指すようになりました。つまり、数語からなる短文の集まったものです。バラモンの哲学の諸派の基本的教科書もそのほとんどがスートラです。

仏教のスートラは、バラモンのそれとは違って、一定の形式をそなえ、短いものでも数十語、長いものになると数百ページにおよぶものさえあります。しかし、初期の段階では、すべての修行者がみな同じことを暗記していたわけではなく、出家修行者として誰でも知っていなければならないのは、戒律の何個条かのほかは、簡単な詩や短い散文の教説であったでしょう。

教団が発達するにつれて、釈尊ばかりではなくその弟子達も説法するようになり、釈尊が説かれた教えに対しての解説がなされました。このうちの一部のものは釈尊が説かれたものと混同され、同じように経文化されたということも充分考えられます。釈尊は、同じ教理についても常に同じことを説かれたとは思えず、同じ問題についても聴衆の理解度が深まるにつれて、次第に深い内容まで説かれたものと思います。したがって、スートラそのものも初期のものに積み重ねられて発展していったと考えられます。

中国では、智顗（五三八～五九七）が天台宗を起こし、「法華経」を〝所依の経典〟と定め、それ以外の経典に従属的地位を与えて高低を決め、自分の宗旨が仏教のうちで最高だという教相判釈を主張し、これをきっかけとして独立した宗派というものが生まれるようになりました。それ以前のものは、後世に宗派と呼ばれることがあっても、実際には学問上の一学派という意味だったのです。経典そのものが、聴衆の能力に応じてそれぞれにふさわしい教えを説かれただけに説法の内容に高低の差があるのは当然ですが、それぞれこの経典こそが最高であるとして、三論宗、法相宗、華厳宗、真言宗それに律宗、禅宗、浄土宗なども〝所依の経典〟を定め、それ以外の経典は従属的なものとしたのです。かくして一つであるべき仏教が、いくつにも分かれて仏教の歴史は外形的にはむしろ異端の歴史になってしまいました。

経典はすべて仏説か

ここで、各宗各派がこれこそ最高の教え、釈尊の真意を伝えるものとしている〝所依の経典〟そのものが、果たして釈尊の真意を伝えているものかどうか、経典の現代に至るまでの経緯をたどりながら考えてみましょう。

㈠　釈尊が説かれた教えを、十二分にその真意を摑んで記憶したかどうか。

釈尊の教えは、現存する経典の多くに見られるように、非常に神秘的な要素を含んでおり、説法を直接聞いた聴衆には、耳から聞くと同時に別なる神秘的な力、裏付けによって理解が助けられるという点があります。ですから、説法されたことばを一字一句違えずに忠実に記憶したとしても、それはあくまでも釈尊の口から出たことばの記憶であって、別なる力を伝えることは出来ないのです。したがって、その説法を直接聞けなかった者には、その真意が理解し難い点がどうしても出てくるのです。

㈡ 釈尊の入滅後、その口伝に釈尊が説かれなかったことが混入しなかったか否か。

釈尊生存中は不明の点があれば常に直接お尋ねすることが出来ましたが、入滅後はそれが出来ませんでした。律について言えば、律は時代と共に、その大衆と共に生きるものであるだけに、随時新しくする必要がありますが、それが釈尊の基本的な考えからはずれなかったか。経の場合、釈尊のことばとして弟子達に公認されたものの外に個人的に、あるいは特定の集団に教えを授けたものもあるでしょうが、それが受け継がれる場合に釈尊の真意をとらえて正しく記憶されたでしょうか。

㈢ 釈尊の話されたことばから、パーリ語など他部族の言葉にした時に的確に翻訳出来たかどうか。

特に、釈尊が大正覚によって得られた教理を語ることばに適当する自分達の言葉があったか、また、そのニュアンスなどを充分に伝えることが出来たかどうか疑問があります。

㈣ 文字で記されるようになって後、写経に当たって写し違い、主観の混入がなかったか。

どのように注意をしても、長い文章を写し取る場合には写し違いが出易く、その写経が、常に原本から写すというのではなく、写本から写本へと写して行くために、写し違いが増えて行く可能性があるのです。また、意味を取りながら写して行った場合、自分の原本となった写本の中で、ここはどうもおかしいと考えられるところを、自分の主観で直すことが当然考えられます。

㈤ 他国語への翻訳に当たって、誤訳、意訳、主観による取捨選択がなされなかったか。

サンスクリット語からチベット語への翻訳に当たっては、原典に実に忠実に行われたので問題はありませんが、サンスクリット語の漢訳に当たっては、原本が発見されないものが多いために、正確にどこがどのように違うか指摘することが難しいとしても、漢民族の通弊として、誤訳は別としても、意訳、主観による取捨選択が多分に行われていたであろうことが想像されます。

㈥ 自分がその経典を特に愛好するために、あるいは所依の法典となる経典の権威づけのために、故意に書き換え、あるいは書き加えたことがないか。

この点は、『法華経』が一番とする日蓮聖人の主張の文証になったといわれる妙法蓮華経法師品第十の

「薬王今告汝　我所説諸経　而於此経中　法華最第一」は、同じく岩波文庫の「法華経」に併記されている「サッダルマ＝プンダリーカ」のサンスクリット原典からの口語訳には、他の個所が漢訳のものと酷似しているにもかかわらず、この文句に相当するものは見当たりません。このようなことからも、釈尊が「法華最第一」などと言われたということは疑わしいのです。

㈦自分達の行為を格式づけるために、釈尊が説かれたとして作った経典（偽経）はなかったか。

これは、仏教行事に関するものに多くみられ、盆にあげる『盂蘭盆経』、十仏事を権威づける『十王経』『地蔵十王経』など、釈尊の思想にまったく反するものと言えます。しかし、このようにはっきり偽経であることの判るものはよいとして、容易に見分けのつかないものが混ざっている可能性も充分あります。

㈧その他

パーリ文経典は確かに保守的で、釈尊が説かれた教えに比較的近いものと思われますが、大乗系の経典は大乗仏教そのものが進歩的であり、伝統的な教説に新しい要素を遠慮なく取り入れて経典を拡張していったことがはっきりしております。

釈尊の教えが正しく伝わらない八つの可能性について考えてみましたが、⑴の場合は言葉では伝えられないものだけに一層重要なことと言えます。このことは、私達が大聖師の御法話をお聞きする時に何時も経験することだけに、釈尊が説法された時にこのようであったことが断言出来るのです。この他にも釈尊の教えが正しく伝わらない原因となるものがあると思いますが、所依の経典をかざして我々の教えが最高と言ってみても、結局日本で現在用いられている大乗系の経典にどの程度釈尊の教えが純粋な形で残っているかというと、それは本当に微々たるものと考えねばならないでしょう。釈尊が本当に説かれたもの、またその思想を経典の中から知ることは、宝探しのように難しいことです。時間、空間を超越した神秘実相の世界の中で釈尊に直接お尋ねするか、釈尊の境地のすべてに通じておられる覚者すなわち現身の仏陀にお尋ねするしか方法がないと言えます。

経典の背後にある世界

前項では経典の信憑性についての考察をしたわけですが、これとはまったく別に、「相応部経典」の一節に、「釈尊が手にしたシンサパーの葉の数は、その林にある葉の数にくらべると僅かであるように、弟子達に説いた教えは、自分が知りながら説かなかったことにくらべると僅かである」とあるように、蓮華経がたとえ今まで説いた経の中で最第一であったにしても、「弟子達に説いた教えは、自分が知りながら説かなかったことにくらべると僅かである」とあっては、自分達の〝所依の経典〟が一番だ、我々の宗派が一番だなどという議論はまったく意味のないことになります。

それでは、この説かれなかった部分とは何かと言えば、言葉をもってしては説き得ない世界、神秘実相の世界、密教の世界なのです。つまり、経典などをまったく必要とせず、神秘世界から直接教えを受けることが、釈尊の真意を知る近道に外ならないのです。それには、すべからく経典によるとらわれを捨て、「正座観法行」によって神秘世界に直接触れることです。

「釈尊は、偉大なる方であることは間違いない。それだからといって、釈尊が説かれたか否かも弁えずに、ただ、有難がるのもどうかと思う。すべからく如是我聞から解放されることである。そして、自ら会得する教えによって悟ることである。しからば、正しい釈尊の教えを知ることが出来るであろう」

という大聖師のおことばを噛みしめて頂きたい。如是我聞という金言金句の呪縛から、仏教徒が解放されるのは何時の日のことでしょうか。

四、大聖師の御許へ

悟りは行いの中に

「悟りは、理論の中にあるのでなく、行いの中にあるのである。迷いは、行いの中にあるのでなく、捉われの中にあるのである。この点、僧侶達は誤信しているのではなかろうか。即ち、経文の中に、悟りがあるように考えている向きが強いように感ぜられるのです。そして、己れの行いということに気付かないでいるのです。いわゆる身を持する道を忘れているのです。酒を飲み、たばこを吸い、女に戯れ、いわば色欲、物欲の権化のような行いをして悟りが開けるわけがない。また、欲を断ち、飲酒、喫煙を慎み、迷いを去るべく努力してみても煩悩は一向に減らず、あるいはより以上増して来るかも知れない。これは理論の中に悟りを求めようとするからであって、即ち捉われていることであるから迷いは深まって行くだけです。

これでは、同じことであって、いずれをもってしても悟りの途は遠く、迷いだけが積もる結果となります。教行証果を見ず、というのが是です。一方では、お経を一生懸命研究し、他方では、命がけで行者流の行を励んでみても、その虜になってしまっては、社会的にも人間的にも幅の無い、融通の利かない人間になってしまうのです。これでは、悟りなど凡そ縁遠い世界になってしまいます。救われるわけがありません。悟れる筈がありません。これが、殆ど大部分の僧侶の姿ではないか、と思うのです。そして葬式仏教だ、葬式坊主だ、と世間から嘲笑されても、ただ、生きるために、食べるために、妻子を養うために、喘いでいるのです。檀家に招かれて尾っぽを振り、檀家の恵みに舌鼓を打つ、全く哀れな存在という他ありません」

この大聖師のおことばは私達僧侶にとって全く耳の痛いことです。しかし、理論の中に悟りがないことを知ったとして、それではどうすればよいでしょうか。神秘実相の世界に通ずる修行に御縁を頂くことです。日常生活を修行と心得て、己れを持することです。我々はそれぞれ自宗の籍を捨てることなく大聖師の許に参じ、「正座観法行」を頂き内面から変わらせて頂いております。

大聖師は、ある時、我々の同志の一人に対し、次のようなことばをかけて下さいました。

「たとえば普門品第二十五の観世音菩薩を拝むことによって、いろんな奇蹟が出るとされている。あの経文を、お坊さん達が読んでみたところで、あの通りのものが出るかというとそれは出ない。しかし、神秘実相世界に通ずる正しい修行をしてからあのお経をあげてみることです。必ず結果が出る。この実例があのすみっこにいる尼僧、戸田妙昭によって現実化しているのです。来年の十月でまる三年の修行が終わって一応寺にかえることになるが、今まではお寺でお経をあげてもその効はうすかったといえる。しかし、これから効果が出るようになる。そして寺が栄えるようになる。これをみても、経典そのものが空文ではなく、経典の真理即ち神力を引き出せる者がいないということになるのです。であるから、僧侶は僧侶なりに、神官は神官なりに、牧師は牧師なりに修行して各々の道を行けというのです。だから、知っているという人が知っているのではなく、知っているとすれば文字上の学問であって実相を摑んでいる人は少ない。アミダ信仰も観音信仰も信仰する人の信仰姿勢が問題になるのです。世間的に知るということは、雑学的なものであるから、むしろ知らない方が、真の知るという結果になる場合が多いのです」

尼僧としての自覚

前章では、「すべからく如是我聞から解放されよ」として稿を結びましたが、それは、経典の真理すなわち神力を引き出す者となることが、経文の字句の研究より大事であることを訴えたかったからに外なりません。大聖師のことばを頂いたこの戸田妙昭尼（京都市上京区千本通鞍馬口下るエンマ前町　千本ゑんま堂引接寺）は、どのようにして大聖師の許に来て、如何に変わって行ったかを、彼女自身の三年間をふり返ってまとめた文章から抜粋してみましょう。

妙昭尼は、上代常信僧正の紹介によって、京都での大聖師による正座観法行を頂くことになったのです。妙昭尼は高野山での阿字観修法に出席しその席で僧正のお近付きを得て、本人もちょうど正しい修行をしなくてはという意欲に燃えていた時だけに素直に行を受けることとなったのです。翌月の二回目の修法会の時のことです。

私は、先回と同じように昼食をすませてから会場へ出向きました。行に坐らせて頂き、しばらくして心が静まると、間もなく私をとりまくすべてが天ぷらの油臭い匂いだらけになったのです。たしかに行を受ける前に天ぷらを食べたことは食べたけれど、一時間以上もたっているしそんなに多く食べたわけでもないのに、と腹立たしい思いで一杯でした。しかし、匂いは、一向に消えずに一層強くなるばかりでした。しばらくして、ハッと気付いたのは、〝行〟を受けさせて頂く態勢がなっていないのではないかということでした。

仏に会う。神に会う心構えのきびしさを教えられたような気がしました。余りにも己れを持することを知らなさすぎるということを思い知らされ、心から反省致しました。するとどうでしょう。いままで何もかもに沁み込んで消えそうもないと思う程のあの匂いがすっと消え、しーんと静まった清々した空気が何事もなかったようにそこにあったのです。何の心構えとてなく坐らせて頂き、行を受けさせて頂いた自分が恥ずかしくなりました。そんなことを気付かせて頂いて〝行〟は終わりました。

私は、過去十余年間父の熱心な指導のもとに各所に学びに出掛けたり、また、修行の面でも午前三時頃起床し、冷水を浴び身を浄めて、定められた期日修法も致しました。私なりの歩みでありましたけれど、僧侶としての心構え、仏に会う、神に会う根本姿勢というものをこれ程鮮明に諭されたのは、尊師の〝行〟を通してはじめてのことでした。今まではそういった心構え、根本姿勢は教えられるものでなく、自分でつかみとることだと聞かされて来ました。しかし、無知に等しい私は自分に甘く、このことを特に意識していなかったので、つかみ方どころか必要性すらわからないありさまだったのです。

自坊の許しを得て、本格的に本部道場において修行させて頂ける幸せを得ましたのは、昭和四十三年十月十日からでした。今まで接して来たひとのほとんどが僧侶とか寺とかにつながりを持った一つの枠内であったのと異なり、いろいろな分野の人々に接し見守られての本部での生活がはじまりました。教えの中の人と接することによって、僧籍を僧職という職業と自ら認じ、恥を知らない考えに麻痺していたことも、「職業ではなくて、宗教家じゃありませんか」という一信者の言葉を聞いて、目の覚めた思いをしたこともありました。

とにかく、今までの生活とは大きく異なった毎日でした。今まで余りにも決められた枠内で生活していたということがわかり、決められたもののない中でどう過ごせばよいのかとまどうありさまでした。自由にしているつもりがつい度を超え、目標や立場を見失った時、形でなく内面より許されない厳しさを身の置き処がない位に覚えさせられた体験も致しました。このような体験はかつて無い体験で、これを通じて無戒律中の戒律、同行二人ということが可能となることの確信を身を以て教えられた気持がしました。

中でも尼僧の私が髪の毛を伸ばすようになったことは大事件でした。それは、本部に来させて頂いて半年程たった頃、大聖師のおことばで髪を伸ばすようになったのです。何か初心をくつがえされるような不安から、なかなか踏みきれなかったものですが、大聖師の御前に参りました精進の一課程と心を決めおことばにしたがいました。

人生の何たるかをも考える力のない頃からの尼僧姿の私にとっては、尼僧姿の方が全く自然で、髪を伸ばし服を着る一日一日は、何もかもが一つ一つ考えなければ歩めない毎日だったのです。尼僧姿にのみ頼り、多くの人の信の上にあぐらをかいていた私の心をみすかされたような出来事でした。世の娘さんと同じ姿になって、いろいろ体験してはじめて尼僧というものを新たに知らされました。たとえ内容面が恥ずかしい程でも、世の人は尼僧姿を見て尼僧として真心をもって扱って下さるのです。

大聖師は、慣れに陥っていた尼僧としての私の盲点を、話で諭すよりも体験させてやろうと、誰もが与え得ない方法を与えて下さったのです。この間にいろいろ体験を得て、慣習的な今までの尼僧姿を改め、新たな心構えで再出家のつもりで再び尼僧姿に戻らせて頂いた私です。

また、「健全な精神は健全な肉体に宿る」という言葉がありますが、これとて言葉でなく如実に具現化されている毎日です。というのは、こちらでの生活は〝正座観法行〟を受けさせて頂くのが主で、この〝行〟を通して健全な精神を培わせて頂くと同時に、毎日の食生活もいつしか〝密教食〟と呼ぶ大自然の理に叶った健康食によって正されたのです。私は、寺にいるから、尼僧だからと当然のように精進料理を食べさせられることに観念的に反撥し、何の飾ることなく、好きなものなら堂々と食べればよいというのが私の食生活でした。人からもよく「尼僧さんだからお精進でしょう」といわれるのですが、その期待を裏切り、少しも恥ずかしいとも感じず堂々とありのままを答え、またそんな自分を誇りにすら思っていたありさまだからどうしようもなかったのです。

そんな私の食生活が〝正座観法行〟と相俟って、自然のうちに何の抵抗も覚えないで密教食に変りました。変り方も全く自然で、今まで好きだった動物性の食物の臭いがまず鼻につきだし、同時に身体に合わないものは欲しくなくなったのです。この変り方には家族の者もびっくりしているありさまです。少しは尼僧さんだなァーと感心してもらえるまでに、食生活の面も成長させて頂きました。

行の体験も最初導かれた体験に加えて、いろいろ体験させて頂きました。なかでも一番印象深かったことは次のようなことです。私達真言僧侶の場合、必ず行法を致します。〝次第〟を通して印、真言を覚え、招請する仏の境地を我がものとするのですが、印の組み方を覚え、唱える真言を覚えるのが手一杯で、境地を味わうまでがなかなかなのです。

ところが、正座観法行では、究極の境地から導かれはじめて、印、真言が後から頭で考えることなく自然になされるのです。最初の礼拝にしても、今まで教わった通り、かなりまじめにしていたつもりが、形式的で神仏に通ずるものではないことを示され、本当に仏を拝する境地になって寸分の乱れもなく深く拝するように正されたのです。このことによって〝次第〟をはじめとして現在相伝されているものは神秘世界よりの啓示によって成立し、伝えられているのであるとはっきり解らせて頂きました。

行中の体験はそれぞれの器に応じていろいろと示されるのですが、他の方の体験を聞くことによっても大変学ばされます。そして一介の若い尼僧である私が、今まで伺い知ることも出来なかったことをいろいろ見聞する度に、現在高僧と社会より認められてはいても、これらの方々が別なる世界の動きのことに関することとなると、手を伸ばし得ないことを非常に残念に思うのです。そういった面でも大聖師に導かれ、信仰と信念を以て人々と交わる場を知ったことは、尼僧としての活動が幅広くなった感がするのです。

このように妙昭尼は正座観法行を修し、己れを持する道を身に付け、尼僧としての自覚を高めることが出来たのです。

大聖師の御許への旅

同じ真言宗でも高野山大学の密教科を卒業し、二年間高野山奥之院で行法師をしていた杉原孝俊師の場合は、理工系の大学に入る勉強のため浪人中に止宿した山口県の華山神上寺での不思議な体験から方向転換をして宗教大学に進むこととなりました。その間、大学時代のインド、ネパール旅行中での不思議、四度加行中の不思議を体験し、卒業後アメリカ開教師としてロスアンゼルスに行くことが決まりますと、アメリカ別院の総監から高野山での修行だけでなく大元密教本部での修行も受けてくるようにとの命令を受けることとなったのです。

最初は何をいまさらと、他所での修行には興味がなかったようですが、正座観法行を行ずることによってその素晴しさの虜になり、とうとう百日間修行させて頂くことになりました。アメリカ行きの準備もあったので後ろ髪を引かれる思いで高野山にもどったところが、アメリカ行きが延び延びになり、やがて取り止めとなってしまい、またタイ行きの話などいずれも断わって心ゆくまで高野山での修行に打ち込むことになったのです。しかし、それも高野山奥之院灯籠堂地下御法場でのローソクを借りての白衣観音の出現（昭和四十五年二月十七日付毎日新聞和歌山版に〝灯台〟という題で掲載）と、それに伴う神秘的な現象によってはっきりと心が決まり、大聖師の御許への旅が始まったのです。

大聖師の御許への旅は、昭和四十五年四月十五日午前七時、故郷の山口県豊浦郡菊川町から始まった。

私は旅をする。〝大聖師の御許への旅〟を。私は旅の日記を書くことの代りに、本部での修行の道を開いて下さった上代常信先生に御手紙しました。

上代先生　四月八日

四月八日に御手紙頂き有難うございました。高野山を退職しまして、はや一ヵ月になろうとしております。東京へ出発するのもあと一週間を残すのみになりました。私は、過去の修行への旅立ちのように、今度は何の修行をするとか、そういう考えがもはや起こらなくなって来ました。経典を読むのすら、いやな気持になることがあるのです。私は、そういう時、頭がおかしくなるのではないかと心配する位です。

現在、自分の頭は、ただ存在しているにすぎないという状態です。真言宗の〝次第〟はほとんど書写したのですが、それすら興味がなくなったのです。書写する前は、ただ夢中に書写したのですが。

現在の自分は、自分の体を自由に出来ぬ人間のような気持です。私は、自分の将来が完全にわからなくなりました。私には私なりの将来の計画があったのですが、その計画を考えることすら出来ぬ人間になりました。現在、私に残された将来は、ただ〝大聖師〟のお側に行くということだけです。それから先のことは全然わかりません。私の今回の托鉢は修行だとは考えていません。私は、〝大聖師〟のお側にまいる礼儀の一方法として托鉢をするにすぎません。私は、何も考えず〝大聖師〟のお側に歩いて行くことに決めたのです。一足三礼するような気持です。御連絡まで。

合掌

上代先生　四月十九日

前略　四月十五日出発、野宿。十六日も野宿。十七日行者宅にて一宿。十八日は友人の寮で宿を取りました。歩きつけておりませんのでたいして重い荷物を背負っているわけではありませんのに手足の自由がききません。第一日目の野宿で体が冷え、筋肉リューマチにかかり左腕がだめになりました。国道二号線は大型車が多くその排気ガスで苦労します。

柳井市から四国の松山に渡る予定です。高野山には五月中頃、東京には六月頃着く予定です。私の頭の中は、ただ足をもって大聖師のお側に参るというだけで、途中の修行はいまのところ頭の中にはありません。また四国に入りまして連絡させて頂きます。

合掌

上代先生　四月二十五日
前略　二十二日愛媛県小松町、二十三日伊予三島市、二十四日徳島県佃に泊まりました。私は人間である。凡人である。ある人は言う。「若いのに偉いですね」また「暇がありますね」また「働けばよいのに」「まわり道をしなくて、早く大聖師のお側に来ればよいのに」「貴僧の気持よくわかります」と。世の中には、多くの人間がそれぞれ多くの宗教を信じて生活している。日本だけではない。世界中である。誰に言えるでしょうか、他の教えはすべて信ずるに足らないと！　私は、仏の世界、神の世界がわかりません。己が欲するままに神仏の世界が手にとるようにわかり、み教えがわかってはじめて神を知り、仏を知るということが出来るのではないでしょうか。現時点では、私は何もわかりません。ただ東京に行くだけです。合掌

上代先生　四月三十日
二十八日ようやく高野山に着くことが出来ました。高野山で二、三日休養しまして、伊勢の方に向かう

予定です。上川氏が奥之院より東京によく行かれるようになったとのことで、少々安心しました。私も心残りなく高野山を離れることが出来ます。私の友人で二、三人東京に行ってもらいたい人がおりますが、なかなか求道ということは困難なようです。私は、今回で一応〝大聖師〟にすべてをおまかせする積りです。が、時々悪魔の声がささやき、私を苦しめます。しかし、一歩一歩頑張って東京へ行く積りです。

合掌

上代先生　五月五日

昨日伊勢内宮に参拝し、今朝七時二十分頃伊勢を出発し、鳥羽から舟で渥美半島へ渡り田原町という所に午後七時頃着きました。

今日は、宿を三度断わられました。なぜか、私は一日に一度は必ず断わられます。私の過去の悪縁か、現在の姿のためか。断わられるということはいやなものです。しかし、東京まであと数日で行けます。近づけば喜びがわいて来るのですが、以前と何ら変化のない自分、東京で何をするのやらと不安でなりません。しかし、東京に行かなければなりません。現在の仏陀にお会いするために歩く道中は、一足三礼と考えていましたが、それすらも出来ません。

合掌

上代先生　五月十一日

三島市を七時出発。昨日と同様雨模様。箱根の山に向かい勇気百倍、気持のよい日でした。江戸時代のことを空想しながら歩くこと三時間、突然自家用車が目の前に止まり、「雨が降るからどうぞ乗って下さい」と言われました。神仏のプレゼントと思い有難く乗せて頂きました。十分位すると美しい富士山が目の前に現われました。美しい景色でした。宮の下で下車し、十二時二十分小田原の聖地（大元密教神殿）に着きました。二、三日休養して横浜に向かいます。

合掌

私の東京への旅はあと数日で終わろうとしております。

小田原を十三日午前六時に出発し、車の多い国道一号線を歩き、排気ガスに悩まされながら夜七時横浜市の上代先生のお寺に着きました。上代先生の奥様に心からの歓待を受け、最後の旅に次の日、C院を出発しました。

昭和四十五年五月十四日午後四時、無事東京渋谷にある大元密教本部に参拝することが出来ました。大聖師の御許への旅にあたっての道すがら、いろいろな気持が自分の心の中に去来しました。釈尊ゆかりの地インド、ネパール、四国一周の旅、なんのために歩くのかと何時も煩悶し続けて来た私の人生でした。その間、六年にわたって唱え続けて来た〝南無大師遍照金剛〟の名号は私の心から去り、何時しか私の口からは〝南無大師教主大玄聖人〟の名号が唱えられていたのです。

私の心から、真言の行法は過去の遺物のように忘れさり、遠くに消えてしまったのです。

釈尊は、「光は東方より」のことばを残され、弘法大師空海上人は「自受法楽の神がこの日本に出現する」ということを予言されました。

弘法大師の予言のとおり、〝自受法楽の神〟がこの昭和の聖代に出現されたのです。大聖師こそ〝自受法楽の神〟そのものなのです。過去の教えは遠くへ流れ、私はこの肉眼で大聖師を礼拝し、〝神自らの教え〟

を受けることが出来るのだと、強く実感がわいて来たのであります。

杉原孝俊師の〝大聖師の御許への旅〟は、これで終わったのではありません。むしろ、ここから始まったと考えるべきでしょう。彼は現在、大聖師の御許への旅を私達と共に続けているのです。

禅から密教へ

現在の知識人の中には、禅と浄土の二宗旨に今後を期待する向きがあるようです。この二つの宗旨はある意味で両極端であるだけに、それぞれに現代人の心理の一面をとらえるものが確かにあります。

禅についていいえば、宗派としての確立をみたのは中国においてですが、釈尊が教えを説かれていた時から、律と禅は仏教に欠かせないものであり、今日みられる天台の止観、真言の字観、禅の思惟観のいずれも禅定を得るための修行法と言えます。それは、戒めを守って身心を清め、禅定によって心身を統一し、叡智—知見を開いて四諦の法を解し、無明を去って涅槃に入る、つまり、戒、定、慧の三学を究めることによって八正道が自分のものと出来ると釈尊が説かれていることからも、禅定を得るための修行が仏道修行に不可欠であることは、当然のことです。

それでは、ここで私達の同志である加賀山信道師がどのようにして禅にひかれ、その修行に入り、またそれを越えていったかを紹介しましょう。

私は、東北大学でインド学を勉強し、卒業論文が済むと同時に、何のためにこのような論文を書いたのかということを考えると非常に虚しいというか、結局昔の人のことを詮索してみたところで始まらない、古人の行履に徹するにしくはなしと悟ったのです。そうしたら大学に残って今さら勉強するまでもないということで、卒業してすぐ仙台にある曹洞宗の輪王寺で得度を受け雲水になったのです。そして、当時宗立専門道場であった金沢の大乗寺に行き沢木興道、清水浩竜、酒井得元の各老師のもとで二年間修行しました。

興道老師はいつも「悟らんでもええ」と言っておられましたが、このようなところが臨済宗の人達に「洞門に悟りなし」などと言わせる点があったのかも知れません。私自身も曹洞禅にあき足りないものを感じ、その後臨済宗では三島の竜沢寺から京都の大徳寺へと足掛け九年間、蜜多窟中川宋淵、蔵暉室小田雪窓、桃源室方谷浩明、看雲室中村祖順の各老師方に参じました。

私は学生時代から坐禅をしており、坐禅が精神的に不安定だった私にとって心を安んずる唯一の方法であったのと、道元禅師の『正法眼蔵』に魅せられたということも坐禅を始めた理由でした。しかし、得度をし、坐禅をすればするほど禅宗でいう悟りという経験が、実は今日では一種独得の禅的な教養であり一つの学習に堕していることに気がついて（勿論学校の知識による教養とは違うが）本当に肯心自ら許すというか、自分の大自覚というものとはほど遠いのではないかと、私なりにいろいろと悩みが出て来たのです。

そこで、本当の禅定体験ということはどういうものなのだろうか、それを是非体験したいという欲求が湧いて来ました。仏典に無分別三昧という言葉がありますが、今日禅宗ではこの言葉の解釈ですら非常に薄味の自分達に都合のいいとらえ方をしております。そういうことで私もヨーガを勉強したり、坐禅のテクニックについていろいろ研究したりしましたが、今後禅の修行を続けて行っても、恐らく満足いくものが摑めないだろうというあせりが出て来たのです。そこで、従来の伽藍の中で師を求めるというやり方でなくて、要するに仏様と会わないことには解決がつかないという結論に達しました。

一方、大徳寺時代にアメリカの人類学者であり、詩人であるゲイリー・シュナイダー（戒名、聴風居士）と共に参禅しましたが、彼からビート族やヒッピーの意識革命の実態についていろいろ聞かされたものです。

その時、今後はいわゆる良風美俗である常識の枠が外れて来て、狂気、幻想、感性を売り物とする、疑似密教の亜流が滔々として世にはびこるのではないかという予感がしたのです。近代理性による抑圧のしからしめるところと言えましょう。ところで、伝統的と称するカビの生えた坐禅では潜在意識からの解放と称し、一種の文化現象として世界を席巻するであろう擬似密教徒の意識革命に対処して、セックス、マネー、ゲバルトの真只中で指導性を発揮することが出来るだろうか、という疑問が湧いて来たのです。そして、暗闇の中で「まさに来たるべき正法としての密教」このようなささやきが、私の胸にわだかまり始めて、これからは密教の時代だなと実感し始めていたのです。

このような気持になっていた時でした。たまたま洛中で托鉢をしている時に、引接寺で接待を受けました。その時応接に出られた住職から、娘が東京の大元密教本部で修行していることを聞き、ヨーガの関係で指導を受けていた佐保田鶴治先生からも、既に大元密教という名前を聞いておりましたので、それでは、一度どんなところか行ってみようということで、特別誰の紹介もなしに本部を訪ねたのです。しかし、正座観法の修行日であるにもかかわらず行には入れて頂けず、控室で教師の話を聞かされただけでした。ところが、そこにおいても神秘な世界は展開されたのです。

それは、ちょうど控室に控えていた時の出来事です。喉の奥にゼリー状の非常に甘いものが忽然と湧いて、喉を伝って下に下がっていったのです。仏典の中には、甘い露、甘露という表現がありますが、実際にこういう美味なものを私は生まれて初めて体験し、それが何を意味するか判らないながら余り素晴しいのでちょっと茫然としたのです。経典の中に、神々が修行者に食事を差し上げるという表現がありますが、あるいはこんなものかなといろいろ妄想したりしました。ちょうど親が子供に、「よしよし言うことを聞きなさい」と飴をなめさせてだますというか、何か判らないがここは御縁があるのだと、まず気をのまれた感じでした。

最初に正座観法行を頂いたのは神戸でのことです。その当時私は紀勢本線の新宮駅で降り、そこからバスで二時間程奥に入った熊野の山寺におりました。そこから毎月神戸の修法会場まで出かけたのです。三回か四回目の行を頂いた時に、今まで私達がやって来た禅定体験と違う別な体験を感じたのです。

それはどういう体験かと申しますと、息が続く限り、頭の上から出すような声、腹の底から出すような声、また絞るような声が続くという形で、そのうちに〝ん〟という言葉が出てくる、そういう言葉を発しながら手がいろいろに動き印相を結ぶような練習をさせられるのです。そして次第に大日如来の印相のような真似をし出して、オンアビラウンケンと言うのと手の印相を結ぶこと、それから自然に体が一つの禅定体に入って行く、いわゆる真言密教で言う三密行の禅定体験を、私が予備知識をまったく持っていないにもかかわらず体験したものですから非常にびっくりしました。

三時間程の行の間にも、もう初めからそういう激しい手の動きが起こってくるのです。行は大勢の人が一緒に頂いているのですが、自分だけが一人行をやっているような全く他の一切のものがなくなってしまったという感じなのです。そして、その行が済んだ後で手や足が一種のうっ血状態みたいに何か太くなったような感じで、何か判らないけれど非常に大きな力が自分の体にみなぎって来たようなそういう不思議な体験を致しました。私が従来考えていた禅定体験と、正座観法による禅定体験の出方が根本的に違うということを感じ、やはりこれは、神仏が自ら指導して下さる行であり、従来のいわゆる教えとの違いを痛感しました。

それからもう一つ感じますのは、ヨーガでは、人間が持っているエネルギーというものは一つのものなのだ。それを神に向けるか、人間に向けるかが問題なのだ。それで人間の性的エネルギーというものが、人間が浄まって行く段階で初めて神への愛へと高まって転化して行くのだという一つの言葉として、オージャスという言葉を使います。実際に修行するという時には、清浄なる梵行、浄い行いが必要となるのです。特に浄い行いについては、修行者の場合性的な葛藤を断ち切って修行に専念する必要が出てきます。これは昔から建前にはなっておりますが、我々が実際に雲水として修行しながらも、清浄なる梵行を修するという心境には実際にはなかなか至らないものです。

それは何故かと言うと、やはり自分の体、自分の心というものが浄まっていかないからで、臭いものにふたをして我慢して、ただ忙しく朝から晩までの苦行的な生活の中で、そういう低次元なものは忘れ去ろうとするのです。ところが、正座観法行をさせて頂く中で一番感じるのは、心身共に自分が浄まっていくという偽らざる心境です。

清浄なる梵行は、自分の努力のみでは出来ないことであり、神仏の加護、神仏の御指導をもって初めてそれに一歩一歩近づいて行くことが出来るのだ、という確信を持っております。そして今、自分はこのようなみ教えに繋がり、現身の仏陀に親しく相見して修行させて頂いていることに、宿世の御縁を感じるのです。

彼は、曹洞禅に始まり、より修行が厳しいと言われる臨済禅を求めながらも、自力本位の修行にはあきたらず、自他両門を包含する正座観法行によって始めて真の禅定の世界を知ることが出来たのです。

浄土門と聖道門

更に浄土門について触れてみましょう。他力易行門の法然上人は、はじめ叡山で天台思想を学びましたが、到底仏教を学問的に究めることによっては安心を得ることが出来そうもないと山を下りるべく身の廻りの整理中に中国の浄土教の大成者である善導の『観経疏』の『散善義』を読み、その中の「一心専念弥陀名号」の一句にひかれて南無阿弥陀仏を唱えることによって救われる、と悟ったと言われています。他力本願とは、一口に言えば南無阿弥陀仏を唱えることによって極楽往主するという思想ですが、その思想も法然上人とその弟子親鸞上人とでは多少違います。

法然上人までの念仏は、彼岸の浄土に到ってもじきに正覚成仏は出来ないで、浄土においても仏の力によって修行を続けていくことによって初めて成仏が出来る、とするのが建て前の口称念仏です。それに対して親鸞上人は一念の信心の決定するところ、来世を待たずにじきにそのままこの現世で生身のまま不退転の位に住して、如来と同じ位に定まる〈如来同等〉としたのです。この根拠は『無量寿経』の第十八願本願成就文に阿弥陀仏の名号を聞いて信心歓書する一念によって「即ち往生を得、不退転に住す」の「即ち」を文字通り即刻即位と解釈したからです。

しかし門外漢からみても、師匠とその弟子が仏を念ずる、その念仏についてすら、このように考えが異なるというのは、どうも納得のいかないことです。別なる世界に実在しておられる阿弥陀仏なる存在は、我々の五感六識を通して認識出来る対象ではありません。阿弥陀仏を念ずるのに、その根拠を経文に求めたり、またその解釈によって往生の仕方も変わってくるというのでは、観念と想像の域を出ないではないかと大方の論難が起こるのも致し方ないでしょう。それというのも神秘体験を通して如実に阿弥陀仏の実相を我々に開示したものではないからです。

たとえば阿弥陀仏を拝めば極楽世界に行けるといいますが、阿弥陀仏も知らなければ、阿弥陀仏の在処も知らなかったとしたら、拝めといわれても拝みようがありません。ただ在るものとして拝めといわれても、これは無茶というものです。まして、極楽世界がどこにあるのやら、その極楽世界がどういう処であるやら知りもせずに行こうとするとしたら、実に無謀であり冒険であるといわねばならないでしょう。そこで先ず阿弥陀仏を如実知見することが先決となってきます。

ところで、念仏門は禅宗などの自力とは反対に他力一本槍のようにいわれますが、この阿弥陀仏の姿、形を拝し念ずるということは、とりもなおさず自力なのです。この自力である念仏行が漸々に全うして、はじめて念仏信仰が芽を出すのであって、いわば自力が高まってこそ他力を授かることが出来るというものです。そこに阿弥陀仏と一体になり、阿弥陀仏の慈悲を己れの慈悲として、衆生に施すことが出来るのです。ところが、人間の器作りである境地の開拓はそっちのけにして、最初から絶対他力を説くあまり、我々衆生は罪悪深重の凡夫に終始するというのも、考えてみれば滑稽なことです。

また、法華経を所依の経典とする人達は、神秘実相の世界に通じてこそ、密教の前提経たる法華経の世界が本当に理解されることを知るべきです。それは、日蓮宗の学僧の正座観法行中の体験（第一部第七章に記載）を見ても明らかなことです。これについては、大聖師は、次のように授記されています。

「法華経を所依の経典としている人達は、我が教えの門をくぐることが神秘世界において約束づけられている」

と。また大聖師は、

「正座観法に願と行の二門あり、願は、他力を求めて自力を養うことであり、行は、自力を浄めて他力を摂取することである」

として、願と行の両門相俟って始めて安心立命に至るとされておりますが、まことに以て至言であるといわねばなりません。

五、仏・法・僧

教団《サンガ》とは

仏教を構成する基本的な要素は、仏と法と僧（教団）との三つであり、これを三宝と呼びます。教団《サンガ》は、出家者である比丘、比丘尼と在家信者である優婆塞、優婆夷とから成り立っています。釈尊が教えを説かれた当時のインドの仏教教団では、原則として冠婚葬祭などの宗教儀礼を行いませんでしたので、在家の信者は、日本の檀信徒とは全く異なっていて、報酬を払って儀礼を依頼するようなことはありませんでした。信者が教団を訪問するのは、宗教的な説教を聞き、人生問題について相談するためであり、また、仏陀を記念する祭りなどに参加するためでした。また、出家者は財産を持たず、生産にも従事せず収入の道がなかったので、在家の信者が、出家者の生活を経済的に援助したのです。

釈尊に最初に帰依したのは、二人の商人であると言われています。

「ここにわれらは世尊と法とに帰依したてまつる。世尊よ、われらを優婆塞として認めて下さい。今日から一生のあいだ帰依したてまつる」

と二人は唱えたのでした。この世尊と法に帰依するという二帰依が、のちに教団が成立してからは、仏、法、僧に三帰依して入団するという定まった型になりました。

釈尊は、その御許に来たって教えを乞う者に向かっては、「善来比丘」（お前さんよく来たな）とおっしゃって迎えられたと言われています。そして、難しい教理ばかりではなく、日常生活の心得まで説かれたのです。それが皆実践徳目となるものでした。

釈尊在世の時は、三宝帰依は、つまるところ仏陀に帰依することに落ち着くので問題はありませんでした。やがて釈尊が入滅されるに当たって、弟子達に「自燈明、法燈明」（自らを拠り所とし、真理を拠り所とせよ）のおことばを残されてからは、私達仏教徒にとって、三宝に帰依するとは、ともすれば、釈尊を憶念し、宇宙に遍在する真理を観じ、修行者達の結束を計るという意味になってしまいました。

法は仏によって示され、僧によって行われる

ここでは仏・法・僧の三宝帰依の思想をもう一度検討することによって、我々、僧とは何かを再問し、

僧侶が真の僧侶として蘇生するにはどうすればよいかを考えてみましょう。

三宝というのは、仏・法・僧の三者が一体となって活動するところに価値が現われるのですが、ふつうには単独に仏・法・僧の一者のみを取り上げて別体三宝としてみる傾向がつよいようです。帰依僧宝について言えば、我々仏教徒の習慣として「僧団」に帰依するという意味にとってしまって、帰依仏宝、帰依法宝と並列的に対置し、安易に仏即法即僧宝とみなして疑いません。すなわち、現実的には剃髪着衣の僧侶に帰依することが仏と法に帰依することに通ずるとしているのが、一般的な考えのようであります。しかし、仏事法要にあけくれる僧侶方に帰依するという論理自体が、全く荒唐無稽なものであって、伽藍仏教教団の体制の権威づけには援用出来るとしても、社会の常識にさえ通用しないのを一番承知しているのは、他ならぬ我々僧侶であると言えます。

仏・法・僧を一体三宝としてみれば「僧とは修行僧の立場あるいは境地」をいうのであって、我々仏教徒が習慣的に言い伝えている僧団ではないのです。まず、この僧団という思想は間違いであることを明確にする必要があります。我々修行者が、いろいろな角度から自己完成に精進して人間完成をはかり、真理を探求して、正覚を得る、といった段階、「精進・真理・正覚」の三つは、別々には考えられないものであって、「精進」するということは何を目標に努力するかというと「真理」を求めて努力する。そして、真理の一端あるいは全般に通じた時、「正覚」を得るということになるのです。

この僧の精進と仏の正覚との中間に存在するのが「法」であるとするならば、「法自体は、僧のものでもなければ、覚者のものでもない。しかし、覚らなければ法を知ることが出来ないから、覚者によることなくして法を知り得ずということになるし、したがって法は自在に遍満するも、覚者現われることとなくして法、世に出ることなし」という論法になるのです。ここで大切なことは、法は独立しているものではあるが、覚者を離れては独立しないという点であります。

そこで「精進・真理・正覚」という一体三宝の趣旨は、言葉をかえて結論すれば、「法は仏によって示され、僧によって行われる」というところに帰結するのです。

現代の戒とは

教団《サンガ》は、出家者である比丘、比丘尼と在家信者である優婆塞、優婆夷によって成り立っていることは前々項に記した通りです。この教団が、教団としてのまとまりを保っていけたのは、そこに、一定の戒律があり、釈尊によって示された教えを共に実践しようという共通の意識があったからに他なりません。また、法は仏によって示され、僧によって行われるものであるだけに、真の僧侶としての行き方に戒が切っても切れない存在であることは、我々僧籍にある者は誰しも考えることです。しかし、現状はどうかといえば釈尊が示された戒を忠実に守っている小乗仏教の人達をして、「破れ大乗」と言わしめる程なさけない状態です。そこで、現代僧侶にとって戒はいかにあるべきかを考えてみましょう。

有名なモーゼの十戒や釈尊が示された数多くの戒めをみても判るように、戒律はすべて人間の良心に訴えて善導を計ったものであり、これは一つの正道として人間社会にすでに常識化されているものです。そこで、国家に法律あり、社会に秩序あり、個人に良識あり、この三つが既に立派な戒律であってみれば、更にこの上に何を好んで戒律を設けるかということになります。

過去から続いているしきたりだから守らねばならないという慣習的な戒めならば、全部が全部必要とすべきではないでしょう。というのは時代の移り変りと人間の教育と教養による正道感の向上によって、必要によって戒めそのものが変ってくるからです。たしかに、国の法律と個人の良識によって社会の秩序が保たれ、完全な理想社会が達成出来れば、従来の慣習上の戒律すなわち道徳の必要はそれほど感じなくなるのですが、国の法律に悪法あり、個人の良識に偽装あり、そして社会の秩序は乱れ、再び三度、道徳観の建て直しを必要とするところから、戒律の必要論が生じてくるのです。

モーゼの十戒もあのユダヤ民族の混乱時代に生じた遺産であり、釈尊の戒律もインド民衆への道徳観啓発の警鐘であったことは、他の聖者方の戒めと動機、内容をそれほど異にしていないことでも判りましょう。孔孟の戒めや聖徳太子の戒めも、帰するところは一つですが、いまは大部分どこかに置き忘れてしまって、思い出そうともしないありさまです。ところで我々の立場は、根本的に戒律を否定すると同時に、肯定する立場なのです。考えようによっては、実に矛盾したように聞こえるでしょう。だが、決して矛盾ではありません。というのは、人間が根本義において人間の作った戒めにしばられるということが不自然であって、戒めることも、戒められることも、本来あってはならないし、そこでまた、戒められないところまで人間は向上すべきであり、この向上した線からより上に行くならば戒律は必要なくなるわけです。

すなわち神仏の境地というのがこれでしょう。この境地に住することが出来れば、他人の作った戒めなど必要としませんし、形の上での戒めよりも、無戒律の中の戒律である自ら備わったものによって、戒律という形式を否定することが出来ます。無戒律ではあるが、戒律以上のものを身に備えている、これを格といって人間の品位の極め手とするのです。要するに人造りのための戒律であってみれば、他に格を備える道があって目的とする境地に達したとすれば戒律は不必要なわけですから、この意味から否定することも出来るのです。しかし、愚かな我々一般大衆は、なかなかこの境地の線に達することが出来ないので、やはり戒律を必要とするのです。しかしながら、この戒律を誰が設けるかが重大な問題です。

一国の法律がたとえ悪法であっても、衆議によって制定せられたとすれば、これは多数意見に従うとして一応うなづけますが、個人の良識は何によって決められるかとなると、これまた問題になります。教育と教養、修行と錬磨等自己完成の方法は数々ありますが、これを行ってなおかつ至らない者もあれば、行わないで至らない者もあるので、問題はますます複雑になります。ここに聖者の出現を求めるのも、これ等至らない人類にとって足下を照らす大光明の必要があるからです。また、このような要望によって出現した真の救世者は、徒らに戒めることをせず、自ら慎み行って範を示してきたのでした。これをしてはいけない、あれをしてはならない、といったように口先だけの戒めでは何もならないし、また、すべきことではありません。それに比べて我々僧侶は、現在信徒の前でもっともらしい説法や訓戒を並べて、裏にまわれば好んで破戒の日常を送るのは、既定事実であるし、教会の牧師にしても、善人面して神妙な振りをしている偽装は我々と大同小異であるといえます。

その点で大聖師による次のおことばは、現代の戒の方向を示して下さるものといえます。

私は戒律の必要性を尊重しながら、反面戒律の不必要性を唱える立場を執っておりますが、戒律の不必要性を唱える、というのは無益な戒律を羅列する愚を戒めることからはじまって、人間のきめた戒律では無意味だとする立場から、その不必要性を唱えるのです。すなわち自然に実行出来ることを戒め、自然に実行出来ないことは戒めない、というのであります。

不可能なことを戒めることは、水の流れを逆流させようとするような無理であるので、戒めを強いないのであります。たとえば「酒や煙草は害になるから止めよ」と戒めたとしても、その人の意志が弱かったり、あるいは人間的な知性が乏しかったり、下等な考えの持主であったり、中毒症状であったり、または普通人以下の人間であった場合、ただ戒めただけで実行出来る可能性はまずありません。このような人間は一応破壊と破滅によって更生する他はないのであります。それといって、そのまま見捨てるわけにもいかないところに、神仏の慈悲を必要とするのです。すなわち戒律以上の聖なるもの、これあってはじめて更生し救われるのです。

この戒律以上の聖なるものこれすなわち、情、実、善、浄、美であり、慈であって、この聖なるものの中から示される「戒」でなければマコトの戒とは言えないのであります。

この聖なるものを観じ、マコトの戒を行うことを信仰というのです。したがって、正しい信仰の中から生ずる戒律を実践することは神仏に通ずる道であり、また、この道に踏み入ることは自己完成への道でもあるのです。このように考えてみますと戒律はやはり必要ですが、正しい信仰の中から生ずる戒律であることが、一つの条件になると同時に、反面この戒律を実践しながら行う信仰であってこそ、効があるのです。そこで、賢者はこの二つを備え、神仏を信じて成道し、愚者はこの一つをも備えずして疑い迷うこと、あたかも餓鬼畜生の如し、ということになるのです。

六、出家道とは何か

仏道とは

仏道とはどのようなものでしょうか。

菩薩道とは、これから前進して行く道、仏となるべく修行しながら仏を目標に前進する道ですが、仏道となると決定的な道、すなわち菩薩の過程を終えて本仏の世界、本仏の境地を備えたことをいうのです。

前章で、「法は仏によって示され、僧によって行われる」と記しましたが、仏の道に住している仏が、仏陀になるべく精進している菩薩を導き、また菩薩方も仏陀に帰命していくところに、仏である道と仏になる道が一体となって、末法乱世の中に仏道の蘇生が実現されていくのです。

それでは、二千五百年前インドにおいて釈尊はどのように説法されたのかふり返ってみたいと思います。

釈尊が「悟り」を開かれる以前、感受性のつよい青年時代に強く感じたことは無常ということでした。「人は何故生まれ、何故老い、何故病み、そして死ぬのか」何故常に同じすがたでいないのだろうか、と苦悶した結果、この真理探求のため出家されて苦修練行の末に悟ったのが「因縁」で「生老病死」がすなわち「因縁」のしからしめる現象であることを悟られたのです。まことに人生は苦そのものといえる程、苦に満ちています。愛する者と別れることも、憎い者に会うのも、また、求めるものを得られないこともすべて苦であります。そして、この世は、真理に対して無知であるところの愚かさ、すなわち無明に起因し、この無明に人間の本能とも言うべき慾がからんで惑いを生じ、この惑いから数々の誤ち、罪穢れを積み重ねて、いわゆる、これが業を深めることになり、この業がもろもろの苦を作り出すということになるのです。したがって、この苦をなくすには、つまるところ、一切の真理を知ることによって、無明なる暗闇をなくせばよいということになります。

しかし、一切の真理を知る、ということは容易なことで出来ることではありません。釈尊はそこへ到る道として八つの正道、すなわち正見、正思、正語、正業、正命、正進、正念、正定をお示しになったのです。正しく物事を観察し、正しく考え、正しく語り、正しく行為し、正しい生活を営み、かつ、それをよく成就するために正しい努力をし、正しい心の向けかたをし、心を一点に集中して正しく統一し、これによって心の眼は正しく開かれ、正しい智慧が得られ、一切の真理を知るようになるとするのであります。かくして一切の真理を解することを得れば、煩悩も自ずから絶たれ、一切の苦を脱して、心は寂静涅槃の境地に赴くことを得ると説かれたのでした。

これが菩提樹下で大悟正覚され、それを後に鹿野苑において人々の前に釈尊が初めて説かれた教えであります。

しかし、末法の世の今、このような教えを聞いたからとて、このように実践し、悟りへ到達し得る人が果たしてあるでしょうか。八正道のうちどれ一つとして、そのことばのように「正しく」行い得られるでしょうか。

今の世に仏弟子といわれるべき我々僧侶ですら、この八正道を実に正しく行い得ている人は皆無と言っても言い過ぎではないでしょう。

沈黙の原理

ところで、もう一歩ふみ込んで、釈尊が大悟正覚された内容は、縁起、四諦、八正道といわれるような倫理実践的な徳目に全部尽くされていると考えてよろしいでしょうか。

ある経典によりますと、宇宙は永遠か永遠でないか無限か有限か、または肉体と心霊との関係や、死後の生命について質問が発せられたとき釈尊はお答えにならなかったと伝えられています。勿論、この沈黙は、積極的な置答であって、『相応部経典』の中で釈尊は、象徴を用いて沈黙の原理を的確に説明しておられます。即ちシンサパー樹の林に滞在しているとき、釈尊は数枚のシンサパーの葉を手にとり、弟子たちに語りかけられます。

「手にした葉の数は、シンサパー樹の林の葉全部に比べるとわずかであるように、私がお前達に説いた教えは、自分が知りながら説かなかったことに比べると、わずかである」と。説かなかったのではなくて、本質的な意味において説きようがない秘められた部分が「悟り」の背後に隠されているのです。これには、当時のインド社会の制約を考える必要があります。

釈尊出生前後のインドの世相は、まさに百鬼夜行のような状態で、一方では旧来のヴェーダの低俗な迷信が横行しているかと思えば、他方では、都市における商工業の発達など新しい時代の動きに応じて、唯物論者、懐疑論者、快楽論者などのいわゆる六師外道が輩出していたのです。

釈尊は無神論者か

そのような時代に釈尊が、宇宙とか、神とか、霊魂とか、死後の生命などの超感覚的なことを安易に口にされると、当時のバラモンや行者達が、見世物にしていた低級な占術や呪術、また通俗の迷信と何ら区別されなくなる恐れがあります。そこで釈尊は、神秘的なことよりも、むしろあらゆる意味で「道」の基礎となる人間の器作り、すなわち人間世界の迷いにつながる業、業によって生ずる苦の解決に重点をおいて倫理的実践行を説かれたのです。

ところが、この倫理徳目とか縁起の思想にとらわれるあまり、今日でも釈尊は「無神論者」であるという珍解迷論が広く行われています。

四諦、八正道にしても、これは悟りへの道、すなわち方法論であって、その方法を通して得た果、内容ではありません.「此れ在るによりて彼れあり、此れ滅するによりて彼れ滅す」といわれる縁起の考えにしても、一応の原理として、このような表現をするわけで、その微妙な実際の働きに至っては我々の知恵をもってしてはうかがい知るべくもないのです。

釈尊は、無神論者であるどころか、同時代の人々からは異なった宗派の人々の弟子を引き寄せるために幻術を使う鬼師として恐れられていたのです。釈尊の観自在なる仏智は、大自在なる神秘能力すなわち神通によって裏付けられていて、仏智神力は表と裏の関係にあったのです。このことは、釈尊出生の前後、及び出家当時の模様、入滅前夜の現象等を思い浮かべ、また法華経的な境地を説かれた種々の神秘世界論等から考えてみる時、あのような現象が起き、またあのような神秘世界を説くことが出来た背景に、どうして神仏の存在を否定することが出来るでしょうか。釈尊御自身が如来であり、真如であり、神であり、仏であったのです。だから殊更に神という言葉を用いる必要もなかったわけです。しかしながら、ここで言う神とは仏教の天部で説くところの神々の位の神ではありません。十仏号の中に人天師と尊称されるように、このような神々を統べる大いなる神なのであります。

釈尊は、四諦、八正道の倫理実践や修行方法から説き起こし、世俗的な時事に託したり、あるいは御自身の修行体験記を通して、世間は千差万体ではあるが、その本性において平等であるべき点、人間の自主性と人権の尊重を説き、この根本思想と精神に基づいて顕教として説法されたのです。勿論、神の裏付けを持たれての説法であり、また、神の境地におられての顕教でした。

このように、数々の説えを説かれた揚句、このような教えはどこまでも人間的な教えであって永遠性のあるものではない、究極する所は神秘世界を知らねばならない、として説かれ示されたのが、秘密世界、密教の世界であります。

そうして、この秘密世界を示された時の光景、これが釈尊の悟られた境地の極地の集会である涅槃会であります。秘密世界は体験する以外に方法のないことを承知すればこそ、大勢の弟子を集めてはじめて涅槃会を催され、神秘世界の一面を弟子達に示されたのでした。その時、弟子達は驚き、あるいは戦き、師は魔法を使って我々を驚かすのではないかと、ある面では抵抗して釈尊の許を去る者達が出たのです。しかし、釈尊はやがて来る末法時代にはこの秘密世界の神秘なる教えによって、真の正法、宇宙の実相を知ることが出来る。と、このように弟子達に説かれて、いったん開かれた神秘宝蔵の扉をまた閉じられたのです。ですから、誤って巷で伝えられるように法華経（秘密世界の前提経）が正法時代の教えであるのではなく、神秘世界そのものの教え、すなわち密教が正法時代の教えということになります。

密教の流れ

このように釈尊は、御自身密教教主のお立場におられながら、秘密世界の教えを公開することは他日にまって入滅されてしまいました。それでは、秘密世界の教えである密教は、その後、歴史的にどのように展開されたでしょうか。

真言密教の歴史は、その秘密灌頂の系譜によって示されておりますが、その中で法身としての大日如来に続く金剛薩埵は、従来、歴史的な存在ではないとして説かれてまいりましたが、永遠の人という意味を持ったこの金剛薩埵こそ釈尊御自身であることが、大聖師によってはっきりと示されているのです。このことは、釈尊が涅槃会に入られ、神秘世界を多くの弟子達に示されたことによって明らかです。これは、大日如来が持っておられる世界を釈尊が己れの境地として他に示されたという点で、はっきりと密教の世界と言うことが出来ます。しかし、釈尊は、弟子達の条件がまだ整わないとして、神秘宝蔵の扉を閉じられたのです。つまり、釈尊御自身は、神秘宝蔵の扉を開く密教の行法を、教えとして残されることなくこの世を去られました。

それでは、密教の開祖と言われる竜猛菩薩はどうであったかというと、普遍的な教えとして、神秘世界を他の多くの人に開示することが可能であったかという点については、いささか疑問であります。弘法大師は、釈尊の生まれ代わりであり、御自身は、真言すなわち、如来の〝ことば〟である秘密語を用いて仏、菩薩と語り合う通力を持たれ、清涼殿で大日如来を顕現されるなど神秘世界の一端を示されましたが、人類のレベルが不十分であったため、他の人には神秘宝蔵の扉を開かれることがなかったのです。そして伝授されたのは行法次第という型であり、真言秘密の法の解説だけだったのです。

言ってみれば、一個人の境地だけの問題であって、そこには、釈尊が涅槃会に入られて示された神秘宝蔵世界の開示がなされず、普遍的に教えとして他の人々に教示することはなさらなかったと言えます。ですから、人々にとっては真言秘密の法を知ることは出来たけれども、密教そのものではなかったのです。伝授される側からすれば、〝秘法〟を如来より直接教え示されるのではなく、すでに、示され、顕わされたものを解説されて知るに過ぎないのですから、全くのところ、密教という名の顕教だったと言えるわけです。

ここで、顕教と密教に簡単に触れますと、顕教は、神の啓示による神の教えを人間が説くのに反し、密教は、神の教えを神自ら教えるのであるから、根本の教えには変りがないが、教えそのものに、直接と間接だけの違いがあります。この違いが、実はたいした違いとなるのです。間接に示される場合、靴を隔ててかゆいところをかくような調子で、顕教は、ただ説法、説教で終わる教えに陥りがちですが、その点、「神自らの教え」である密教においては、神仏の境地を我が境地とし、自分の一挙手一投足が別なる世界に通ずるのですから、ありがたい次第であると共にまったく畏れ多いことなのです。

正法とは何か

宗教を宗の教と字義通り受け取るならば、源とはむねであって源であり、始めであり、そして尊貴すべきものの意でありますから、宗の教えとは、当然「神自らの教え」によって直接に森羅万象の始源である秘密世界を教え示された〝密教〟ということになります。あるいはたとえ顕教的な大思想であっても、その最初の裏付けにまで遡りますと密教が出てまいります。ところが、明治時代にラテン語のレリギオ（再結の意）を宗教と訳したために混乱が起こって来たのです。

ところで、末法乱世の現代に、宗教の名を冠するに足る真実の教えが存在するでしょうか。宗教という名の団体は数多くあります。しかし、真実の教えを求めている人々は、そのようなまやかし物に満足出来なくて、声なき声をあげ、祈り、そうして来たるべきものを待ち望んでいるのです。人天の大導師である正覚者が出現されて、現在仏の正法を背景として宗教家本来の使命を喚起し、以て全世界を浄めることは出来ないのだろうかと。

幸い、ここにこのような大聖師に巡り遇えた私達僧侶有志は「神自らの教え」の正座観法行なる神秘の行法を通して、宗教家本来の使命である上求菩提、下化衆生の道が如実に示されることを知ったのです。この法財を、私達少数の者だけの胸にしまっておくわけには参りません。広く世間の有識者に呼びかけて、仏陀再現を声を大にして叫ばざるを得ないのです。

「人身受け難し、今すでに受く、仏法聞き難し、今すでに聞く、この身、今生に向かって度せずんば、いづれの処に向かってこの身を度せん」と日頃唱えているこの願文が、今ここに現身の仏陀にお目にかかることによって、事実として目の前に展開されているのです。ありがたいことではありませんか。尊いことではありませんか。

神人一体を目指して

この現身の仏陀によって示された〝正座観法行〟は、境地開拓の方法であると前に述べましたが、その境地は何の境地を意味するかというと、最終的には即身成仏の境地であり、その境地になりきった姿が神人一体の姿であります。神人一体の境地を開拓するのは、正座観法行をおいて外にないと大聖師は明言されております。

神人一如とか、神人合一とかいうような表現は聞くことがありますが、神人一体ということばは、古今未曽有のものであります。すなわち神人一体とは、決定的、最終段階の境地を指し示します。神人合一といった場合には、半信半疑的な希望の意味が含まれています。合一というのは、一にするのか、しようとするのか、あいまいであります。神人一如という言葉、これも滑稽な表現で、一如という字には中国式のよく言えば円満さ、悪く言えばズルさが含まれています。しかし、神人一体というのは、神と人、自然神と人格神とが表裏一体となって活動する最終段階をいうのです。

それでは、誰でもこの神人一体の境地に入ることが許されるのでしょうか。大宇宙の根本神を目標とした場合、何人もなれないことは、はっきりしています。しかし、神の世界にもいろいろ段階があり、分野があって、秩序ある動きがあるとするならば、この正座観法行により、最終目標を神に置き、境地開拓に努力して行くならば、私達はその段階に応じ、さまざまの神となり得るのです。自分と縁の深い神々によって指導され、この現身の人格の上に更に神格を具備することを許されるのです。これが神人一体の境地であります。

即身成仏の場合も、仏すなわち最高の覚者としての仏陀を考え一足飛びにこの境地に到達することを目論む向きが多いようですが、悟りを得た者すなわち仏ということであって、一つ一つ小さな悟りを積み上げて行くことによって、即身成仏が可能となるのです。全くのところ、世の師表として立つべき僧侶が即身成仏せずして何の済度かな、であります。

伽藍倒るるも仏道興るべし

結局、仏道とは、七仏通戒の偈にあるように自浄其意ということ、すなわち心を浄めることがすべてであります。人間である以上は、正しく生きなければならないし、正しく生きるためには人格を高め、神格を身につけなければなりません。この神人一体が正座観法行によって可能となったのです。〈東海の日の出ずる国〉の昭和の聖代に、仏陀再び現われ給い、一切衆生を悲れみ給いて、神秘の行法〝正座観法行〟を公開して下さいました。

かたじけなくも、大聖師の許に御縁を頂き、修行させて頂いている僧侶は、現在、真言宗、天台宗、日蓮宗、曹洞宗、臨済宗の各派から集まって来ております。私達僧侶有志は、現在仏のみ光りを仰いで、宗教家本来の使命とは何であるかを如実に示して頂きました。自分がまず生まれ変ることです。次に、末期の床に病み伏せっている宗派教団が、せめて一人歩き出来るように活を入れなければなりません。そうして、一宗一派を越え、仏陀の正法を広く世に宣布して仏道蘇生運動を展開するべき使命が、釈尊以来の二千五百年の歴史の重みと共にその影を背負って来た私達僧侶の一人一人に課せられているのです。仏道蘇生運動は僧侶の手による僧侶のための懺悔運動であります。

出家は、自己の使命を知り、その使命達成のための動きであるから尊いのです。一人の出家によって多くの人が救われるとすれば、一人の犠牲によって多くの収穫があることになるのです。物質万能と考える現代こそ真の出家を必要とする時代です。軽々しく出家を口にすべきではありません。ただ実行あるのみです。これなくして何の出家といえましょう。多くの人を救おうとするならば、まず、己れを捨てることです。肉親さえも捨てることです。そうして一切衆生を一視同仁する立場に立つことです。出家の名に甘んじて来た我々僧侶は、まず決然として再出家すべきであります。真の出家をすべきなのです。しかも出家衆が目覚めるということは、在家衆のための目覚めであって出家衆のためのものではないことを知るべきです。それがもしも、出家衆が在家衆から見離される時が来るとしたら、出家衆の終わりであると言うことが出来ます。その時が今まさに刻々とせまって来ているのです。

かつて出家は、自分一人のためにした時代もありましたが、今日の出家は多くの在家を教化し済度するために出家するのでなければまったく意味がありません。在家の師表であるべき出家が、万が一、もしも在家衆によってツバをかけられ、石でも投げられるようなことになったとしたら、自ら招いた業であるとはいえ、それでは我々僧侶のどこに出家としての使命と面目があるといえましょう。今からでも遅くはありません。我々は野に山に隠れている有徳の同志、仏教界の現状を憂える同志に「伽藍倒るるも仏道興るべし」と声を大にして不惜身命の毒鼓を鳴らす所以です。

この仏道蘇生は、仏陀の歩んだ道を目標とするものです。仏道とは仏陀の歩まれた道であり、その道を歩んだのが釈尊であり、更にその道を慕って歩むべく精進しているのが我々僧侶であり、仏道蘇生の大道なのです。しかし、釈尊在世の頃と今の時代では社会状勢の変った面が非常に多く二千五百年前の釈尊の言説をそのまま実行するといってもすでに時代が許しません。ここに現世に仏陀である方が再現された意義があるのです。

我々有縁の僧侶は、大聖師を仏陀の再現として、その片言隻句、一挙手一投足に至るまで、その声咳温容に触れて、仏道蘇生の大いなるみ光りとして仰いでおります。願わくは、仏縁深き僧侶各位よ、とく速く御縁を頂いて、混迷の世に光を与え給う大聖師の御前に懺悔拝跪して、仏の道を己れの道とし、我等一同済度者たらん、と心から祈念し誓いを新たにせんとするものであります。

あとがき

最後に、弘法大師御生誕千二百五十年の記念すべき年に当たり、この書を上梓することの出来た不思議な仏縁について、思いをいたさずにはおられません。

大聖師との出合いに始まって、江湖の僧侶有志と共に仏道蘇生運動を発願して今日に至っておりますが、これは、ひとえに他の僧侶各位よりも私が一日早く大聖師に御縁を頂いたという、実にこの一事に尽きるのでありまして、他の事ではありません。私事にわたって恐れ入りますが、大聖師の御声咳に触れさせて頂くことによって、私如きも、始めて真言密教徒としての自覚を持ち得たといっても過言ではありません。

密教ブームの到来といわれる昨今にあって、この拙文が「正法とは、密教である」ことを広く世に啓蒙する一助になれば、喜びこれに勝るものはないことを記すと共に、各位が今後仏道蘇生運動に多大の御叱正御支援を下さらんことをお願いする次第であります。

なお、この本の上梓に当たって、全面的に協力して下さった加賀山信道、沢口輝禅、上川光正、埜村宗郁、杉原孝俊の各仏道蘇生会員に感謝すると共に、とくに編集面で助言を与えて下さった馬場英治氏に心から謝意を表するものであります。

また、今回仏道蘇生同志会の協力を得て、出版活動を通し広く世に仏道の蘇生を啓蒙するにあたり、善本社ならびに日本密教文化社にいろいろと便宜を計って頂いたことを、末筆ながら記してお礼にかえたいと思います。

寺は、修法道場でなければならない。
そして教化の場でなければならない。
更に、済度者の安らいの場で
なければならない。

教化は理論によっても出来るが、
済度は理論だけでは出来ない。
済度は涅槃浄土に至らしめるものであるが、
教化はそれに至る基礎づくりである。

新訂《しんてい》　仏陀《ぶだ》の再現

平成三十年七月十五日　初版第一刷発行

著　者　上代常信《かみしろつねのぶ》

発　行　日本密教文化社

発　売　株式会社　世論時報社
東京都世田谷区桜新町二丁目二十五ノ十五
e-mail : seron2009@seronjihou.co.jp

製　本　田中製本印刷株式会社